"浙江舟山群岛新区"研究系列丛书　　主编　黄建钢

浙江舟山群岛新区公共服务战略研究

张　郃　姚会彦　编著

ZHEJIANG UNIVERSITY PRESS
浙江大学出版社

图书在版编目（CIP）数据

浙江舟山群岛新区公共服务战略研究 / 张郃，姚会彦编著．—杭州：浙江大学出版社，2014.9

（浙江舟山群岛新区研究系列丛书 / 黄建钢主编）

ISBN 978-7-308-13311-1

Ⅰ．①浙… Ⅱ．①张… ②姚… Ⅲ．①地方政府－社会服务－研究－舟山市 Ⅳ．① D625.553

中国版本图书馆 CIP 数据核字（2014）第 118615 号

浙江舟山群岛新区公共服务战略研究

黄建钢 主编 张郃 姚会彦 编著

责任编辑 王 镨
封面设计 立飞图文
出版发行 浙江大学出版社
（杭州市天目山路 148 号 邮政编码 310007）
（网址：http://www.zjupress.com）
排　　版 杭州立飞图文制作有限公司
印　　刷 杭州日报报业集团盛元印务有限公司
开　　本 787mm×1092mm 1/16
印　　张 14.5
字　　数 283 千
版 印 次 2014 年 9 月第 1 版 2014 年 9 月第 1 次印刷
书　　号 ISBN 978-7-308-13311-1
定　　价 31.00 元

浙江大学出版社发行部邮购电话（0571）88925591；http://zjdxcbs.tmall.com

序言

“群岛新区”的研究和操作都需要“整体思维”

浙江舟山群岛新区研究中心主任　黄建钢

由五个不同角度出发组成的有关“浙江舟山群岛新区”研究的丛书，终于要问世了。这对“群岛新区”的研究来说，是一件“大”事。其“大”就大在，它是一种整体努力的结果，于是其效应和效益也具有整体性 。我想，它应该作为一个标志，标志着这样一种思考——“群岛新区”的推进和发展应该遵循一条“整体性”的思路和集体努力的路径。

“浙江舟山群岛新区研究”系列丛书本身就是一个整体思维的结果。它一开始立项就是以一个整体面貌出现的，目标就是希望它能发挥出整体性效应和效益的。事实上，对它的完成本身也体现了一种纵横交错的整体性——从“想到”到“策划”再到“实施”最后到“完成”，在浙江海洋学院行政管理领域的 5 名教授的艰辛努力下，经过两年多的时间，在编辑与作者之间反复沟通下终于完成，甚至在封面的设计上也体现了一种图案上的整体性。

舟山是生育和养育“浙江海洋学院”的一方水土。浙江海洋学院，作为“新区”唯一的一所本科院校，对“浙江舟山群岛新区”建设理应做出贡献，因为这是它与生俱来的的一个义务。“浙江舟山群岛新区研究”系列丛书从“新区法制创新”、“新区科技支撑”、“新区人才引领”、“新区公共安全”和“新区公共服务”的不同角度构建了一个整体的“群岛新区”的发展愿景和路径。本丛书的这种构建选择,本身就是在“声明”:“群岛新区”只有在“整体推进”上下足功夫才是发展战略的最佳选择，单凭“各个击破”是难以写出好文章的。

“整体推进”是把事物当作一个“整体”来看待，既不分重要与否，也不分前后上下，更不分大小怎样，而是依据问题到来的顺序，发挥“牵一发而动全身”的功能来推动和推进事物及事务的发展。而“各个击破”属于分析思维的结果，其前提是首先需要把一个整体分为若干个分体，并分出各个分体的轻重缓急，然后是依次将其各个“击破”。

“新区”既是一个新生事物，又是一个整体事物，其情形很有些类似当初国内设置的各类“特区”。但它又不是一个“特区”。严格说，“特区”是一个横向概念，是横向比有些“特别”的意思；而“新区”是一个纵向概念，是纵向比有些“新鲜”的意思。在某种意义上可以认为，“新区”是对“特区”的发展，而“特区”是“新区”的基础。基于对这种区别的认识和理解，我们就有了做好“新区”工作的基础和前提。在思维层面上，这里有一个时间上的“新”、“现”、“旧”的“链式系统”概念，如同拖拉机的链条一样，不断向前延伸，但其轨迹不是直线式的，而是螺旋型“周而往返”的。在“周而往返”中蕴涵着一种回归，但它一不是回归到原点，二不仅是回归到原点的上方上空，而且还有一种在原点上方和原点之间的距离是多少的区别。从中可以看出回归后原点上方与原点之间的前行和提升的空间。

一定要深刻领会理解政府把舟山群岛地域赋予“新区”命名的实际意义：它意味着“新区”必须创新一些连世界上至今都还没有的制度和措施！这也是中国经济已经发展到一定程度后的一种思路选择和制度安排。制度一定是对机制和机理的提炼、体现和表达，我们的研究就要在制度上下足功夫。

就国内而言，在“浙江舟山群岛新区”之前已有的“新区”，实际上都是“直辖市新区”，如“上海浦东新区”、“天津滨海新区”、“重庆两江新区”。只有这个“浙江舟山群岛新区”才具有了一种“平民”和“基层”的色彩，它已经真真切切地落到了民间和底层。这也就意味着，相比前三个“直辖市新区”，政府心里谋划建设的舟山群岛新区无疑要更“新”。可以这样说，从“浙江舟山群岛新区”开始，“新区”从此开始了“落入欠发达地区”的“创新”试验，而也只有在“欠发达地区”的“白纸”上才能画出最新最美的图画，才能真正创新，如同当初的上海、香港、新加坡和深圳一样！

但是，在现实中最终能否创新，不仅取决于“新区”本身是否是白纸，而且还取决于“新区”是否有创新思维。其中，白纸是客观的和客体的，而思维却是主观的和主体的。在主观和客观之间形成怎样的思维，取决于客观；但思维能否实现，却取决于主观。对“群岛新区”来说，我以为它亟需一种崭新的能够创新和出新的主观思维，只有拥有了它，“新区”才有一种创新的可能。只有拥有了创新的氛围，“新区”的发展才有可能。否则，“新区”及其发展就会是一个“空中楼阁”，是可望而不可及的，是可想而不可现的。

而这正是“新区”发展的一个最大稀缺品。目前，现实中的“群岛新区”基本是按照“特区”的模式在思考和运行的，这是“特区”泛化的结果。但其效果并不好！为什么同样是“特区”而效果却不同呢？原因如下：

一是时代已经不同。我国有“特区”的时候，联合国《海洋法公约》还未问世，甚至“海洋世纪”的概念尚未形成。

二是现实已经不同。现实已经没有了可以实行“特区”的基础。现实中，深圳特区都已经不“特”了，怎么还会有新的“特区”形成和运行呢？

由此决定了对“新区”的要求要远远大于和高于“特区”。所以，“新区”更需要视野的跨越、思维的跳跃和境界的超越。

中国经济发展到21世纪时，已经非常需要创新了。中国已经把可以“特”的资源用得差不多了。如果再没有“新”，中国社会的发展就将既失去方向更失去动力。正是在这样的背景下，中国才设置了一种“新区”的体制和机制。要看到，真正可以创新的地方就是类似“舟山群岛”这样的地方。因为在舟山这样的不发达或欠发达的地方进行创新是成本最小、负担最小、顾虑最小、影响更小的。即使是失效和失败了，也不会对整体和全局有太大的损失和损害。但在一个要地或重地要推行创新就会不同，一旦失效和失败就会危机整体和全局的机理和机体。

但从“浙江舟山群岛新区”之前的“新区”运行实践看,还只是“特”的多而“新”的少。这为之后其他“新区”的设置和运行带来了思维障碍。这说明，在一个欠发达地区进行创新也会有很大的难点及其难度，最主要是理念和思维难以达到一个可以进行原创性创新的高度和程度。

创新要在“整体性的框架”下推动和推进。不仅如此，在对“群岛新区”创新时，还要在“整体创新”的基础上再树立一个“立体创新”的理念。所谓“立体创新”，就是可以或能够把“横向整体”、“纵向整体”和“现实整体”合而为一进行创新的一种状态。它与“点创新”和“线创新”甚至“面创新”的包含是有所不同的。具体地说，就是从上下角度看，政府创新要与社会创新结合；从横向角度看，就是法制创新要与政策创新结合；从纵向角度看，就是拓展未来要与尊重历史结合；从内容看，就是经济发展要与社会治理和科技创新结合。

但无论是分析思维还是整体思维，其实都是时代的产物，都是生产方式的产物。它们在特定历史条件下,都是先进的,都会成为历史的推动者。在人类进入近代的初期，分析思维是先进的。但在人类进入21世纪以后，整体思维则是更先进的。虽然先进的思维方式一旦被人们接受就会产生新的力量，但先进思维方式的被人接受是有一个过程的，是有一个先后顺序和秩序问题的。

这种整体性思考和推进的思路落实在“群岛新区”,就是要把一种“经济发展”与“社会治理”紧密结合和融合起来,甚至还要形成一种“生态文明”包含“社会进步”而“社会治理”包容“经济发展”；而“经济转升”又包含“科技支撑”；而“科技研发”又包含“人的改变”;而“人的变化”又包含“公共服务”和“公共安全”的提出和形成；而“公共性的发育和发展”又包含“法制创新”的需求的状态和态势……这很符合党的十八届三中全会提出的“国家治理体系和治理能力现代化”的基本观点。由此决定了，浙江舟山群岛新区要想有新的大发展，就必须采纳、运用和完善甚至创新一种崭新的思维方式——整体思维。没有思维上的整体性而又要使“新区”有新的发展，在当前几乎是不可能的和不现实的,就会表现为“整体思维和行为的失效”。致使出现这种整体思维和行为的失效的原因，一般不在于人们“多”做了些什么，而在于“少”做了些什么，甚至就在于“没”有做什么，于是就会有缺点和缺陷，最终导致失效。古语“千里之堤毁于蚁穴”还有“牵一发而动全身”说的就是这个道理,它们都是综合思维、整体思维和系统思维的结论。

本丛书就是想在对“群岛新区”的整体研究上作一些思考和尝试。当然，即便如此，这也是一个很庞大的循环系统及其整体。所以，我们才组织和编辑了这套丛书，希望它能起一个抛砖引玉的作用。毕竟“群岛新区”只有三岁，还很幼稚和稚嫩。所以,对它的研究思考虽然会有一些超前和预设。现在的书稿从总体看,还是不很成熟的,其表述的思考成果显然还远没有达到预想的层次和程度，但各书的写作思路和逻辑已经成“型”，从而表现为一种“显然”的感觉。

是为序。

2014年6月1日

目 录

引 言

一、“新区”之新关键在于创新

“新区”之新关键在于创新。创新是指人们为了发展的需要，运用已知的信息，不断突破常规，发现或产生某种新颖、独特的有社会价值或个人价值的新事物、新思想的活动。

首先，创新的本质在于突破，即突破旧的、已有的思维定势。创新思想是创新的源泉，是创新的基础。没有思想上的创新就不可能有制度的、体制的、科技的创新。思想创新就必须破除因循守旧、固步自封、止步不前的保守思想，树立勇为人先、敢闯敢试的进取意识，真正做到解放思想、实事求是；就要以发展为已任，不断探索、不断改革，充分发挥主观能动性和创造性，时时争先，处处争优，始终保持一种时不我待、只争朝夕的拼搏精神，在实践中大胆探索，敢闯敢试，敢于突破前人、突破常规、突破自我，不断创造新业绩。

二要破除安于现状、敢于落后的观念，树立竞争意识，勇争一流、合作共赢的发展意识。要站在时代的潮头，在更广阔视域中，以发展的眼光看待事物；要站在更高的层次看未来，在更大范围和更广领域参与国际国内经济技术合作与竞争，善于把握时机，抓住机会实现跨越式发展。

三要解放思想，破除既有的价值观念的束缚，有探索精神和科学精神，有勇气怀疑，不被已有的思想观念所束缚。创新首先在思想意识方面要有很大的提高。思想认识方面如果还停留在原来的基础上，没有解放思想，没有与时俱进，在新的形势下，就会逐步显现越来越多的不适应性，也就很难形成对创新的共识。创新动力不足在很大程度上是思想认识还达不到足够的高度。除了思想认识，从利益机制来讲，现在很多的安于现状、比较保守的做法，其实也不是思想认识的问题，而是有可能直接与其利益有关系。创新并不是架在空中的东西，肯定有某种利益机制在里面起作用。反过来讲，也很有可能有某种利益机制在阻碍着创新，因为创新一定会对一些利益产生影响，可能会导致利益关系的调整。

"新区"之新还体现在制度、机制的创新上,这是"新区"之新的重要表现。"新区"在制度、体制和机制的层面上要有新的突破。没有新制度、新机制,根本谈不上"新区"。从国家设立"新区"的初衷看,就是要通过先行先试,走出一条不同于常规的发展道路来,而且在今后的发展中,能为其他地方提供一个样板,供其效仿、学习和借鉴。

国家在设立"新区"时,都强调先行先试,其含义主要包括两个方面:一是"新区"在行政管理体制、涉外经济体制、社会管理体制,包括技术创新和服务体系建设,发展民营经济等方面要先行先试;二是支持"新区"在土地整理和开发利用方面先行先试。这就意味着在体制机制方面,"新区"可以先行一步,着力创新。这既是"新区"的权利,又是"新区"的义务。

国家级"新区"实现发展战略定位和任务,必须首先从体制机制创新上寻找突破口。可以说,发展滞后的关键原因一般就在于体制机制的改革没有"与时俱进"。改革开放的实践充分证明:由政府主导的体制机制先行改革,是破除一系列发展瓶颈,理顺政府与市场关系的首要因素。任何的改革进取,都是先行简政放权,充分调动劳动者的生产主动性、积极性、创新性,从而推动科技生产力的发展和社会的进步。

先行先试,其内涵实质就是要求在"新区"建设过程中始终贯彻创新理念,而其中首要是行政管理体制创新,以转变政府职能、提高行政效率为核心,全面推进管理体制改革,组建少而精、专而能的行政架构,使行政管理效率效能得以大幅提高,提高服务水平,成为服务型效能型政府。因此,能否用足用活用好各项政策,在体制机制创新上先行先试、敢试敢闯,扎实推进综合配套改革试验向纵深发展,切实推进"新区"体制机制创新的深度和广度,是决定浙江舟山群岛"新区"成为国家级"新区"后能否将资源比较优势和产业吸附能力转化为核心竞争力的关键。

要想以全新的发展模式赢得时间,发挥发展优势,实现赶超跨越,就必须要在体制机制上有全面的创新。不论是招商引资、产业结构升级改造,还是科研开发、技术引进、创新教育、吸引人才、区域协作、创新社会管理,都离不开体制机制的创新来引领和促进。

为了构建现代社会管理体制,一切与此相矛盾或背离的现行社会管理制度都应被纳入改革和完善之列。"新区"在社会管理方面尤其需要深化对社会服务体制、城乡管理体制、社区管理体制、社会组织管理体制、社会工作体制、社会公共安全体制的改革创新。

第一,着力创新社会服务体制,不断满足人民群众的新需求

构建以政府为主导、企业和社会组织共同参与、人人共享的基本公共服务体系,

同时促进社会公共服务的市场化、社会化、分权化、专业化，满足社会成员生存和发展的多层次、多方面的普遍需求，就要更加注重政府社会管理的公共服务职能，把更多的力量放在发展社会事业和解决民生问题上，基本满足群众多样化的公共服务需求，突出对弱势群体、困难人群的扶助关爱，健全完善合理配置公共资源机制。

第二，着力创新社会保障体制，构建覆盖全民的基本社会保障体系

实施全民医保，着力解决看病难、看病贵的问题。以非公有制企业和外来务工人员为重点，积极扩大城镇职工基本医疗保险覆盖面，覆盖范围要扩展到城镇所有从业人员。要逐步提高农村合作医疗制度的保障水平，进一步加大各级财政对合作医疗制度的投入，大幅度提高筹资水平。要完善养老保险体系，探索建立长效机制。要提高非公有制企业及其职工的失业保险参保率，妥善解决职工在不同经济类型单位之间转换时的关系接续问题。要进一步完善流动人口服务保障体系，建立健全社会救助体系，重点完善社会救助工作机制。

第三，着力创新社会工作体制，建设一支宏大的社会工作者队伍

为了加强对社会工作的领导和管理，需要建立社会工作的专门领导机构和业务管理机构，以履行政策法规研究、组织协调、日常业务管理等职责，同时完善社会工作的协调机制。为了给社会工作发展提供强有力的支撑，需要提出今后5~10年的社会工作立法规划和人才队伍建设规划；健全社区社会工作服务网络体系，加大社会工作岗位开发力度，推进社会工作职业化。

第四，着力创新城乡社区管理体制，夯实社会管理基础

要积极推进以城乡社区为主要载体的基层社会管理体制改革，加强城乡社区的建设、服务与管理，增强基层自治功能。所有社区都要把强化居民委员会自治功能与保障社区工作站的服务功能有机结合，发展社区民间组织，健全“四位一体”的社区管理体制及彼此互联互通互补的管理机制，形成社区管理合力。在农村，要逐步建立健全村级党组织、村民委员会、经济合作社、社区服务中心、基层民间组织“五位一体”的农村社区管理体制，强化城乡社区服务保障功能。

第五，着力创新社会组织管理体制，最大限度激发社会活力

为了促进多元社会组织的发育成熟，可以“放开一大片，限制一小部分”，即放开服务类社会组织，让它们在法律框架内最大限度发挥积极性和创造性，配合政府提供更多的社会服务，以满足人民日益增长的社会服务需求；同时限制有不良政治企图

或可能造成不良社会影响的社会组织的发展，保证社会有序，保持社会稳定。要加强立法，通过法律的手段，明确社会组织的法律地位、工作范围、经费来源、管理手段、管理程序等，实行社会组织分类管理及社会组织管理社会组织，构建社会组织的自律机制。

第六，着力创新社会公共安全体制，保障人民群众安居乐业

建立和完善基层社会治安综合治理体制，深化基层平安创建活动。要进一步适应新形势与新任务的要求，借鉴“枫桥经验”，创新完善多元化社会矛盾调处机制，包括民意表达、利益诉求、利益协调、利益补偿及解决社会纠纷机制，加强弱势群体理性表达利益的空间与通道建设，建立化解社会矛盾的通道，直面矛盾，及时回应。要完善社会稳定的风险评估机制，完善应急管理体制，以有效应对各种社会风险。

二、舟山群岛新区公共服务创新——必要与可能

基本公共服务体制在发达国家已经实施多年，至今遇到的问题颇多，诸如不平等、财政紧缩、失业率上升、福利急剧削减、需求不断扩大等。伴随着这些问题，人们经常讨论的议题包括能有多少财力可以提供，最应该提供什么，等。20 世纪下半叶以来，一些国家的政府纷纷成立相关机构，对本国持续几十年的福利体制的可持续性进行评估。2011 年，苏格兰公共服务供给委员会向政府提出了改进基本公共服务供给的四点建议：一是建立预防为主的基本公共服务体系，二是建立提高绩效的领导体制，三是通过使用数字技术创新基本公共服务，四是提高基本公共服务的透明度。这四点建议的核心是通过改革创新来建立可持续的公共服务供给制度。

当前世界各国都在探索创新基本公共服务供给方式，总体而言，这些探索可以归结为如下四方面。

第一，加强公共领域的创新

社会创新蓬勃发展，正在以一种变革性的力量改变公共部门的边界。“社会企业学派”认为，应当鼓励社会组织以商业模式来提供社会服务，同时实现自身的可持续发展。“社会创新学派”认为，发挥人们的创造性，以新的方式解决社会问题，解决的方式可以是商业模式，也可以是非商业模式，但必须是有效的、可复制的、创新性的。

“社会企业学派”把市场手段引入公共领域，两者互相渗透，使传统的慈善事业等非营利活动走向制度化和可持续性。例如，2008 年，英国社会组织总收入的 80% 是通过社会企业方式获得的。“社会创新学派”则更强调通过市场运作模式或其他新

的手段拓展公共领域，提升公共服务的效率。

一般认为，社会创新就是指实现社会目标的新主意、新想法。这些新主意和新想法通过开发新的产品、新的服务、新的应对政策以及建立新的机构来满足居民和政府不断提出的新需求。从国外的实践来看，社会创新已经覆盖了就业、扶贫、社区服务、医疗卫生、教育等部门。在未来，它还将覆盖因互联网发展而导致变革了的社会关系和变迁了的社会结构。

第二，提高公共服务绩效

英国在20世纪70年代，率先改革传统的官僚体制带来的机构臃肿、人浮于事、效率低下等弊病，在政府管理中引入了企业的超市模式，于是诞生了“一站式”服务模式。中国香港特别行政区于2007年推出了“一站通”服务模式，通过政府门户网站向市民发布电子政务信息，使市民轻松方便地获得所需要的公共资讯和服务。其后，香港特区政府进一步扩展电子政府的内容，通过个性化用户账户，加强与社区联系，努力使市民通过一个账号就可以登陆不同的网站，获得自己需要的信息和服务。

全球正处于一个把绩效管理摆在重要位置的时代。英国公共服务改革把重点放在绩效管理和服务供给上，随之，一系列的多元测量工具也应运而生。美国也经历了这样一个过程，从联邦到地方政府都以立法的方式推动绩效管理。加拿大1997年引入绩效账户，世界其他国家也纷纷效仿。除政府外，个人和私人部门也引入绩效评价。例如，Compstat被引入改革纽约市的警察系统，Citistat作为美国巴尔迪摩的一个衍生模式用来管理人力资源。这两个系统都是用计算机提供即时绩效信息，以实现预定的绩效目标。合同绩效成为这个广泛运动的一部分。过去几年中，合同绩效得到进一步强化，并日趋复杂化，各国政府对使用合同来改善绩效的兴趣与日俱增。

第三，发挥非资本资源的作用

随着居民对公共服务质量的要求越来越高，范围越来越大，也带来了资金越来越短缺的问题，包括志愿者在内的非营利组织的作用就凸显出来。

非营利部门在政府承担起重任之前就已在社会福利和公共服务领域中发挥重要作用，如慈善事业。非营利部门的兴起，尤其是非营利部门承担起公共服务供给的责任，使公共部门变得复杂起来。进入信息社会后，人类的公共服务供给方式发生了更加明显的变化，国际非政府组织、跨国社会组织的出现，使公共服务供给的方式出现了新的特点。政府的角色和作用到底发生了多大变化现在还不是非常明晰，因为它取决于诸多条件和因素。一个值得关注的新趋势是在《第三次工业革命》一书中提出来的。该书指出，一种建立在互联网和新能源相结合基础上的新经济模式即将到来，社会结构和市场结构都会呈现扁平化特征，是实现可持续发展的最佳选择。在这种经济模式中，法人意识和合作精神会密切合作，社会企业家人才辈出，创造出把营利部门和非营利部门有机结合起来的体制机制。目前，这种兼具企业和非营利组织特征的组织已经在世界各地萌发出来。

第四，提升市民、家庭和朋友在基本公共服务体系建设中的地位

经验表明，市民家庭和朋友在公共服务供给中发挥的作用，超过了一些专业机构。在实践中，他们遇到的关键问题是政府如何利用和发挥这些已经形成的巨大的社会力量。

在我国，自党的十六大以来，各级政府以完善社会保障制度为基础，推动基本公共服务体系建设，取得了巨大成就。2007 年，我国的城镇居民基本医疗保险试点启动，从此“一老一小”的医疗保障有了着落。2009 年，国家启动新农保的试点工作，我国农民首次在 60 岁后可以享受国家普惠式的养老保障。也就在这一年，职工养老保险省级统筹制度在各地区普遍建立起来。2010 年，在《社会保险法》颁布实施的同时，国家实施了职工养老保险转移接续办法，从而使社会保险关系可以跨省区转续，迈出了建立统一社会保障体系的重要一步。2011 年，国家启动城镇居民养老保险试点，填补了我国养老保险制度的空白。2012 年，国家提出了新农保、城镇居民养老保险到本年底实现制度全覆盖的目标。我国的社会保障体系覆盖范围从国有企业逐步扩大到各类企业，从城镇职工逐步扩大到灵活就业人员和城镇居民，从城镇扩大到农村，基本建成了以社会保险为主体，以社会救助、社会福利、优抚安置、住房保障和社会慈善事业为补充的社会保障制度框架。所有这些，都为社会现代化，乃至整个国家的现代化奠定了坚实的基础，标志着覆盖城乡居民社会保障体系的制度框架基本建立起来，迈出了基本公共服务体系建设的关键一步。

在总结各地各部门实践经验的基础上，2012 年 7 月，国家公布了我国第一部国家基本公共服务方面的“总体性”规划——《国家基本公共服务体系“十二五”规划》。该规划涵盖教育、就业、社会保障、医疗卫生、计划生育、住房保障、文化体育等领域，通过立法确定基本公共服务是公民的基本权利，为居民在国内自由流动，包括跨省流动，甚至跨省分享财富创造了条件。

党的十八大报告把基本公共服务体系建设摆在重要位置，要求加快形成政府主导、覆盖城乡、可持续的基本公共服务体系。加快完善基本公共服务体系是保障改善民生、推动社会体制改革、完善社会管理体制的重要支撑。

基本公共服务体系包括保障和供给两个组成部分。保障涉及财政来源、给付方式、给付水平、支出对象和政府角色；供给则主要涉及设施、设备和人员的配置。今后如

何在推进完善基本公共服务制度的同时，建立和完善符合中国国情、与世界接轨、可持续的基本公共服务供给模式，是中国基本公共服务体系建设的重要任务，而可持续性和公平性是必须首先考虑的问题，它们是当前改革和创新我国基本公共服务制度的出发点和落脚点。

三、舟山群岛新区公共服务创新路在脚下

服务型政府的建设最重要的一个方面，就是要推进公共服务方式的创新。对此可以从三个方面来理解：

第一，公共服务市场化的问题，即政府可以利用市场机制来解决政府公共服务方面的不足。比如说政府公共产品投入不足，可以动员民营企业去投入医院、学校和养老院等。政府在某些公共服务方面管理不善、效益低，可以采用招投标、合同承包和特许经营的方式。

第二，公共服务社会化。政府可以把社会组织的资源整合起来做公共服务工作，这样就可以推动政府行政体制的改革，社会组织就可以承接政府公共服务的外移。

第三，公共服务均等化的问题。公共服务的均等化有三个方面的涵义，一是给全社会的成员提供公共服务的机会要均等；二是给全社会成员提供的公共服务的结果要大致相等，政府的服务和市场的服务是不一样的，政府的服务就是要解决公平的问题；三是要让社会成员对公共服务的项目有选择权。

当然，政府还要不断地培育社会组织，对社会组织实行分类管理，充分发挥服务型、公益型、经济型等社会组织服务社会的功能。

党的十八大和国家“十二五”规划对提高政府保障能力提出了更高要求，指出要建立健全基本公共服务体系，提升基本公共服务水平，这对进一步完善公共服务体系提出了更高的标准和要求。要进一步提高公共服务水平，就要在逐步完善公共服务设施之后，更加注重提供服务内容和服务质量，探索和创新公共服务的提供方式。

购买公共服务是我国公共服务提供方式的改革创新。长期以来，我国基本公共服务由政府直接提供，供给不足的矛盾十分突出，服务的规模和质量难以满足人民群众日益增长的需求。20 世纪 90 年代起，一些城市对公共服务项目的提供方式开始了改革探索。进入 21 世纪，为提高公共服务能力和效率，更多的城市根据各地实际情况对公共服务提供方式进行了各具特色的改革，由政府直接提供改为“购买”方式，走向向民办机构购买公共服务，购买服务从碎片式逐步系统化、制度化。如珠海全面推进政府职能转变，逐步对各部门和单位需要实施公共服务社会化改革的事务进行分类和统计，构建政府购买公共服务项目库；深圳市政府部门清理了 100 多项职能和事项

进行社会化改革；2007年，成都被国务院批准为统筹城乡综合配套改革试验区，从财力下沉入手，率先将村级公共服务纳入到市财政预算当中。辖区的村、社区，每年根据人口、面积等指标，确定公共服务的财政资金，主要用于村里的公共服务。各村可以结合自身实际，由村社居民通过议事会确定公共服务内容。2009年，成都市政府还制定了《关于建立政府购买社会组织服务制度的意见》。

上海市浦东新区、静安区，北京市东城区，成都市区两级等已开始面向社会采购公共服务，将社区公共卫生服务、公共就业服务、社会保障服务、社区法律服务、公共文化服务、社区养老服务、公共设施维护等纳入政府采购。这样，一来快速培育了社会协同管理主体，给其发展的空间；二来满足了社会多层次多元化的社会公共服务需求，减少了管理空白；三来制约政府超边界行为，使政府能够全力以赴制定规则，为社会提供基本公共服务。

2012年7月发布的国家《基本公共服务“十二五”规划》提出，在坚持政府负责的前提下，充分发挥市场机制作用，推动基本公共服务提供主体和提供方式多元化，加快建立政府主导、社会参与、公办民办并举的基本公共服务供给模式的改革目标，创新基本公共服务供给模式，引入竞争机制，积极采取购买服务等方式，形成多元参与、公平竞争的格局，不断提高基本公共服务的质量和效率。

选择购买公共服务项目的方式，就是政府将原来直接提供的公共服务，通过拨款或招标的方式，交给有资质的社会机构完成，并根据服务的数量和质量支付费用，即“政府承担、定项委托、合同管理、评估兑现”，从而建立有效的公益服务和公共产品市场，引进竞争机制，各类机构进行公平有序竞争，促进公共服务市场化、社会化、分权化、专业化。

创新政府购买公共服务，要做到以下几点：

第一，梳理制定基本公共服务购买目录，界定基本公共服务内容。

首次制定的国家《基本公共服务“十二五”规划》界定了八个方面的公共服务内容，即公共教育、就业服务、社会保险、社会服务、医疗卫生、人口计生、住房保障、公共卫生，各地可以根据实际情况适当拓展范围或提高标准。2011年，北京市发布了《社区基本公共服务指导目录（试行）》，公布了包括社区就业服务、社区社会保障服务、社区社会救助服务、社区卫生和计划生育服务、社区文化教育和体育服务、社区流动人口和出租房屋服务、社区安全服务、社区环境美化服务、社区便利服务和其他服务在内的十大基本公共服务类型，细分为60项社区基本公共服务项目。

制定购买基本公共服务目录时，一是要注重针对性，解决急需问题。市民迫切需要政府提供哪些公共服务，提供什么水平的公共服务，应听取市民的意见建议，全面了解市民最急需建设的服务设施和服务内容。二是民政、司法、劳动、文化等与社会民生相关的政府部门要认真梳理现有的和计划增加的能够委托社会公益性组织承担的公共服务项目和标准。三是要依据现有的财力，确定可以提供的公共服务的范围、服务能力可以达到的水平，制定购买基本公共服务目录，对基本公共服务的范围进行制度上的厘清和规范。

第二，由购买社区公共服务入手，鼓励在基层街道和社区试点政府采购基层公共服务，提升社区基本公共服务能力。按照强化基层的原则，为把更多的财力、物力投向基层，把更多的人才、技术引向基层，要将政府提供的社区公共服务纳入政府采购和财政预算，切实加强基层公共服务机构设施和能力建设。

第三，发挥公共财政的引导和调控作用，鼓励和引导社会资本参与基本公共服务。购买服务需要制度性约束和规范，建立公共服务制度。要在公共财政预算中增加“购买公共服务”科目，转入财政固定项目列支。要制定详细的购买公共服务操作方案，规范购买程序。这样做，一方面可防止政府部门对购买公共服务的态度不积极和资金不到位，另一方面可加强对政府投入公共服务资金的绩效评价和监督。政府通过购买民间机构的服务，将部分公共服务职能交由社会组织等民间机构承接，也给民间机构提供发展空间。公共服务市场主体真正实现多元化后，竞争也就更充分，政府购买公共服务的选择权更大，群众享受公共服务的满意度也将更高。

建设服务型政府，通过强化政府公共服务职能，逐步形成惠及全体公民的基本公共服务体系，是构建社会主义和谐社会的内在要求。当前，我国公共服务体系尚不完善，一个原因是物质基础长期相对薄弱，而更重要的原因则是公共服务理念的更新滞后于经济体制变革。不同经济体制下的公共服务理念是有差异的。由计划经济转向社会主义市场经济，当然需要实现公共服务理念的更新。为适应社会主义市场经济的不断发展，我国公共服务体系建设应确立以下几个方面的理念：

一是政府是公共服务的主要提供者。在市场经济条件下，政府要提供市场提供不了或提供不好的公共服务，满足市场满足不了或满足不好的社会公共需要；政府部门要满足的是社会公共需要而不是私人个别需要，满足社会公共需要的载体是公共服务而不是私人服务。公共服务具有不同于私人服务的三大特性——效用的不可分割性、消费的非竞争性和受益的非排他性。这些特征决定了公共服务的提供主要是以公共权力而非利益交换为依托，主要是由政府来承担的。

二是私人服务与公共服务协调发展。人民群众的生活需要，从来就是私人个别需要与社会公共需要的总和；人民群众的生活福利水平，从来就是一个既包括私人服务又包括公共服务的综合性指标。从人类社会发展的进程看，在社会所提供的服务中，公共服务所占的份额呈现出越来越大的趋势。这就意味着在现代社会经济生活中，除了市场这个提供食品、衣物、家具等私人物品和服务的系统，还需要有政府部门这个提供诸如社会治安、公共卫生、环境保护、社会保障等公共物品和服务的重要系统。我们要全面建设小康社会、构建社会主义和谐社会，就应当也必须同时关注私人物品和服务与公共物品和服务的生产与提供。正如经济发展与社会发展不能“一条腿长、一条腿短”一样，私人服务与公共服务之间也要协调发展。

三是公共服务要均等地提供给全体社会成员。在过去相当长的一个时期，我国政府提供的公共服务大部分由国有部门和城市居民享有，非国有部门和农村居民不同程度地被排除在多项公共服务的覆盖范围之外。改革开放和社会主义市场经济的发展带来了政府职能的公共化，推动政府提供的各种服务随之走上了以公共化为取向的道路。“公共化”的取向也好，“公共服务型政府”的定位也罢，其核心就在于公共服务是着眼于满足社会公共需要，面向全体社会成员，按照“均等化”的原则，无差别、一视同仁地提供给全体社会成员。当前，我国公共服务体系建设的一个迫切任务，就是缩小和消除以往存在于国有与非国有部门之间、城市与农村之间的差别待遇，让公共服务的阳光普照包括国有和非国有部门、城市和农村在内的所有企业和居民。

四是提供公共服务的行为要规范化。政府部门提供公共服务是要花钱的。要花钱，就需要收钱。这一收一支，便构成了政府为提供公共服务而筹集财源、拨付经费的活动——公共财政。传统计划经济体制曾留给人们一个思维定式：只要是为老百姓办事、只要是用于提供公共服务的，那么，不管从老百姓那里收多少钱、以什么方式收，或者不论把收来的钱投向哪一个项目、用于哪一类支出，都是不那么重要的。正是由于这样的原因，政府部门收支行为的不规范性一直是改革过程中的老大难问题，并成为公共服务体系建设的一个制约因素。在社会主义市场经济体制下，政府部门提供公共服务的行为是要讲求规范性的。政府部门基于提供公共服务目的而取得收入的方式和数量，以及拨付支出的去向和规模，必须建立在法制基础上，而不能想收什么就收什么、想收多少就收多少，或者想怎么花就怎么花。无论哪一种形式、哪一种性质的收入，都必须先立法、后征收；无论哪一类项目、哪一类性质的支出，都必须依据有关制度来安排。

五是税收是连接公共服务提供者和消费者的基本纽带。政府部门是公共服务的提供者，广大企业和居民是公共服务的消费者。透过复杂的税收征纳现象，我们看到的图景是公共服务的提供与消费。企业和居民照章纳税，具有享受公共服务的权利；政府部门依法收税，承担提供公共服务的义务。企业和居民所消费的公共服务，来源于政府部门提供公共服务的活动；政府部门用于提供公共服务的资金，又来源于企业和居民所缴纳的税收。围绕税收形成的公共服务提供者与消费者之间的关系，表现为权利与义务的对称。有了这样的连接纽带，政府部门同企业和居民之间的关系便有了理顺、规范的基础；保质保量地向企业和居民提供公共服务，成为政府部门必须履行的职责。同样，依法足额地向政府部门缴纳各种税收，也成为企业和公民必须履行的义务。

服务人民，是人民政府和人民公仆的天职，是中国特色社会主义的特色之一。党的十八届三中全会报告指出，紧紧围绕更好保障和改善民生、促进社会公平正义，深化社会体制改革，改革收入分配制度，促进共同富裕，推进社会领域制度创新，推进基本公共服务均等化，加快形成科学有效的社会治理体制，确保社会既充满活力又和谐有序。

“十二五”时期，是舟山群岛新区经济发展加速转型、社会建设整体推进、体制改革攻坚突破的重要时期，也是加快完善基本公共服务体系、深入推进基本公共服务均等化的关键时期。从国内看，国家高度重视推进以保障和改善民生为重点的社会建设，对建立健全基本公共服务体系作出了重大决策部署，并将“推进基本公共服务均等化”作为“十二五”时期国民经济和社会发展的重大政策导向。2012 年 7 月 11 日国务院颁发的《国家基本公共服务体系“十二五”规划》指出，建立健全基本公共服务体系，促进基本公共服务均等化，是深入贯彻落实科学发展观的重大举措，是构建社会主义和谐社会、维护社会公平正义的迫切需要，是全面建设服务型政府的内在要求，对于推进以保障和改善民生为重点的社会建设，对于切实保障人民群众最关心、最直接、最现实的利益，对于加快经济发展方式转变、扩大内需特别是消费需求，都具有十分重要的意义。

从省内看，浙江省已经进入人均生产总值从 7000 美元向 10000 美元跨越的新阶段，城乡区域协调发展迈上新台阶，城乡居民生活质量和水平不断提高；以人为本的理念深入人心，政府公共服务和社会管理职能将得到强化，基本公共服务财政保障能力进一步提升；社会事业改革深入推进，有序竞争和多元参与的基本公共服务供给体制加快形成，建立健全基本公共服务体系的动力和活力不断增强。2012 年 12 月 19 日，浙江省人民政府颁发的《浙江省基本公共服务体系“十二五”规划》，把“基本公共服务制度作为公共产品向全民提供，着力保障城乡居民生存发展的基本需求，着力增强基层服务供给能力，着力完善体制机制，加快构建符合省情、比较完整、覆盖城乡、可持续的基本公共服务体系，进一步提升基本公共服务均等化水平，为建设物质富裕精神富有的现代化浙江打下坚实基础”作为总的要求和基本指导思想。

从舟山市来看，《浙江舟山群岛新区发展规划》提出“ 全面提高民生保障水平”，把提高城乡就业水平、提高居民收入水平、提高社会保障水平、提高全民健康水平、提高居住环境质量，作为提高民生保障的重要内容。同时，还提出采取如下措施加强公共服务：建立市场化的就业促进机制，健全公共就业服务体系，完善创业扶持政策，加强创业培训和渔（农）民转移就业培训；实现城乡居民收入与经济发展同步增长，健全工资收入分配制度，逐步缩小不合理的收入差距，提高中等收入者比重，形成公正、合理有序的收入分配格局；完善社会保障制度体系，健全基本养老、基本医疗、失业、工伤、生育等社会保险和最低生活保障等社会救助制度，扩大城镇基本养老保险覆盖范围，健全新型农村社会养老保险制度；加强城乡专业公共卫生体系建设，建立疾病预防控制联防联控机制，优化医疗卫生资源配置，积极推进公立医院改革，加强城乡基层医疗卫生队伍建设；加强污染治理，推行清洁生产，全面落实节能减排政策措施，全面推进城乡环境卫生整洁行动，全力创建国家环保模范城市。

舟山市自2008年率先实施基本公共服务均等化行动计划以来，基本公共服务城乡统筹、区域均衡和全民共享得到有效促进，基本公共服务体系不断健全。面向全体劳动者的劳动就业公共服务体系基本形成，率先实现社会养老、基本医疗保险制度全覆盖，率先实现最低生活保障制度城乡一体化。新型社会救助体系和社会福利体系基本建立，住房保障政策体系日趋完善，覆盖范围逐步扩大，城乡免费义务教育全面实施，公共教育体系日趋完备，基本药物制度和免费基本公共卫生服务项目全面实施，城乡社区卫生综合服务功能逐步完善。文化体制改革取得阶段性成效，城乡公共文化服务能力显著增强，县级图书馆、文化馆、乡镇综合文化站基本实现全覆盖，群众体育加速普及。公共交通、供水供电等基础设施加快完善，邮政、通讯、气象、地名等服务水平进一步提高。绿色城镇、美丽海岛建设全面推进，生态安全保障体系基本形成，生态环境逐步改善。“平安舟山”建设扎实推进，人民群众安全感满意度提高。经过这些年的努力，舟山市基本公共服务制度体系已经初步形成，基本实现了“学有所教、劳有所得、病有所医、老有所养、住有所居”。

与全面建成惠及全市人民小康社会的目标相比，与广大人民群众的新要求新期待相比，现阶段舟山市的基本公共服务水平还存在不小差距。基本公共服务供给渠道相对单一、总量仍显不足，难以有效满足人民群众日益增长的公共服务需求；部分制度城乡、区域间衔接不够，公共服务资源配置不合理，农村、欠发达地区和针对社会弱势群体的基本公共服务水平亟待提升；体制机制不够健全，财力保障、服务供给、评估监督等长效机制有待进一步完善。对此，作为“新区”的舟山市在提升公共服务水平方面还有相当长的路要走，还要进一步对本市公共服务理论与实践问题进行深入的剖析。

基于上述情况，本书主要对“新区”背景下舟山公共服务的需求、存在的问题以及可采取的对策措施等问题进行了分析和探讨。本书认为，随着“新区”的大开发、大发展，舟山的公共服务需求将呈现出新的发展特点，如公共交通需求更加迫切、外来人口社会保障和子女入学需求更加突出、城乡一体化的公共服务需求日趋强烈。在未来，舟山公共服务水平的提升，必须突破体制机制、行政效能、财政投入、人才引进与培养等一系列的瓶颈。舟山应着眼于国情、省情外部环境，结合舟山的实际情况，仔细研究国务院、浙江省公共服务发展规划，认真落实舟山市公共服务发展规划，围绕思想创新、制度创新、技术创新，建立健全公共服务规章制度、完善公共服务体系、提高公共服务人员素质、建好公共服务设施、畅通公共服务渠道，为新区人民提供满意的公共服务。

第一章　公共服务创新的理论分析

一、公共服务与公共服务创新

（一）公共服务内涵与分类

尽管有关公共服务均等化、公共服务型政府、公共服务机制等公共服务的研究已成为国内研究者关注的热点，但对“公共服务”这一概念的界定在学术界还存有很大的分歧。现就国内外学者的观点做一回顾与分析。

1. 公共服务的内涵

（1）国外学者的观点

法国学者莱昂·狄骥较早地对公共服务的概念进行了界定[1]。1912 年，他从公法的角度将公共服务定义为：“任何因其与社会团结的实现与促进不可分割而必须由政府来加以规范和控制的活动就是一项公共服务。它具有除非通过政府干预，否则便不能得到保障的特征。”

20 世纪 90 年代前后，汉斯·范登·德尔和本·范·韦尔瑟芬从公共经济研究的角度界定了“公共物品”的概念。受此影响，有研究者从物品属性的角度对公共服务进行界定，认为公共服务是有着共同需求的消费者群体，而且难以将这种服务分割到每个消费者的具有共用性质的服务产品[2]。埃利诺·奥斯特罗姆提出公共服务是以服务形式存在的公益物品，公共服务具有以下性质：一是公共服务的不排他性与共用性，二是公共服务的不可分性，三是公共服务的不可衡量性。[3]

[1] [法] 莱昂·狄骥 . 公法的变迁：法律与国家 [M]. 郑戈，冷静译 . 沈阳：沈阳春风文艺出版社，1999：53.

[2] 汉斯·范登·德尔，本·范·韦尔瑟芬 . 民主与福利经济学 [M]. 北京：中国社会科学出版社，1999.

[3] 埃利诺·奥斯特罗姆 . 公共事务的治理之道 [M]. 上海：上海三联书店，2000.

1980年前后，新公共管理运动开始兴起，公共服务成为当代公共管理研究的重要内容。Paul A. Grout 和 Margaret Stevens 认为，公共服务是"为大量公民提供的服务，其中存在显著的市场失灵，使政府有理由参与——不论是生产、融资或监管"。萨缪尔森把广义的公共服务职能归结为三个方面：政府的稳定职能，主要是保持宏观经济运行的稳定；政府的效率职能，主要是提供各种狭义的公共产品和劳务；政府的平等职能，主要是实现公共服务均等化。[1]

（2）国内学者的观点

①公共服务属于公共物品

持该种观点的学者从产出形式的角度来定义公共服务。依照经济学的观点，产出可以分为产品和服务——产品是有形的产出，服务是无形的产出——两种形式。据此，这种观点认为，公共服务是公共物品的一部分，是以服务形式存在的公共物品。如：徐小青指出，公共服务是一种具有非竞争性和非排他性的社会服务，公共服务具有公共物品的性质，是不具备物品的物质形态，是以一定的信息、技术或劳务等服务的形式表现出来的一种公共物品。[2]

②公共服务等于公共物品

这一观点从公共物品理论出发来定义公共服务，认为公共服务就是具有效用的不可分割性、消费的非竞争性和受益的非排他性三个特点的商品和劳务，将公共服务等同于公共物品。如：丁元竹等认为，公共服务即公共物品，包括经济性公共服务和社会性公共服务。[3] 于凤荣[4]、江明融[5]、赵成福[6]等也将公共服务与公共物品等同使用。目前仍有不少文献将这两个概念混用，但是大部分研究者并不以为然，认为这一定义过于狭隘。

③公共服务涵盖了公共物品

随着社会的变迁与发展，公共服务的内涵也有了进一步的演变。在社会学理论和经济学服务理论优秀思想成果的基础上，结合社会的实际情况，国内研究者赋予公共服务更新更广泛的涵义。如：程谦等认为，公共服务与公共物品并不是等同的概念，公共服务范畴比公共物品更宽泛，通过公共服务可以提供公共物品，也可以提供混合

---

[1] Paul A. Grout，Margaret Stevens. The Assessment：Financing and Managing Public Services[J]. Oxford Review of Economic Policy，2003(2)：215-234.

[2] 徐小青．中国农村公共服务 [M]. 北京：中国发展出版社，2002.

[3] 丁元竹，江汛清．社会公共服务供给与社会管理体制安排 [J]. 理论与现代化，2006(5)：5-16.

[4] 于凤荣．我国农村公共服务供给模式问题研究 [D]. 吉林大学博士学位论文，2006.

[5] 江明融．公共服务均等化问题研究 [D]. 厦门大学博士学位论文，2007.

[6] 赵成福．社会转型中的县域农村公共服务供给机制研究——以河南省延津县为表述对象 [D]. 华中师范大学博士学位论文，2008.

物品或私人物品。[1] 冯云廷提出，公共服务是一个很宽泛的概念，广义上的公共服务是指公共领域所提供的直接的和间接的服务的总称，既有物质形态的公共服务，也有非物质形态的公共服务。[2] 李军鹏提出，公共服务指政府为满足社会公共需要而提供的产品与服务的总称，它是由以政府机关为主的公共部门生产的、供全社会所有公民共同消费、平等享受的社会产品。[3] 卢映川、万鹏飞认为，公共服务是指政府为促进发展和维护公民权益，运用法定权力和公共资源，面向全体公民或某一类社会群体，组织协调或直接提供以共同享有为特征的产品和服务供给活动。[4] 陈昌盛、蔡跃洲认为，"所谓公共服务，通常指建立在一定社会共识基础上，一国全体公民不论其种族、收入和地位差异如何，都应公平、普遍享有的服务"[5]，不仅包含通常所说的公共产品，而且也包括那些市场供应不足的产品和服务。这种观点已经获得了普遍的接受，它较为准确地概括了公共服务的内涵和外延，且体现出了公共服务的广泛性、公平性等特征，更为符合时代精神和我国当前关注的焦点。

④从语义与特征角度的界定

张杰[6] 认为，"公共服务"由"公共"和"服务"两个词语组成。"公共"在汉英词典中有三个释义：1）共有的，公用的；2）同"公众"；3）同"共同"。这里应取其前两个释义。"服务"在《辞海》中有两个解释：1）为集体或别人工作；2）亦称"劳务"，不以实物形式而以提供活劳动的形式满足他人某种需要的活动。这里取其作为名词的释义。那么直观地理解，"公共服务"即向公众提供的用以满足其共有需要的劳务。综合国内外的现有研究，本文认为，公共服务是由中央或地方政府为满足公共需求，通过使用公共权力和公共资源，向全国或辖区内全体公民或某一类公民直接或间接平等供给的物品和服务，供给公共服务是政府职能的重要组成部分。公共服务有如下特征：第一，公共服务必须是满足公共需求，满足个性化的私人需求的物品和服务不属于公共服务的范畴。第二，公共服务是以公共权力或公共资源的投入为标志的，在供给服务的过程中如果没有使用公共资源、没有公共权力的介入，则不能视为公共服务。第三，公平性是公共服务的根本属性，其最终目的是为了维护公共利益和促进社会公平；第四，供给可以是直接的，也可以是间接的；各级政府是公共服务的统筹者、

---

[1] 程谦．公共服务、公共问题与公共财政建设的关系 [J]. 四川财政，2003(12)：18-19.

[2] 冯云廷．城市公共服务体制：理论探索与实践 [M]. 北京：中国财政经济出版社，2004.

[3] 李军鹏．公共服务型政府建设指南 [M]. 北京：中共党史出版社，2005：19-22.

[4] 卢映川，万鹏飞．创新公共服务的组织与管理 [M]. 北京：人民出版社，2007：3.

[5] 陈昌盛，蔡跃洲．中国政府公共服务：体制变迁与地区综合评估 [M]. 北京：中国社会科学出版社，2007.

[6] 张杰，公共服务创新基本问题探析．石家庄学院学报 [J]，2010 (7).

安排者和监管者，可以直接生产，也可以通过安排其他主体生产来间接供给公共服务。第五，供给公共服务是政府职能的一部分而非全部，是与经济调节、市场监管、社会管理并列的政府职能。

公共服务与公共物品和社会事业这两个概念有密切联系，但不完全等同。首先，公共服务和社会事业定义的角度不同。公共服务主要是从政府职能的角度来定义，而社会事业更多地是一个行业性或行业集合性概念，强调与行政部门和企业的活动相并列的活动，带有计划经济时代的烙印。其次，社会事业的范畴比公共服务更为宽泛，它还包括各种事业单位所提供的服务；但随着我国事业单位改革的不断深化，二者的内涵和外延已极为接近甚至重合。最后，公共服务和社会事业均比公共物品的范围要大，它们既包括公共物品，也包括非公共物品。公共物品更多地是一个经济学概念，而公共服务和社会事业还含有公平正义等价值取向。

2. 公共服务的分类

（1）按照公共服务的属性特征分类

基于公共物品理论，按照公共服务的特征，可以将公共服务分为纯公共服务、准公共服务以及部分具有竞争性和排他性的服务。纯公共服务是指具有完全的非竞争性与非排他性特征的公共服务，主要包括国防、公共安全、义务教育、公共卫生、公共基础设施等；准公共服务是指只具有非竞争性和非排他性其中之一特征的公共服务，如高等教育、部分医疗卫生服务、部分基础设施等；还有一些如民航、邮政、电信、水电供应等服务尽管具有竞争性与排他性，但由于这些服务具有垄断性，这就决定了这些服务的生产者之间的弱竞争性和消费者的弱选择性，因此政府在这些领域也承担着一定的公共服务职责。

（2）按照公共服务的功能分类

公共服务依据其功能的不同，可以分为维护性公共服务、经济性公共服务和社会性公共服务。[1]维护性公共服务是政府为保证国家安全和国家机器正常运转而提供的公共服务，包括国防、社会治安等；经济性公共服务是指政府为促进经济发展而提供的公共服务，通常是生产型的，一般具有规模经济性和自然垄断的特点，并且在一定程度上还具有竞争性和排他性，包括邮政、电信、水电供应等；社会性公共服务是指政府为促进社会和谐与公正，为全体社会成员提供的公共服务，包括科技、教育、医疗、公共文化体育、就业、社会保障、环境保护等。

[1] 李军鹏．公共服务型政府 [M]. 北京：北京大学出版社，2004.

（3）按照公共服务的水平分类

根据满足社会公共需求的水平，可以将公共服务分为基本公共服务和非基本公共服务。基本公共服务是指在一定社会经济条件下，政府为满足社会基本公共需求，保障社会全体成员基本社会权利和基础福利水平，保持经济社会稳定，必须向全体公民均等地提供的基础性公共服务，包括义务教育、公共卫生、公共安全、基本社会保障等内容；非基本公共服务是政府为了提高社会成员的生活质量和生活水平而提供的更高层次的公共服务，旨在促进社会成员的全面发展，如高等教育、高福利等。

（4）按公共服务需求的分类

在借鉴已有分类的基础上，参考马斯洛需求层次理论的思想，本文将公共服务分为五类：公共安全型公共服务、基本民生型公共服务、基础公益型公共服务、公共事业型公共服务和高级选择型公共服务。公共安全型公共服务是指与公民的生命财产安全息息相关的公共服务，如国防、消防、社会治安、食品安全等；基本民生型公共服务是指与民生密切相关，维持社会基本公平的公共服务，如基础教育、基本医疗卫生、就业、基本社会保障等；基础公益型公共服务是指人类发展和人民生活不可或缺的，以及能使全体公民及后世子孙受益的公共服务，如基础研究、公共基础设施、生态环境保护等；公共事业型公共服务是指与生产相关且具有一定盈利性的公共服务，如水、电、燃气的供应、交通、通讯、垃圾污水处理等；高级选择型公共服务是指能够提高公民的生活质量和生活水平，有一定个性化特征的更高层次的公共服务，如各种私立学校、高等教育、高级医疗服务等。

（二）公共服务创新的基本问题

1. 公共服务创新的内涵

公共服务创新是一种旨在提高公共服务质量的创造性活动。在当前关于公共服务创新的探讨中，有的把公共服务创新等同于政府创新，这个意义上的公共服务创新包含了政府所有的改革与创新活动；有的把公共服务创新看作是具体公共服务领域的创新，这个意义上的公共服务创新主要指的是在各个具体公共服务领域进行的一系列创新性活动。笔者认为，公共服务创新是与社会管理创新等并列的政府职能创新的一个方面。所谓公共服务创新，是指政府以满足公民的公共服务需求为起点，以公共权力和公共资源的使用为后盾，以公共服务要素（制度、机制、模式、流程、方法、工具等）的重新组合为手段，以更大程度地实现公共利益为追求的创造性活动。对公共服务创新的内涵可以从以下几个方面来把握：

（1）公共服务创新以满足公民的公共服务需求为出发点

公共服务创新的主要功能就是以公民为中心，不断提高公共服务质量，满足公民需求。而且，“低层次需要的满足会导致更高层次需要的提出”，“一旦供需矛盾得到解决……顾客就开始追求更多的花样和种类。一旦价格得到了控制，顾客就开始要求更好的质量。一旦我们达到了生产的高效，顾客就开始强调起个性化的选择”[1]。满足公民更高层次的需要和需求成为公共服务创新的持续推动力。

（2）公共服务创新使用的是公共权力和公共资源

政府行使的是垄断、权威的并以强制性力量为依托的公共权力。政府调动和使用的是公共资源。而政府能够在多大程度上筹集到可以用于公共服务的资源，决定着公共服务创新的规模和范围。

（3）公共服务创新的实现要依靠公共服务要素的新组合

在公共服务创新过程中政府可以根据实际情况，灵活地对公共服务要素进行选择和组合。这种新组合的实质是政府与市场、政府与社会、政府与公民之间关系的调整。

（4）公共服务创新的最终追求是实现更大的公共利益

创新的最重要的含义就是能够创造出新的价值。公共服务创新最重要的目的是实现更大的公共利益。公共利益的界定和选择是一件复杂的事情。在对既定利益格局进行调整的过程中，公共利益可能会受到既得利益者的干扰，还可能受制于私人利益、群体利益的实现。在资源有限的情况下，很可能引发不同阶层和群体之间的竞争和冲突。公共服务创新要始终以公共利益为价值指向，把公共利益的实现程度作为公共服务创新的最终判断标准。

（5）政府是公共服务创新的主体

公共服务创新活动的范围大于政府创新活动的范围，除了政府之外，公共服务创新的主体可以是非营利组织、企业，甚至公民个人。

为了使讨论更集中、深入，本文选择的视角就是以政府为主体的公共服务创新。

2. 公共服务创新的必要性

（1）公共服务创新是行政改革的核心内容

20 世纪 70 年代以来，为适应经济社会发展的新形势，摆脱财政上的困境，化解社会民众对政府的信任危机，西方各国政府陆续开始了以追求“三 E”（Economy，Efficiency，Effectiveness）即经济、效率、效益为目标的政府改革运动。从新西兰到英国，从美国到法国，从加拿大到澳大利亚，西方国家不同程度地进行了公共行政改革，

[1] [美] 拉塞尔·M·林登. 无缝隙政府：公共部门再造指南 [M]. 北京：中国人民大学出版社，2001.

其普遍性、广泛性、全面性可谓前所未有。尽管各国政府改革提出的行动方案和口号都不相同，如“下一步行动方案”、“公民宪章运动”、“竞争求质量”、“政府再造”、“公共服务计划”等，但主要内容都是围绕如何通过理念、机制、体制、方式等方面的创新，提高政府为社会公众提供公共服务的能力和水平。可以说，公共服务创新是各国政府改革的核心内容。在全球行政改革浪潮的影响下，我国政府也逐步开始了行政改革的实践探索。自 2005 年时任总理温家宝在政府工作报告中正式提出“建设服务型政府”以来，服务型政府建设成为我国行政改革的基本目标。2007 年，服务型政府被作为工作重点写入党代会报告。尽管关于服务型政府含义和状态的界说不一，但能够达成共识的是：建设服务型政府的根本目的是进一步提高政府的公共服务能力和水平，没有充足优质的公共服务就没有服务型政府。公共服务创新正是要通过公共服务观念、体制、机制等方面的创新，为社会提供充足优质的公共服务，实现“学有所教、劳有所得、病有所医、老有所养、住有所居”。公共服务创新是我国以服务型政府建设为基本目标的行政改革的核心内容。

（2）公共服务创新是科学发展观的重要体现

党的十六届三中全会要求树立和坚持科学发展观。科学发展观的提出标志着发展理念的深刻变化，要求我们要正确理解和全面衡量发展，要克服发展中的诸多矛盾，实现人和社会的全面协调发展。随着我国经济社会发展水平的不断提高，人们对公共服务的要求也越来越高，公共服务需求也日益多样化、差异化。如何从我国的实际出发，满足日益增长的公共服务需求，需要对现行的公共服务进行必要的调整和创新。党的十七大报告中提出：“要更加注重社会建设，着力保障和改善民生，推进社会体制改革，扩大公共服务，完善社会管理，促进社会公平正义。”通过公共服务创新，满足人民的公共需求，是落实科学发展观的重要体现。在科学发展观的指导下，党的十六届四中全会提出构建社会主义和谐社会的战略目标。和谐不是天然的，它需要建设。和谐社会的构建过程实质是社会的各个组成部分、各个领域相互配合、相互支持的动态过程。在这个过程中，各构成要素之间要经历不同程度的磨合，其间不可避免地会遇到矛盾和问题。而这些矛盾和问题的解决不是自然实现的，也没有现成的可供试用的方案。只有通过创新，合理配置各方面的资源，才能尽量降低其耗费的社会成本，尽最大可能实现社会各个组成部分的良性、协调运行。公共服务作为社会公共生活的重要领域，必须跟上和谐社会的构建步伐。推进公共服务创新是构建和谐社会的重要内容。

（3）公共服务创新是地方政府创新实践深入推进的保证

许多地方政府为了适应当地经济社会发展的需求，在自己的地域范围内进行着前所未有的改革与创新。自 2000 年始，由中央编译局比较政治与经济研究中心、中央党校世界政党比较研究中心和北京大学中国政府创新研究中心联合创办“中国地方政府创新奖”，至今已有 2000 多个省级以下的地方政府创新项目申报该奖项。在《2009 中国政府创新蓝皮书》新书发布会上，北京大学中国政府创新研究中心主任、中央编译局副局长俞可平通过对历届 114 个中国地方政府创新奖入围项目的分析，概述了过去 10 年我国地方政府改革创新的 16 个重点。其中，改善公共服务类入围项目居首位，达到 12 项，占总数的 10.5% 多。[1] 这反映出各级地方政府越来越重视公共服务创新问题。5 届优胜奖项目大都已在全国更大的范围内得以推广，产生了广泛而良好的社会影响。在改革开放继续深入的阶段，公共服务创新仍然有巨大的需求和强劲的动力。在未来 10 年的政府改革中，公共服务创新仍然是重点。

地方政府公共服务创新的实践主要采取“试点”的方式展开，采用这种方式有利于减少来自各方面的阻力，获得社会支持。地方公共服务创新在实践过程中积累的经验，为公共服务领域的整体创新提供了资源。但地方层级的创新存在其自身难以克服的局限性，由于缺乏整体性和战略性的长远规划，创新的内在动力不足。

一些地方政府发起的公共服务创新的最大限制是“地方政府的财力有限，分税制实行后中央政府和省级政府在税收中占有比例过大，地方政府财政收入增长速度趋缓，财政实力有限，这样无疑限制了地方政府提供的公共品和公共服务的数量和质量，制约着地方公共服务类创新的方向”[2]。由于各地公共服务水平和发展状况的不同，许多创新举措只能在地区范围内局部进行，不能形成联动的、配套的整体创新。于是，在一地的创新只能在一地有效，出现了公共服务领域各地为政的现象。这不仅加剧了公共服务领域的地区差距，也影响了公共服务创新本身的效果和影响力。而且，公共服务创新基本上处于初级阶段，规范性不强，形式化、表面化、简单化现象突出。一些地方政府的创新举措没有及时地在更高的层面上加以制度化。可见，中央政府层面的公共服务创新，是地方政府公共服务创新深入推进的保证。

（4）公共服务创新是公共服务发展的内在要求

目前我国进入了人均 GDP 突破 3000 美元的新阶段。从国际经验来看，这个阶段是社会发展的重要时期，社会需求结构发生变化，公民对公共服务的需求快速增长。从人们的消费结构来看，衣食等基本消费支出的比例不断下降，教育、医疗、保健等消费支出的比例持续上升，公共服务需求的全面快速增长已经成为我国社会发展的重

[1] 北京大学博雅国际会议中心 .《2009 中国政府创新蓝皮书》发布会 [OB/OL].（2010-01-17）[2010-04-10]. http：//www.chinainnovations.org/showNews.html?id =1B0A6598DCCE4432EC3B824D32991A6A.

[2] 北京大学博雅国际会议中心 .《2009 中国政府创新蓝皮书》发布会 [OB/OL].（2010-01-17）[2010-04-10]. http：//www.chinainnovations.org/showNews.html?id =1B0A6598DCCE4432EC3B824D32991A6A.

要趋势。但是，公共服务质量和水平的增长速度明显落后于这种需求。长期以来，尽管政府对经济增长给予了极大关注，但主要致力于经济建设，对教育、医疗、就业、社会保障、收入分配等关系民生的公共服务领域缺乏足够的关注，对公共服务领域的资源投入也不能满足需要。

在公共服务资源不充足的情况下，医疗、教育、社会保障等公共服务领域出现了政府错位和缺位的现象，造成社会发展严重滞后于经济发展。特别是在某些公共服务领域市场化的过程中，出现了政府责任的缺失，给民众的生活带来了困难。公共服务需求的快速增长和利益关系发生的深刻变化，在客观上要求必须进行公共服务创新、提高现有公共服务的质量和水平。

3. 公共服务创新的路径

（1）从政府导向走向公民导向

长期以来，政府独自承担着提供公共服务的责任，按照自己的意志确定公共服务的方向、内容、方式，很少去考虑公民的意愿。同时，“官僚制组织只按自身适合的方式行事，很少顾及服务质量、公众的反应”[1]。这种以政府为导向的公共服务在当时的社会和经济条件下有其合理性，但随着社会和经济的发展，特别是公民需求的变化，其弊端日益暴露出来。它不仅导致普遍的效率低下，造成社会资源的浪费，而且也难以满足公民日益增长且多元化的公共服务需求。

公共服务创新的公民导向主要体现在：第一，在创新主题和内容的选择阶段，政府并不拥有公共服务创新的天然决定权，而是必须经过与公民的沟通。公民拥有充分表达自己的意见的权利和机会，政府要倾听公民的呼声和要求，在整合公民意见的基础上最终形成反映最大多数人意志的创新选择。第二，在创新进入实施和执行阶段时，政府要创造制度化的途径和渠道使公民可以参与到公共服务创新之中。公民可以方便、及时地表达自己的意见和建议，并且形成对创新行为者的监督，以确保公民意志在执行过程中不被扭曲。第三，在对创新结果进行反馈与评价的阶段，公民是最主要的评判者。当创新切实回应了公民的需要，提供了让公民满意的服务，这种创新就是成功的；当公民对创新没有表示认可或者表示不满意时，这种创新就是失败的。

（2）从全能服务走向有限服务

所谓全能服务就是指政府在公共服务领域居于绝对的主管地位，无所不能，全知全包。政府扮演着社会“大家长”的角色，集中调配各种公共资源，同时提供几乎所有的公共服务。全能的公共服务的存在是计划经济体制下的必然现象，公民也习惯和

---

[1] [澳] 欧文 · E. 休斯 . 公共管理导论 [M]. 北京：中国人民大学出版社，2001.

依赖政府对公共服务的全面包揽。随着社会主义市场经济体制的逐步确立，社会的分配方式发生了深刻的变化，人们的收入来源日益多元化，对公共服务的需求也越来越多样化。统一的、格式化的公共服务提供方式，已经越来越不能满足日益增长的公共服务需求。公共服务的不到位和失衡与强烈的公共服务实际需求之间的矛盾，越来越突出。而且，全能型的公共服务也使得政府面临越来越大的财政压力。在新的社会发展形势和公共行政改革的推动下，政府开始冷静地思考，理性地寻找自己的合适位置。在公共服务领域，哪些该管、哪些不该管，哪些该由自己亲自管、哪些可以分给社会和市场管，成为政府必须面对并且作出回答的问题。

具体来说，在有限型的公共服务中，政府的作用主要包括：一是理顺政府与市场、社会的关系，确定公共服务的范围和领域，坚持"有所为、有所不为"的原则，发挥政府之外其他公共服务主体的作用；二是确保基本公共服务的提供，满足公民的基本生活需要，增加对教育、医疗、社会保障等公共服务领域的投入；三是逐渐从微观经济领域中退出，为市场和社会力量进入公共服务领域创造良好的环境，提供必要的条件；四是制定公共服务领域的规则，明确公共服务提供者的责任；五是对公共服务领域进行监管，适时弥补市场和社会的缺位，避免公共服务责任的缺失。

（3）从一元垄断走向多元竞争

"在传统的思维中，私人服务由市场供给，公共服务由政府供给，两者之间存在一条不可逾越的鸿沟。"[1] 因此，我国的公共服务基本上是一元化的体制，不论是全国性的资源调配还是局部性的公共服务需求的满足，都由政府垄断。在其他主体很难进入公共服务领域的情况下，政府依靠不断增加公共服务机构的设置来提供公共服务。下级政府依照上级政府设置对口单位，机构重重，造成了"大而全，小而全"的公共服务机构网络。一元垄断型的公共服务远离市场的压力，缺乏竞争的动力。政府包揽了几乎所有的公共服务，管了许多原本"不该管"而且"管不好"的公共服务事务。这不仅加重了政府的财政负担，而且由于缺乏竞争的压力和动力，政府公共服务的质量和效率并不令人满意。为了提高公共服务的效率，在公共服务创新的过程中，要逐步将市场机制和竞争机制引入公共服务领域。主要包括如下内容：一是形成政府内部市场，以项目的形式在政府部门之间开展竞争，促使各政府部门努力提高服务效率和质量；二是把一些政府可以放手的公共服务推向市场，通过合同外包、竞争性招标等方式交给民营部门来承担；三是在一些政府长期垄断的公共服务领域引入私人和社会的力量，形成竞争压力，促进服务质量的提高。受我国社会主体发育还不成熟、市场

---

[1] 任广浩，解建立. 公共服务中责任政府构建的模式创新：由单中心到多中心 [J]. 甘肃社会科学，2009（1）：207-211.

环境还不完善等因素的影响，公共服务的多元竞争是一个循序渐进、逐步铺开的过程。对于不适合通过竞争来实现的公共服务，政府应该扮演直接供给者的角色。对于适合通过竞争来实现的公共服务，政府就应该让位给竞争。必须明确的是，政府在多元的竞争格局中还担当着竞争秩序协调者的角色。

（4）从单向提供走向互动合作

随着社会经济的迅速发展，政府所面临的形势日趋复杂，各种重大公共问题或公共事件层出不穷。公共卫生、医疗、教育、社会保障等领域的典型事件引起了社会的广泛关注。由于政府的公共服务供给能力有限，全社会的公共需求难以得到满足，“事实上政府已经无法成为唯一的治理者，它必须依靠与民众、企业、非营利部门共同治理与共同管理。”[1] 政府是公共服务的提供者，但不是公共服务的垄断者。对政府来说，公共服务创新不仅是一项工作，在很多情况下更需要政府与非政府部门之间的合作。

公共服务创新的过程，并不是政府单方面努力满足公共需求、解决公共服务问题的过程，更重要的是政府与社会、公民之间的互动过程。公共服务创新的成败，在很大程度上取决于政府与公民特别是作为公民力量代表的社会组织之间的互动与合作状况。政府与社会组织不再是管理与服从、控制与被控制的关系，而是平等合作的关系。西方发达国家公共服务创新的实践表明，社会组织的参与和合作，是政府公共服务质量大幅度提高的重要原因。2003 年美国政府责任办公室发表的年度报告指出：“国家发展目标的实现需要运用多种方式和方法，而且需要越来越多的组织参与。”[2] 政府要把自身作用的发挥置于一个更广阔的舞台上，把公共服务创新看作是与其他主体合作的活动。社会组织要按照政府要求提供相应的公共服务，接受政府的监督。政府与社会组织取长补短、形成合力，努力为公民提供高质量的“无缝隙的”公共服务。

（5）创新服务方式

公共服务方式创新，主要包括加快发展定制服务、短流程服务和服务外包等多形式的服务方式。

①公共服务外包

公共服务外包，是指政府将社会管理、公共服务等技术性劳务类事务，委托给具备条件的企业、科研机构、高等院校或其他组织，并支付相应报酬的民事法律行为[3]。

在我国，公共服务外包起步较晚，开始实践是最近几年的事。但在 20 多年前，它在美国已经出现了。由于市场资源备受重视，理顺了政府与市场、社会的合作关系。美国将市场化和社会化机制引入公共服务到公共服务领域，实行公共服务外包的多种

[1] 张成福，党秀云 . 公共管理学 [M]. 北京：中国人民大学出版社，2001.

[2] 李晓霞 . 从竞争到合作：美国新公共服务的再发展 [J]. 淮阴师范学院学报，2009（1）.

[3] 王慧军 . 美国公共服务体系建设的经验与启示 [J]. 求知，2010（6）.

方式，比如公共服务合同外包、购买公共服务、行政合同、特许经营、凭单制、志愿服务等。[1]近年来,我国学者和官员对公共服务外包的意义理解认识也在逐步加深。“政府公共服务外包有利于创新公共服务的体制机制，提高公共服务的效率和品质，建设服务型政府；有利于促转型，实现改善民生与扩内需保增长的统筹，加快现代服务业发展；有利于服务消费类市场培育、成长，有利于政事、政府与中介组织的分开和管理创新。”[2]

②定制服务

定制服务指企业为了满足顾客的特殊需求，在财务和经营条件允许的情况下，运用多品种的柔性技术、网络技术为顾客提供个性化服务的管理方式。它是现代社会的主流生产方式和竞争焦点，作为一种基于顾客价值创新的战略思维，它是将大规模生产与定制生产、规模经济与范围经济等有机统一的组合竞争战略，也是企业增强竞争力的有效途径。[3]

公共领域的定制服务就是政府根据不同公众的个性化需要，在政府的财政和政策框架允许下，为居民提供不同种类量身定做的公共服务。它作为基于居民价值创新的战略思维，是政府提高服务能力，建设服务型政府的有效途径。[4]

个性化定制服务的核心在于以需求者为中心。这既与服务型政府所倡导的“以公众为中心”的理念是一致的，也体现了公共定制服务的特点。因此，将定制服务应用于公共服务上既有合理性，又有可行性。个性化定制服务的开展，要做到适销对路、有的放矢。应从以下几方面做起：

第一，要对公众的需求进行获取和分析。要获取公众需求信息，在网络影响深远的今天，网络无疑是最好的选择，这就需要政府提供收集公共信息的窗口。通过网上留言、人机互动等方式收集民众的信息，在收集到信息后，需要对其进行分类和加工整理，从中分析出不同身份背景、阶层、年龄的公众所需要的不同类型的需求，并以此作为提供定制服务的基础。

第二，公众的心理行为分析。公众心理和行为研究是做好公共服务的基点，也是开展好公共定制服务的前提。服务提供者应通过了解用户的爱好、兴趣和需要，根据公众的心理和行为等特点调整服务内容，不断推出针对不同公众群的公共产品和公共服务。

---

[1] 寇玉琴．企业定制化服务的策略研究[J]. 商场现代化，2008（6）.

[2] 毛光烈．推进政府公共服务外包的若干思考[J]. 三江论坛，2009（8）.

[3] Leo Anthopoulos，Panagiotis Siozos，Ioannis.A，Tsoukalas. Applying participatory design and collaboration in digital public services for discovering and re-designing e-Government services [J]. Government Information Quarterly，2007（24）.

[4] 陈树文，李 佳，姜照华．公共服务创新路径的多维分析[J]，当代经济管理，2006（6）.

第三，公众服务效果评价信息的收集和测评。公众服务效果评价，也称为用户满意度，是现代服务管理的一项重要指标。公众对公共服务进行的评价，直接反映其对服务的认同程度，具有其他指标难以替代的优势，关系到服务质量的改进和完善。公众反馈的评价信息可以使政府及时发现问题、解决问题，通过对来自公众的信息服务，利用数据的进一步挖掘分析，可以掌握公众的服务需求与利用变化规律，提升公共定制服务的质量。[1] 因此，政府要开辟多种途径，以便公众反馈服务效果评价信息。

第四，以社区为基本单位建立不同类型的公众数据库。数据库作为承载各种信息的主要工具，可以非常方便地进行查阅。在数据库中，应包含公众的一些个人信息及其所需要的公共服务。数据库的建立能够方便政府部门有针对性地提供公共定制服务。[2]

③短流程服务

短流程最早应用于工业生产中，是指在生产过程中减少一些不必要的步骤，从而减少生产时间，提高生产效率。短流程服务，就是精简服务流程，省略中间环节，由服务商直接提供给最终消费者的服务方式。在公共服务中，按照对最终客户产生地价值可以将组织中的活动分为两类。一是增值活动，即能够为服务对象带来价值的活动；二是不增值的活动。公共服务中的不增值活动，往往是由于劳动分工造成流程断裂而产生的协调活动。执行这些活动本身，对于客户价值的实现没有贡献。短流程服务的目的正是要剔除掉公共服务中不必要、不增值的活动，以确保增值活动流畅高效地进行。主要做法有服务简化和服务集成。其中，简化是指在已有的过程中删除那些不必要或不增值的活动，合并某些活动，从而使活动数目减少，活动之间的联系也减少，使得办理业务、享受公共服务更加省时、便利。而服务集成是指通过计算机和网络，建立公用数据库实现数据集成，利用过程的处理规则实现活动与活动之间的相互协调和配合，以形成一个真正的统一体。

公共服务的短流程方式有诸多先进之处。首先，它可以提高公共服务的效率，居民在享受公共服务时可以一步到位，而不需要经过众多中间环节。其次，居民直接面对政府，可以提高服务质量。政府可以在第一时间掌握第一手资料，了解市民的问题，尽快解决问题。它还可防止由于中间商的私心而使得公共服务无法落在实处。没有了中间商和中介机构，大大减少了服务成本，节约财政开支。很多省市已经践行了公共服务的短流程模式，如“一站式服务”、公共信息平台的构建等，都属于短流程的公共服务模式的基础。舟山新区还应该积极探索其他形式的短流程公共服务模式，将公共服务创新落在实处。

[1] 张蓉，袁俊华 . 网络个性化定制服务的用户管理研究 [J]. 图书馆学研究，2007（2）.

[2] 耿华，陈文波，黄丽华 . 面向电子政务的公共服务流程优化方法研究 [J]. 软科学，2009（5）.

④电子化服务

从终极目标追求来看，各国政府都把电子政务定位为“提升公众服务水平”。西方一些发达国家在推进电子政务过程中，提出了“以用户为中心、以服务为导向”的发展理念，通过不断提高政府在线服务质量，公众对政府满意度有了不同程度的提高。比如美国政府把“以公民为中心、以绩效为导向、以市场为基础”[1]作为电子政务建设的指导原则，其核心原则是“以公民为中心”。瑞典政府十分重视电子政务为社会与公众服务的能力，并把电子政务建设的第一目标定位于为企业和居民提供完善的服务，增加透明度，促进民主化。

从我国电子政务产生与发展的情况来看，在经历了基础网络设施建设、政府部门内部联网、办公自动化、协同政务等阶段以后，我国电子政务建设的重心已由原来的软硬件建设和人员培训，逐步转向公共服务水平的提升上来。以电子方式提供服务、电子便捷服务思想观念等已经为公众所普遍接受。可以说，电子政务的服务理念已经深入人心。电子政务既是新时期促进政府公共服务创新的有效手段，也是重要平台，其中大有文章可做。在电子政务发展过程中，以下问题要引以注意并逐步加以解决。

第一，树立电子政务的政府服务理念。众所周知，传统的政府管理理念是工业革命以来建立在社会分工基础上的科学管理理论，金字塔型的权力分配结构是其显著特征。这一传统理念所体现出来的是“官本位”与“权力本位”。[2]在政府与公众的关系上，政府始终处于支配、指令地位，而公众总是被管理、被监督的对象，民众的意志与参政、议政的权力得不到真正的实现。而电子政务是以服务为目的、以公民为中心，确立了“以民为本”、“社会为本”的新政府理念，引导政府组织机构进行积极的优化与变革，调整权力与业务流分配，将政府的组织形态从传统的金字塔形的垂直结构转变为权力分散的扁平网状结构，实现政府公共服务职能由控制型向服务型转变。

手段固然重要，价值取向才是更为根本的。改革开放以来，人们已经注意到思想文化观念在经济体制转变中的重要性，开始在思想文化层面对中国传统文化进行反思。在此过程中，人们介绍宣传这些西方思想和学说的重要原因，不在于这些思想和学说符合其已有的价值观念及价值准则，也不是出于对这些思想、学说的信仰，而是将其作为达到预期目的的有效手段或工具。这种工具理性思维在一些知识分子的身上表现得十分明显。无论原来的计划经济还是后来的市场经济，一开始在“舶来”时就都有极为强烈的“手段意义”[3]。

---

[1] 井敏.《构建服务型政府(理论与实践)》[M].北京：北京大学出版社，2006.

[2] 吴声功.服务型政府的构建[M].北京：社会科学文献出版社，2006.

[3] 张部.试论中国当代经济体制转变中的政治思维方式[J]，社会科学战线，2005(2).

第二，创新电子政务的服务模式。在传统的政府管理与服务中，由于技术与体制方面的制约，在政府部门内部、政府部门之间、政府部门与社会公众之间缺乏信息互通共享，形成了一个个相对封闭的“信息孤岛”。信息的不畅，导致公众监督的缺失，政府所采用的的服务模式规范度差、效率底下、随意性强，公众难以获得满意的服务。

电子政务的发展，为政府服务模式创新提供技术与安全支撑，通过高质量的在线反馈、网上办事等服务，不仅拓展了服务空间，提高了服务效率，而且延伸了服务时间，使政府的公共服务更快捷、更公平、更直接，使政府成为真正不下班的公共机构，有力促进了行为规范、运转协调、公正透明政府服务模式的形成。

第三，政府服务信息网上公开。依托电子政务促进政务信息公开，是近年来各级政府提高面向公众信息服务能力和提高政府透明度的重要举措和重要内容。2003 年广州市政府正式实施《广州市政务信息公开条例》，并以此为契机大力推进政府门户网站建设，在全国起到了良好的示范作用。此后，商务部、国家环保总局等多家中央部委以及陕西、河北、北京等省市先后颁布施行了政府信息公开方面的规章制度，各级政府信息公开程度普遍提高。在广泛实践的基础上，国务院于 2008 年 5 月 1 正式颁布并实施了《中华人民共和国政府信息公开条例》，这为促进各级政府依托网站向公众提供信息服务提供了坚实的法律依据。目前，我国县级以上的政府网站的拥有率都已经接近 100%。大多数政府网站建立了信息公开目录，落实了信息公开责任制，大大提高了政府信息服务的质量和效率。

第四，开辟公众参政议政的电子渠道。公众通过在线信箱、热线电话等手段，反映社情民意、参政议政的渠道更加畅通。目前，绝大多数省区市都开通了领导电子信箱和热线电话，许多政府网站设立了公众留言板，有些政府部门还开通了领导在线访谈。这些方式已成为公众与政府部门直接沟通的重要手段。北京市首都之窗网站 2003 年启动了“社情民意平台”，2005 年推出“政风行风热线”，大大提高了北京市民参与政策制订、行业监督的积极性。全国人大实现了立法工作的网上全民征求意见，《物权法》等重要法律通过网站公开向社会征求意见，开辟了科学立法、民主立法、开门立法的新途径。商务部等政府网站紧密围绕工作重点和热点，调动业务部门积极性，推出访谈和民意征集栏目，密切了政府与广大群众的关系，开辟了畅通民意和服务大众的新渠道，提高政府透明度，增强了民众参与政府决策的积极性。

第五，提高电子服务的质量和效益。通过电子政务提高政府公共服务质量和效益，是世界各国加速推进电子政务的主要目的。世界银行认为，电子政务主要关注的是政府机构使用信息技术向公民提供更加有效的政府公共服务，改进政府与企业及产业界的关系，提高透明度，促进政府服务更加便利化，增加政府收益或减少政府运行成本。电子政务通过采用网络化、数字化等信息技术手段，向全社会提供准确、全面、权威的信息资源。通过协同政务、一站式服务等改造政府业务流程；通过建立和培育政府与社会公众之间的交流机制，有效实现信息资源的共享，减少公众与企业组织的办事程序，减少政府办公成本，促进社会的民主化。“由于政府已经认识到没有对彼此独立的公共机构的信息系统的整合，电子服务的持续拓展是不可能的。合作治理恰恰是公共机构超越组织边界共享愿景，而不是彼此独立的政府机构门户网站的单打独斗。”[1]通过合作，可以为公众提供及时满意的各种服务，大大提高政府公共服务的质量和效益。

第六，促进公共服务均等化。改革开放以来，人民生活水平显著提高，国家经济实力大大增强，但在基本公共服务上却走了一些弯路：一是在公共服务领域推行了过分市场化的改革；二是公共服务分配严重失衡，城乡之间、地区之间的公共服务差距很大。特别是广大农村义务教育得不到落实，医疗、养老保险体制不完善，各种社会保障机制不健全，成为社会不稳定因素。因此，政府有必要为社会公众提供基本的，在不同阶段具有不同标准的，最终大致均等的公共物品和公共服务。也就是说，在基本的公共服务领域，政府应尽可能地满足人们的基本物质需求，尽可能地使人们享有同样的权利。这就是公共服务均等化。

一般说来，公共服务均等化只与公共财政体制相关。换句话说，公共服务均等化只取决于公共财政的结构和投向。事实上，电子政务在公共服务均等化中的作用也不可忽视。尽管可能因为在城乡之间、地区之间，信息化投入和发展水平的差异造成一定的“数字鸿沟”，加剧公共服务的不平衡，但要真正缩小公共服务的差距，还要依靠信息化，依靠在农村和其他落后地区坚持不懈、因地制宜地发展电子政务。只有加强农村的信息化基础设施建设，提高落后地区公众的文化水平和信息技术，通过信息化手段（不只是网络，还包括数字电视、呼叫中心等）提供公共产品和服务，才能改变公共服务不均衡的现状。[2]

公共服务创新源自不断增长的公众需求，在当今社会，它是提高政府服务能力的必由之路，是满足公共服务需求的内在保证，也是检验政府服务能力的标志，以及构建服务型政府最有效的途径。体制与机制、技术以及服务方式，是构成政府公共服务体系的重要部分，缺一不可。我国公共服务无论是在体制、技术还是服务方式上，都存在着不完善、陈旧落后的地方。而公共服务创新有多条路径可循，包含体制创新、技术创新、融合创新和服务方式创新等。改变我国传统政府模式，满足公众的新需求，提供更加完善、优质的服务，就需要政府结合具体情况，因地制宜地将这几种途径结合起来进行改革和创新，不断提高公共服务水平。

---

[1] 张郃．基于行政公共网络平台的合作治理 [J]，中国行政管理，2012（10）．

[2] 杜治洲，汪玉凯．电子政务与中国公共服务创新 [J]，中国行政管理，2007（6）．

二、公共服务创新能力

公共服务创新是一种以提高公共服务质量，以更大程度地实现公共利益为追求的创造性活动。公共服务创新既是行政改革的核心内容、科学发展观的重要体现，又是各级政府创新实践深入推进的保证，是公共服务发展的内在要求。在当前我国经济社会加速转型的时期,社会事业发展呈现出多样性、多元化的趋势。随着社会的不断发展，对公共服务创新的诉求也就越来越迫切。因此，重视并加快提升政府公共服务创新能力，就具有极其重要的理论与实践意义。[1]

（一）影响政府公共服务创新能力的主要因素

经济实力增强和消费结构升级，社会公共服务需求快速增长，我国正在进入公共服务需求快速发展的新阶段。为了适应经济社会发展的需求，各级政府越来越重视人民群众的公共需求，在自己的地域范围内进行着前所未有的改革与创新，努力增加公共产品的数量，不断提高公共服务的水平，初步形成了文化、教育、科技、卫生、社会保障、农村公共服务等全方位公共服务体系，公共服务总量有较大的增长。但是，总体上看政府公共服务的创新能力还比较薄弱，还存在许多亟待解决的突出问题。

1. 公共服务职能缺位使公共服务创新领域定位不准

政府作为公共权力代理人，其有效作为的领域是公共领域。为公众提供优质高效的公共服务，是政府义不容辞的责任。改革开放以来，虽然政府适应经济体制改革的要求，在深化行政管理体制改革的过程中，积极探索公共服务建设的途径，政府公共服务状况有了极大的改善。但是在一定程度上，还存在着政府公共服务内容残缺[2, 3]，职能“缺位”的现象，使得公共服务创新领域难以准确定位。

（1）在公众生命财产等安全保障上“缺位”

表现为公共卫生体系不完善、突发公共事件应急机制缺乏；社会保障体系不完善，公众在养老、医疗等方面存在后顾之忧；有不少公众生活困难，弱势群体得不到有效救助；农村家庭子女辍学的现象存在，城镇农民工子女上学难；就业压力大，失业带来的问题未能有效解决；社会治安形势仍然比较严峻，公众安全感不强；居民财产权得不到有效保护，农民工工资拖欠严重，农村征地农民得不到合理补偿，乱集资、乱摊派等现象时有发生。

---

[1] 王雪珍，政府公共服务创新能力探析 [J]. 湖南行政学院学报，2011 (1) .

[2] 李文良. 中国政府职能转变问题报告［M］. 北京：中国发展出版社，2003.

[3] 张勤 . 服务型政府 [M]. 北京：中央编译出版社，2005.

（2）在为市场主体服务上“缺位”

假冒伪劣商品坑害消费者，公平交易的市场秩序没有得到有效维护；非公有制经济未能完全享受到国民待遇，国有经济得到政府偏好，不能为所有市场主体提供平等、高效的投融资环境；行政审批事项仍然偏多，办事程序还较繁杂，市场主体投诉申告难，政府诚信有待加强。

（3）在为公众提供公共服务设施，改善生存环境上“缺位”

城市公共交通等公共事业设施、教育文化卫生娱乐服务设施、养老护幼与残疾人服务设施短缺；片面追求经济增长造成环境破坏、资源浪费等。这些现象如果得不到有效遏制和彻底解决，必然使社会各阶层、地区、利益群体间的差距拉大，冲突和矛盾更加激化，导致社会的动荡不安。那么，和谐社会的美好理想也不过是无法实现的“空中楼阁”。

（4）公共服务意识薄弱，公共服务创新理念缺失

我国是社会主义国家，实行人民民主专政。《宪法》明文规定“中华人民共和国的一切权力属于人民”，人民是国家的主人，是国家权力的源泉。这就决定了我国各级政府的人民性。维护和实现人民利益，为人民服务，是政府最根本的职能。由于数千年封建官僚思想的毒害及长期的计划经济模式下政府管理方式的影响，各种传统的行政观念仍然在各级政府及其公务员的头脑中痕迹明显。一些部门的公务人员自视为高人一等的管理者、“父母官”，对民众的公共需求视而不见，漠不关心；仅从本部门或个人的利益出发进行价值判断，对于已无利可图的事情不闻不问，无所作为；固守落后的行政观念，重管理控制，轻服务等，更遑论为满足社会公共服务需求而进行创新。

2. 公共服务供给制度缺位，使得公共服务创新缺乏制度保障

长期以来，政府几乎没有完善的制度来保证公共服务的供给，这也就造成公共服务要创新但没有完善的制度保障。

（1）政府公共服务的随意性较强

政府习惯于提供“阵发式”的公共服务，总是抱着“毕其功于一役”的指导思想[1]，希望通过运动式的活动来完成政府公共服务职能。政府官员通常只重视短期的可彰显政绩的公共服务，而忽视需要长时间的人、财、物力投入才能得到回报的公共服务的提供。这样的公共服务难以满足社会需求。

（2）公共服务建设创新中的人治色彩浓厚

许多地方的公共服务创新建设，往往是领导利用个人权威的强力推动下进行的。一旦当政领导离职，往往会出现“人去政息”的现象，公共服务创新难以为继。

[1] 李军鹏. 公共服务型政府［M］. 北京：北京大学出版社，2004.

（3）政府对社会公共需求的回应乏力

随着社会的发展，人们的各种社会公共需求也不断扩大，而且人们的利益表达渠道也越来越多和更加通畅。但是，政府对通过各种渠道表达出来的意愿和要求的回应不够，普通公众通过各种渠道表达出来的意愿和要求很难进入政策议程。这既跟政府官员的服务意识不强，回应意识较弱有关，更重要的是缺乏一整套成熟的回应机制。这样创新的公共服务，难以是公民真正所求。

（4）政务透明度不够

我国最近几年来在政务公开方面做了很多尝试，也取得了很大进展，政务公开也逐渐走上了制度化的道路。但是这些制度设计还比较粗放，原则性强而操作性不够，而且公开哪些信息、以什么形式、何时公开还都是由政府单方面决定的，获取信息还不是公民的合法权利。公民难以及时了解或获取创新的公共服务信息。

（5）政府公共服务职能缺乏一个服务责任追究制度

政府所提供的公共服务的质量、水平、效益缺乏一个责任追究制度，许多地方政府在提供公共服务过程中造成的不良影响，是由辖区人民集体来“埋单”，缺乏对提供公共服务的主体及相关责任人追究责任的机制。这势必影响公共服务创新的合理性和科学性。

3. 公共服务投入不足，公共服务创新缺乏财力支撑

目前，各级政府越来越重视人民群众的公共需求，努力增加公共产品的数量，提高公共服务的水平。由于政府对公共服务的投入增加量无法跟上社会公共需求的增长速度，公共服务创新方面更是缺乏财力支持，因而社会公众的满意度不高。

4. 公共服务主体单一，影响公共服务创新的及时性

随着人们生活水平的提高，对公共服务需求不断增长，尤其表现于个性化公共需求的不断增长。但是，政府作为公共产品的单一提供者，要对全体社会成员负责，其服务趋向于“普遍性”，这就使它很难对社会的多元化、个性化的需求作出及时、恰当的反应，[1] 公共服务创新也就很难及时迎合社会需求。社会公共服务需求的多样性与多层次性，给政府公共服务职能带来了沉重的负担。

（二）多维度提升政府公共服务创新能力

要充分发挥公共服务在应对全球经济形势的多变化潜能，促进社会稳定协调发展，

---

[1] 田家华，王忠．论公共服务型政府模式的构建 [J]. 湖北社会科学，2004(11).

就必须提高政府的公共服务创新能力，推进公共服务创新，最大程度地满足民众对公共服务的利益需求。而要真正做好公共服务创新，就需要从以下几个维度着手。

1. 加快公共服务型政府建设

政府是实现公共服务创新的主要主体。要加强公共服务创新能力，满足社会日益增长的公共服务需求，政府管理方式必然要由直接从事经营管理活动向创造公平竞争的市场环境转变，向提供公共产品和公共服务转变。为此，必须尽快促进行政观念转变，建设公共服务型政府特有的文化氛围，推进政府机构改革，创建公共行政管理新体制，加快政府管理职能转变，建设公共服务型政府。

2. 推进公共服务制度创新

政府公共服务创新的关键，是建立符合实际情况的公共服务制度，实现公共服务的制度化。没有制度做保证,“创新公共服务”就会成为一句空话。只有通过制度建设，才能确保政府公共服务创新的持续性,使之不因人为因素的改变而改变,防止其“失常”和“失信”。为此,要通过制度设计加速形成政府服务运行机制,重点建设政府回应机制、信息公开制度、绩效评估和责任追究机制等。

3. 建立和健全公共财政体制

公共财政主要着眼于满足社会公共需要，弥补“市场失效”缺陷，是政府提供公共服务的财力支撑。完善与健全公共财政体制，才能强有力地保障政府提供公共服务职能的有效发挥。因而，要建立和健全公共财政体制，调整财政支出结构，加大政府对公共服务的财政投入；要深化财政管理体制改革，依法规范财政收入、财力分配和资金使用制度，提高财政对公共服务创新的支撑力。

4. 推进公共服务市场化和社会化

要通过公共服务市场化和社会化实现由政府“单中心治理”模式向政府与社会构成合作伙伴关系的“多中心治理”模式转型。[1] 由于政府的供给能力有限，这就决定了全社会的公共需求仅靠政府这一家供给单位是很难得到满足的。因此，在由政府提供公共服务之外，还应该发挥市场、社会自治组织的作用，形成由政府、市场、社会组织结合起来的公共服务供给机制。应积极推进公共服务的市场化，把竞争机制引入政府公共服务的一些业务领域，实现服务的最佳供给和公共资源的有效配置；应促进

[1] 陈福今．全面落实科学发展观，大力推进公共服务创新［J］．国家行政学院学报，2004(5).

公共服务社会化，将原来由政府承担的一些公共服务职能转移给非营利组织或私营部门。政府通过对社会力量的组织、利用和管理，可在不增加政府规模和开支的情况下创新和改善公共服务，提高行政效率。

5. 创新公共服务的方式和手段

政府作为公共服务的供给者和协调者，应积极借助现代高科技手段与多元组织结构，通过不断创新服务形式，提高服务品质，如创建电子政府、网上办公、一站式服务、行政服务中心（政务超市、政务服务中心等）等多样化方法和手段，来推进公共服务项目的技术创新，优化公共服务的质量和水平，提高公共服务的效率。

6. 政府公共服务创新要重点解决公众关注的热点问题

抓住一个时期公众关注的热点问题，集中力量重点加以解决，这是在改革发展中妥善协调各种利益关系，在各种利益关系和谐稳定中推进改革发展的一个重要思路和途径。政府作为最广大群众的利益的代表和人民的公仆和服务员，要针对公众关注的热点问题，创新和完善公共服务，着力解决和满足这类群众反应极为迫切的需求。这对于维护社会稳定，密切干群关系，改善政府形象，进而构建和谐社会具有十分重要的意义。

三、公共服务机制体系创新

（一）总体目标

创新公共服务体系的总体目标是：建设和完善公共服务体系要与经济社会发展新阶段和水平相适应，与全社会所有成员对公共服务产品日益增长的需求相适应；确保全社会所有成员，不同社会群体享受基本生存权和发展权，即享受制度统一、水平大体相当的基本教育（义务教育）、基本医疗卫生、基本社会保障、公共文化服务和基本住房保障等基本公共服务；实现城乡居民及全社会所有成员“学有所教、住有所居、劳有所工、老有所养、病有所医”。

（二）主要任务

1. 满足和保障所有社会成员基本生存权和发展权

一是保障社会所有成员的基本生存权（或生存的基本需要）。政府及社会为每个人提供基本就业、基本养老、基本生活和基本尊严（体面生活）等基本保障。

二是满足社会所有成员提高基本能力的需要，政府及社会为每个人都提供基本的教育和文化服务。

三是满足社会所有成员基本健康的需要，政府及社会为每个人提供基本的医疗卫生保障。

2. 实施城乡、地区、不同社会群体间基本公共服务均等化

全力解决地区和城乡间基本公共服务的不均衡性，加快实施公共服务统筹发展战略，重点提高欠发达地区公共服务水平；增加对欠发达地区财政转移支付，改善基本公共服务设施和条件；不断缩小城乡和发达地区同欠发达地区基本公共服务的差距，努力解决不同社会群体间基本公共服务的不均衡性。

（三）路径选择

1. 完善城乡公共服务基础设施

完善公共服务基础设施是实施基本公共服务均等化的基础条件。公共服务设施是指为城乡居民提供公共服务产品的各种公共性、服务性设施，即教育、医疗卫生、体育、文化，社会保障及就业等社会事业“社会性基础设施”。按五个层面，即中心城市——市——县（市）——乡镇——行政村且以县域农村为重点加强基本教育、医疗卫生、社会保障、文化体育等公共服务设施建设，使城乡基本公共服务设施条件实现大体均衡、公平、协调。

2. 统筹公共服务资源

统筹公共服务资源，实施科学配置，从空间上逐步化解地区和城乡基本公共服务设施以及能力过大的差距，促进区域基本公共服务均衡、协调发展。

（1）统筹基本教育资源

一是实施优质教育资源城乡百姓共享举措，打破地域行政壁垒，优质名校和省重点高中面向城乡招生。

二是统筹优质教育资源，按地区定点、定学校，实施对口帮扶。帮扶双方学校实施老师和学校负责人双向交流；组织省市优质名校和省市重点中小学优秀老师和学校负责人定期或不定期到县和乡镇，到教育薄弱的贫困地区任教；采取积极措施，支持和鼓励城市老师到农村学校任职。

三是根据各地区教育发展实际，积极支持区内名校到有关地区联办或独立建分校。

四是师范院校毕业学生优先安排在农村学校任职；省、市属师范院校实施对农村

学校教师定向培养。

五是全面实施免费义务教育和农村学校实施学生营养餐补贴；凡县（市）域和城市郊区公共交通不发达的地区学校，要配备安全校车。

（2）统筹医疗资源

一是巩固和完善覆盖城乡居民的基本医疗保障制度，城镇居民基本医疗保险和新型农村合作医疗三项基本医保参保人数覆盖城乡居民，保障范围从大病延伸到门诊小病。

二是覆盖城乡的基层医疗卫生服务框架体系基本建成，三项基本医保政策范围内住院费用支付比例均达到 70%~75%；基本药物制度实施范围逐步扩大到村卫生室和非政府办基层医疗卫生机构；依托“三甲医院”和医（药）科大学，实施对口帮扶，支持村卫生室、乡镇卫生院、社区卫生服务机构标准化建设，为基层医疗卫生机构培养全科医生，90% 以上行政村卫生室有一名全科医生；调整医疗单位组织结构，以“三甲医院”为中心，以各市、县医院为基础，组建大医院集团，全面提升市、县基本医疗和护理能力与水平，一般重病和疑难病不出本地区医院；鼓励有实力的企业、慈善机构、基金会、商业保险机构等社会力量以及境外投资者举办医疗机构，鼓励具有资质的人员依法开办私人诊所。对各类社会资本举办非营利性医疗机构给予优先支持。

（3）统筹社保和就业资源

一是确保城乡低收入和生活贫困居民“住有所居”，加快建设保障房及农村危房改造，对单亲家庭和贫困家庭实施政府补贴和社会救助。

二是确保城乡贫困居民有尊严地生活，逐步提高最低生活补助标准，建立最低生活补助标准与物价平均上涨指数联动机制。

三是确保城乡生活有困难的居民家庭子女的基本教育权，适龄儿童和子女百分之百都能上学，对食宿和交通等费用实施减免或补助。

四是满足和保障基本就业权。采取多种方式，实施灵活就业政策，登记失业率控制在 4% 以下，每一个家庭要保障至少有一个人就业。

（4）逐步扩大医保和社保区域统筹

3. 实施“三化”与基本公共服务均等化融合

（1）全力推进区域一体化与基本公共服务均等化相互融合，促进区域基本公共服务均等化

实施区域一体化战略本身就是包含基本公共服务均等化在内的社会一体化。二者相互依存，互相促进。前者区域经济一体化推进社会发展，为实施基本公共服务均等化提供资金和物质保障；而后者则是为社会所有成员提供基本公共服务产品，为经济发展创造公平、稳定、和谐的环境，促进经济平稳、较快发展。所以，在推进区域一

体化进程中，要全力推进经济与构建区域公共服务体系相互融合。

（2）实施新型工业化与基本公共服务均等化融合

实施新型工业化是转方式、调结构，促进老工业基地全面振兴的必然选择。在实施新型工业化进程中，要正确处理和理顺两个关系：发展知识密集型产业与发展传统劳动密集型产业的关系；发展新兴产业与发展基本公共服务产品的关系。实施新型工业化为满足和保障基本公共服务均等化提供物质基础，增强基本公共服务能力；推进公共服务均等化，为新型工业化创造和谐、稳定的发展环境，有利于促进新型工业化顺利实施。所以，在实施新型工业化进程中，实现二者相互融合，在构建现代产业体系，发展新兴产业的同时，因地制宜大力发展就业容量大、现代与传统相结合的多种类型服务业，既解决知识型专业人员就业，又为文化素质较低的简单劳动者提供就业机会，促进社会和谐稳定。

（3）积极实施信息化与基本公共服务均等化融合

利用信息技术和互联网，依托优质公共服务资源，以大城市为中心，以各市、县为基础，乡镇为基点，建立公共服务专业（教育、医疗、文化、就业与社保等）信息系统，创建远程教育、远程医疗、远程文化、远程就业等的咨询、培训、辅导公共信息服务平台，进一步提升公共服务能力和水平。

4. 调整财政支出结构，完善公共财政体系

（1）建立和完善公共财政体系，增强基本公共服务产品供给能力

调整公共财政支出结构，建立和完善公共财政体系。公共财政体系的基本框架应是以满足和保障基本公共服务产品供给——基本教育、基本医疗、基本社会保障、基本就业、基本公共文化等基本公共需求，为公共财政支出的主体，进一步调整和提高基本公共服务的支出比重。

（2）优化和完善财政转移支付制度，增强欠发达地区基本公共服务供给能力

规范财政转移支付制度，要突出两个重点：一是突出支持公共服务体系建设，增加对实施基本公共服务均等化财政投入；二是突出对欠发达地区的民生改善和以提升基本公共服务产品供给能力为重点，不断加大公共财政转移支付力度。

（3）加快推进省直管县财政管理体制改革，提高县域公共服务的财政投入

从实际情况看，多数县（市）公共财政入不敷出，基本公共服务财政投入举步维艰，亟待改革县域财政管理体制，加快推进省直管县的财政管理体制改革，并逐步实施市、县财政分治，包括财政体制、转移支付、财政结算、收入报解、资金调度、债务管理等六个方面省对县的“六直接”。

5. 加快体制改革和制度创新

（1）改革和创新行政管理体制

行政管理体制改革基本取向是转变政府职能。政府职能转变的核心内容是强化政府公共服务职能，建立政府主导、社会参与、监管有力的公共服务体系。要把建设和完善公共服务体系，推进公共服务均等化及其发展任务、具体实现目标，纳入省和市政府年度计划和国民经济发展中长期规划，纳入政府议事日程；要建立和完善公务员考核、评价体系，把改善民生、关心百姓疾苦、满足和保障基本公共服务产品供给需求等，作为政府职能转变及公务员考核、评价的重要内容。

（2）深化教育体制改革

要从教育发展实际出发，以满足和保障全区城乡百姓基本教育权为导向，全力实施地区和城乡基本教育均等化。要以改革推动发展，使教育更加符合时代发展的要求，加快学前教育发展；推进义务教育均衡发展，采取多种途径解决择校问题；改革职业教育办学模式，构建现代职业教育体系。要适应经济社会发展需求，改革高等学校办学模式；改善民办教育发展环境，深化办学体制改革。要健全教师管理制度，加强教师队伍建设；完善教育投入机制，提高教育保障水平。

（3）深化医疗卫生体制改革

认真贯彻落实党中央和国务院关于医疗卫生体制改革的决定，从实际出发，深化医疗卫生体制改革，统筹医疗资源，实施基本医疗均等化。要强力推进和实施医药卫生体制五项重点改革：建立覆盖全区城乡居民的基本医疗保障制度；建立国家基本药物制度，政府办基层医疗卫生机构，实施基本药物零差率销售；建立覆盖城乡的基层医疗卫生服务机构。要全面实施国家重大公共卫生服务项目；推进公立医院改革试点，政事分开、管办分开、医药分开、营利性和非营利性分开等体制机制创新。要加快健全全民医保体系，巩固扩大基本医保覆盖面，提高基本医疗保障水平。要巩固完善基本药物制度和基层医疗卫生机构运行新机制，基本药物制度的实施范围逐步扩大到村卫生室和非政府办基层医疗卫生机构。

（4）深化社会保障体制改革

深化社保体制改革，推进社保制度创新，消除体制和制度障碍，建设和完善覆盖全域城乡和社会所有成员的社会保障制度。

一是改革户籍制度，消除城乡二元结构的制度障碍，确保农民与城市居民无差别享受社会保障。

二是建立和完善城乡低收入生活困难群体基本生存权确保每一个生活困难的居民家庭有尊严地生活的保障制度，用制度规范生活困难家庭补贴最低标准，并要略高于物价增幅。

三是建立和完善保障房制度，确保低收入家庭、城乡无房户家庭住有所居。

四是建立和完善养老保障制度，从所在地域的实际出发，建立和完善设施比较完善的养老院和托老所。

五是建立和完善就业保障制度及求职人员职业培训制度，确保城区家庭至少有一人就业，零就业家庭动态为零。

六是建立和完善突发灾害（水、火、病、亡等）救助制度，确保受灾个人或家庭能平稳度过人生困难期。

6. 打破垄断，引入竞争机制

公共服务改革的核心就在于打破垄断，引入市场竞争，改变政府包揽公共物品提供的现状，使公共服务市场化。按照“深化垄断行业改革，引入竞争机制，加强政府监管和社会监督”的原则，在公共服务领域引入竞争机制，主要有如下三种方式：

一是政府内部的竞争。把政府部门内部的一些事务，如后勤服务、数据处理、调查研究等交给专门企业，签订合同，对完成任务并达到合同规定标准的企业支付报酬。

二是政府与企业之间的竞争。把一些政府垄断的服务部门，如交通、电信、邮政、水电等推向市场，打破垄断格局，形成多家竞争的局面。政府通过扶持行业协会，制定市场准入、竞争规则等方式，维护竞争环境。

三是企业之间的竞争。政府将一些业务，如环卫清扫、消防救护、职业培训等通过招标的方式出租或承包给不同企业，形成不同企业之间的竞争，不断提高服务质量。

凡是能够利用市场来运作的，都要向市场开放，依靠公开、公平、公正的市场竞争来实现经营管理的最优化。要积极推进公共服务企业化、民营化进程，尽快建立适合公共服务特点的现代企业制度。要打破部门垄断，积极鼓励和支持国有和集体、民营、个体企业等参与公用事业经营，逐步形成公有制为主体，各种经济成分共存，统一开放，竞争有序的公共服务市场体系。

四、地方政府公共服务创新

在公共服务的供给上，市、县政府是公共服务的主要提供者。这里所讲的地方政府是指市县级政府。

（一）地方政府公共服务机制创新的涵义

市、县级政府是中央在地方设置的位于省与乡镇之间的一级相对独立的、法定的、具有一定行政辖区范围的职能齐全的完整的政权组织，是国家和省、自治区、直辖市政府方针、政策的执行机关，也是一个区域的政治、经济、文化和社会事务的领导机关。市、县级政府的特殊地位决定了它具有承上启下，连接城乡，沟通条块，上下结合的作用。在社会主义市场经济条件下，市、县级政府的职能主要是完善公共服务体制，为本区域内各主体提供良好的公共服务。

以机制这一概念来论述市、县级政府公共服务，就是要对市、县级政府公共服务系统进行动态的整体考察，既要考察市、县级政府公共服务系统的各个组成部分的结构，又要考察县级政府公共服务多个阶段和环节构成的动态行为过程以及系统与环境之间的交互作用。市、县级政府公共服务机制指的是市、县级政府为履行其公共服务职能的各个组成部分之间或各种管理要素之间，在一定的条件下相互作用、相互控制并涉及众多变量的动态过程。市、县级公共服务机制创新就是寻求市、县级政府公共服务的各个要素的重新组合，使市、县级政府的各个组成部分或各种管理要素能有效耦合，同向运行，信息传递畅通，实现公共服务的高效化。要实现市、县级政府公共服务机制的创新，就必须深入分析现有机制的弊端，并在此基础上分析市、县级政府公共服务的各个组成部分、部分与整体之间以及系统与环境之间的交互作用的规律，探索出一整套可行性强且运行高效的科学的公共服务机制。[1]

（二）我国市、县级政府公共服务机制的现状

随着改革的深入，我国市、县级政府已逐步形成了较为健全的公共服务机制，为促进县域经济发展和社会稳定发挥了重要作用。但是，由于受传统的行政管理机制的局限，市、县级政府的公共服务意识不强，质量和水平也不高。[2] 市、县级政府在向公众提供更公正、更快捷、更方便、更有质量的公共服务方面还不能适应需要，公众需要不断增长与市、县级政府公共服务供给能力之间的矛盾日益突出。主要体现在以下几方面。

1. 公共服务理念缺失

理念是行为的先导。服务的理念就要求各级政府的管理者摆正自己与人民的关系，强化公仆意识和服务意识，积极、主动地为公众服务。树立服务的行政理念，就是要破除“政府本位”、“官本位”的思想，确立政府是公众服务机构的理念，明确政府的主要职责是为社会、公众和企业服务。而目前相当多的市、县级政府未能从经济建设型政府向服务型政府转变。尤其在经济发展水平不高的地方，由于本区域经济发展滞

[1] 方永恒，周恩毅，宋琪．论我国县级政府公共服务机制创新 [Z]．“落实科学发展观推进行政管理体制改革”研讨会暨中国行政管理学会 2006 年年会论文集，中国广东佛山，2006 年，第 931—935 页．

[2] 李军朋．公共服务型政府 [M]. 北京：北京大学出版社：2004.

后，许多政府仍然将“追赶型”作为经济发展战略的首选，公共服务的意识淡薄。

2. 公共服务供给严重不足

我国现行的市、县级政府管理机制形成于计划经济时代。改革开放以后，各级地方政府的职能转变取得了不同程度的进展，但仍没有彻底摆脱计划经济体制下的职能划分框架模式和运行方式的束缚，不能适应构建公共服务型政府的要求。从现实情况看，市、县级政府管理最大最突出的问题是市、县级政府不能正确对待和处理好与企业、与市场、与社会自主治理的关系，政企不分、政社不分、政事不分的问题得不到解决，导致市、县级政府管理职能和管理行为的越位、错位、缺位现象同时存在。政府还没有完全从经济活动中超脱出来，包揽了许多本该由市场自身承担的经济职能，直接管了一些管不了也管不好的事情。许多本来应该由政府履行的职责，如提供公共产品、公共服务等却做得不够，难以满足社会公共需求，甚至出现背离公共利益或违背法定程序的决策和行为，从而制约了地方政府公共服务职能的充分发挥。[1]

3. 公共服务效率低下

任何生产都需要成本，现代管理追求的是特定成本的高产出或特定产出的低成本。我国市、县级政府的公共服务一方面供给不足，不能满足公众的服务需求；另一方面成本太高，导致效率低下。表现为：一是市、县级政府组织成本高，机构臃肿、职责不明、人浮于事的现象没有得到根治，占用了大量公共资源。许多市、县级财政属于“吃饭财政”，一些本应由政府义务提供的公共服务变成了收费服务。二是市、县级政府运行成本极高，政府人员缺乏成本意识，公款消费不受节制，公共财物闲置浪费或私用，致使运行成本居高不下。三是市、县级政府盲目决策，提高了公共服务成本。有的市、县级政府领导人员，依据个人经验而不是科学方法决策，造成决策失误；有的市、县级政府领导人员根据个人偏好而不是民众偏好决策，造成资源浪费；有的通过规划、协调可以一次投资解决的问题，由于没有规划或疏于协调而重复投资，提高了市、县级政府的运行成本。

4. 政府与公众的信任关系衰落

信用是市场经济的灵魂，是社会健康运行的标志。一个国家的整体信用状况是其国家形象的重要组成部分，更是衡量一个国家投资环境优劣的重要尺度。[2] 我国在一

[1] 王嘉让 . 西部地方政府公共服务创新 [J]. 陕西省经济管理干部学院学报，2005(2).

[2] Forrester J .W. Principle systems. Portland. OR：Productivity Press. Singed. The Fifth Discipline. New York：Doubleday/currency.

段历史时期内，人民对政府有相当高的信任度。但是，传统的管制型政府所表现出的对公众过多的控制、决策的非科学化和民主化，为了追求可见的政绩而违背对社会的承诺以及“暗箱行政”，公务人员的贪污腐化、以权谋私、权钱交易等负面现象的客观存在，使得公众对政府的信任丧失殆尽，使政府履行社会管理和公共服务职能举步维艰。有些市、县级政府官员由于“政绩至上”的意识作祟，在工作中出现了浮夸、欺骗造假等行为，出现了“干部出数字、数字出干部”等怪现象；有的市、县级政府出台的政策不连续、上下不一致，前后相互矛盾，甚至朝令夕改；有的市、县级政府决策不科学，确定的重大目标难以实现；有的市、县级政府在招商引资中胡乱承诺，却又久拖不决，或者根本就不兑现。[1] 凡此种种“无信”现象一而再、再而三地发生，就会引发公众对政府的不信任，对市、县级政府的公信度就会大打折扣。

5. 市、县级政府公务员的素质低下

我国市、县级公务员队伍素质低下主要表现在三个方面：一是文化水平偏低，年龄偏大，思想观念陈旧，缺乏创新精神，知识结构不合理，缺少熟悉国际通行的行政管理运行方式的人才，整体素质不能适应社会的需要。二是服务意识、依法办事的观念淡薄，热衷于行政审批，办事吃、拿、卡、要的现象还比较严重。以言代法、以权压法、知法犯法、执法犯法的现象还普遍存在。三是未形成优胜劣汰机制，普遍缺乏危机意识。公务员的评估机制不科学，没有形成与工作实绩相对应的晋级、降级的科学管理机制；公务员的选任机制，没有充分发挥出竞争的动力和压力；公务员的退出机制，没有形成制度化。

（三）我国市、县级政府公共服务缺失和低效的原因

对于我国市、县级政府公共服务缺失的原因，常见的解释主要是财力困难，市、县级政府无力去承担公共服务。其实，除了这一基本原因外，市、县级政府职能的扭曲和机构运行的失常则是更直接、更重要、更深层次的原因。这就是说，一个职能扭曲和运行失常的政府，即使有了更多的财力，它也可能不用于公共服务中。

1. 强烈的经济政绩冲动

越是贫困落后的地区，市、县级政府发展经济的冲动和压力越大。这一冲动和压力首先来源于其上一级的政府。上级政府为了实现它提出的发展目标，往往用行政命令的方式向下一级政府下达各种经济指标，并且把是否完成这些指标作为评价、考核

---

[1] 贾凌民，吕旭宁．我国政府公共服务若干问题思考 [J]. 中国行政管理，2005(2).

下级政府工作的重要依据。在现行的干部制度中，经济政绩是决定升迁的一个重要砝码，这直接导致了下级政府发展经济、做出政绩的强烈冲动。贫困落后的市、县级政府干部的知识与政策水平一般而言相对较低，对政府职能缺乏正确的认识，往往只重视政府经济职能而轻视公共服务职能。

2. 机构设置与人员编制的无序化

市、县级政府机构设置的膨胀，来自于我国“政治体制设置的上下对口”原则、各级领导的“加强管理、组织落实”治理理念和“党委、政府、人大、政协、纪检等对应”的要求。我国目前的政治体制要求上下对口，于是省级政府设置多少个处、室，市、县级政府也会设置相应的一堆机构、一群官员，造成冗员。目前，全国有 2860 个县、39199 个乡 (镇) 政府，某些县也就二三万或十几万人口，但其行政机构一个也不少，致使县财政收入还不够行政管理费用开支。某些西部的只有五六万人的农牧业县，基本上没有多少工商业，但各种政府机构如经贸委、工业局、科技局、商委等，一应俱全，应有尽有。这种体制导致了我国市、县级政府的编制冗员达到了惊人的地步。恶性膨胀的政府机构与人员消耗了大量的资源，人头费用几乎花光了财力，所以政府拿不出钱去为人民群众提供良好的公共服务。

3. 公共监督机制不完善

公共监督机制，是指由公共监督的主体、对象、内容、程序、方式、手段等要素构成的有机统一体，以及各要素之间相互依存、相互制约和相互作用的关系。公共监督机制是否健全和完善，直接影响到市场经济条件下政府机关的廉政勤政建设，以及公共服务的整体水平与效能。长期以来，我国市、县级政府公共监督机制存在着许多薄弱环节，造成了较为突出的腐败现象；市、县级政府机关中还存在着权力滥用、以权谋私、贪污受贿以及官僚主义和失职渎职等现象。在理论上和现实中，公民对市、县级政府的监督和控制，还难以作到充分和有效。

（四）完善我国市、县级政府公共服务机制的对策

强调政府公共服务职能并不意味着一定要扩大政府规模，也不意味着一定要增加公共支出。政府直接提供更多的公共服务，应当从转变政府职能，扮演好“掌舵者”而非“划桨者”的角色，起好促进者、合作者和管理者的作用，将提供公共服务建立在市场机制、社会参与和政府自身变革的基础之上。在公共服务机制改革过程中，既要注重优化公共资源配置，提高公共服务的效率，也要注重社会公平，提高公共服务均等化程度；既要注重发挥政府作用，也要注重发挥社会组织的积极性。

1. 建立以公众为导向的服务提供机制

在新的发展时期，政府提供公共服务必须坚持以公众为导向，提高公众的认同和支持程度。公共行政面临的核心问题是确保公共行政管理者能够代表并回应民众利益。政府公共服务的提供必须从"政府本位"、"官本位"向"社会本位"、"公民本位"转变。政府提供什么公共服务，怎么提供公共服务，应深入了解公众的意愿，广泛集中公众的智慧。应完善有关了解民意、公众参与和公众评价的机制，切实提高公众的认同和支持程度，从而提高政府公共服务的有效性。目前，市、县级政府提供公共服务的公众价值导向及建立相应的有效机制还相对滞后。传统政府公共服务的一个主要特征，就是以行政计划代替公众意愿，以精英设计替代公众参与，忽视公众的需求和偏好。[1] 如果不深化市、县级政府改革与创新，市、县级政府不能有效代表和回应公众利益并取得较高的公众认同度和支持度，就不能充分发挥好地方政府的公共服务能力。

2. 在公共服务领域引入竞争机制

一个有效的公共服务机制既要能发挥政府的主导作用，又要能适当引入市场机制。要把部分竞争性、经营性强的准公共产品交给企业或非营利性组织，以便政府将更多的财力集中到提供基础教育、基本医疗、卫生、文化等公共服务，以及健全社会保障体系上来。市、县级政府要树立科学发展观，使公共服务体系的建设适应市场经济社会的新形势和新要求，只有这样才能顺利地将市场机制引入公共服务领域。市、县级政府要创新公共服务体制，深化行政管理体制改革，放宽市场准入，引入多元化的公共服务主体，引导包括民营资本和外资在内的社会资金进入基础设施、水电、交通、通讯等公共部门，鼓励社会资本提供多层次的公共服务项目，以适应不同的社会消费群体需求。市、县级政府要转变政府职能，把介入公共服务的方式从过去直接投资和直接管理的模式转变到有重点的直接投资、加强统筹监管、侧重营造良好的投资环境吸引社会资本参与投资的模式上来。要科学定位政府公共服务职能，政府不仅要直接提供公共服务，还要动员民营企业、民间组织参与提供公共服务。市、县级政府要建立公共服务支持体系，把市场经济机制引入公共服务领域里来。

3. 营造市、县级政府与社会的协作机制

要注重发挥民间组织在公共服务中的作用，形成政府与民间组织的合作关系，建立政府、社会、个人责任与义务相平衡的公共服务机制。当前，要鼓励民间组织在解决就业、环境保护、扶贫开发、艾滋病防治、社会福利、社区服务、慈善救助等方面

[1] 沈荣华 . 论政府公共服务机制创新 [J]. 北京行政学院学报 ,2004(05).

发挥作用。[1]这种新的合作互动机制应当包括以下内容：

（1）政府的作用及采用的方式

主要是制定行业服务规划和政策；对提供公共服务的社会组织进行资格审核登记；制定公共服务提供的标准、质量要求和收费标准，并严格监督执行；对政府资助资金使用方向进行财务审计；接受公众的投诉，并对违规机构做出相应的处理。

（2）社会组织的作用及作用方式

主要是按照行业服务标准，向社会公众提供规范的公共服务；在公共服务项目中与政府开展协作并相互监督。

（3）公众是公共服务的接受者

公众有权利在平等公正的基础上获得公共服务；有权利了解公共服务的内容和收费标准；有权利在平等的基础上选择服务的提供对象；有权利向政府部门提出控告，要求纠正或赔偿损失。[2]

4. 构建以市、县级政府信用为先导的社会信用机制

政府的诚信主要表现在政策是否稳定、政府权力的运作是否符合公共利益、政府能否承担责任三个方面。

（1）加强对社会诚信环境的综合治理

市、县级政府要采取有效措施解决地方保护、地区封锁、行业垄断、强制交易、歧视待遇等问题，建立统一、开放、竞争、有序的市场体系。各部门要密切配合、相互协作，加大执法力度，对顶风作案的违法经营者绝不姑息，创造公平竞争的环境，确保诚信原则的实现。

（2）推动社会信用体系建设

各市、县级政府应对社会信用制度建设提出总体方案，制定相关的法规，统一行业标准。

（3）完善信用法制，加强惩戒机制

法律可以促进企业、公民遵纪守法，保障诚信机制充分发挥作用。健全的法律体系是市场经济诚信原则得以实现的保障。健全的诚信奖惩机制是社会信用体系中不可缺少的组成部分。只有对守信者给予奖励使其获益，对毁信者施以惩罚使其受损，才能增强人们遵守诚信的信心和积极性。

---

[1] 袁曙宏 . 推动政府公共服务创新 [J]. 瞭望新闻周刊 .2004(27).

[2] 沈荣华 . 论政府公共服务机制创新 [J]. 北京行政学院学报 ,2004(5).

（4）推动诚信文化建设

诚信，是一个民族综合素质的体现，是我国优良传统道德文化的重要内容之一，也是现代文明的基石。大力倡导诚信，是推动市场经济健康发展的必要前提。市、县级政府要积极探索把道德建设和法制建设有机结合起来的途径，协调、组织全社会的力量，通过各种形式，大力加强全社会的诚信教育，培养公民的诚信意识。

5. 推行市、县级政府的公共服务绩效管理评估机制

建立公共服务绩效管理评估机制，能够强化对公共服务成本与品质的监管。政府绩效是评判政府治理水平和效率的重要依据，传统行政管理关注的是投入和过程，很少将预算与结果联系起来。现代新公共管理的绩效评价机制强调将结果和投入结合起来。从我国市、县级政府的实际情况来看，绩效评价体系是以经济增长为核心构建的，已严重制约着市、县级政府公共服务能力的提高。因此，必须建立以公共服务为取向的政府绩效管理评估机制。推行绩效管理，首先应当加强理论研究，探讨设立适合市、县级政府服务特点的指标体系和测量方法，为市、县级政府实践提供理论依据和可操作性的方案。其次，应当明确市、县级政府服务的绩效导向，强化成本效益核算，使资源配置、权力赋予、奖励报酬与绩效挂钩，增强内外压力，为提高服务绩效创造激励机制。此外，还应当注重国家权力机关、政党、社会组织、企业和公众的参与，借助政府的外部力量和压力（如利用社会舆论的压力），推动政府服务更加注重绩效。市、县级政府公共服务绩效只有在其效益高于成本、长期利益大于短期利益时才是合理有效的；反之，就违背了其公共服务机制创新的宗旨。

6. 完善市、县级政府公共服务监督机制

当前，我国很重要的工作就是要解决政府作为公共服务供给者兼监管者的问题。要建立独立的监管部门，超脱行业利益和部门利益，以有效地实现对公共服务的有效监管。市、县级政府部门要自觉接受人大的法律监督、政协的民主监督，提高决策的民主化、科学化水平；要建立和完善群众讲评制度，每年定期组织群众评议政府部门活动；要制定机关工作人员行政效能告诫暂行办法，完善公务员工作评估以及相应的激励和约束机制，加大行政效能监察力度。各市、县级政府都应当建立工作投诉中心，完善相应的工作制度，使服务对象投诉有门；市、县级政府内部也要建立完善的行政效能投诉中心，加强行政机关的内部层级监督，做到监察有力。要加强社会监督和群众监督，全面落实服务承诺制，定期开展投资者和群众评议行政机关活动，提高公众满意度。

五、外国公共服务创新的理论与实践

如何推动公共服务创新，为社会提供更高质量的公共服务，是世界各国政府所面临的共同课题。尽管不一定明确冠以“公共服务创新”的名称，但公共服务创新已经毋庸置疑地成为全球行政改革的核心内容。我国正处于以建设服务型政府为标志的行政改革的关键时期，面临着公共服务创新的重要任务。这就要求在科学发展观的指导下，立足实际，吸收和借鉴国外的理论和实践经验，推动我国公共服务创新的顺利进行。[1]

（一）国外公共服务创新的代表性理论

自 20 世纪 80 年代以来，不同的行政改革理论兴起，新公共管理理论、新公共服务理论、治理理论是其中的典型代表。这些理论为公共服务创新提供了战略思路，推动了西方各国行政改革的实践。

1. 新公共管理理论：以“顾客”为中心的公共服务创新

20 世纪 70 年代末，西方国家经济发展出现了滞胀的局面，而同一时期政府规模一直呈扩张趋势，导致各国政府面临财政上的窘境。同时，各种社会矛盾和问题突出显现，再加上长时期以来政府效率低下、服务意识不足，人们开始对政府在公共服务领域的顾此失彼提出责难，政府遭遇信任危机，传统官僚制公共行政模式的弊端成为人们攻击的对象。面对这样的困境，各国政府不得不通过改革创新来化解危机、谋求发展。在这种背景下，新公共管理理论开始进入人们的视野。它打破了传统的公共行政思维，提出了在政府部门引入市场竞争机制的新理念。这种前所未有的公共行政模式，在理论和实践上都产生了广泛而深刻的影响。20 世纪 80 年代，西方国家兴起了声势浩大的政府改革运动。

在不同学者的眼里，新公共管理的定义不尽相同，但其基本取向是一致的，即它是一种“以采用商业管理的理论、方法及技术，引入市场竞争机制，提高公共管理水平及公共服务质量为特征的管理主义”[2]。新公共管理理论的核心主张是：在政府领域引入工商企业和私营部门的管理手段，引入市场工具，克服传统方式的弊端，提高政府绩效。它打破了传统行政改革以政府为中心的思维习惯，主张用“顾客导向”的理念对政府进行改革。其中，最具影响力的是戴维·奥斯本和特德·盖布勒提出的“企

1 张杰．国外公共服务创新理论与实践对中国的启示 [J], 大连海事大学学报，2011.04.

2 陈振明．走向一种“新公共管理”的实践模式：当代西方政府改革趋势透视 [J]. 厦门大学学报（哲学社会科学版），2000(2).

业家政府”理论。该理论提出了重塑政府的十大原则，包括起催化作用的政府、社区拥有的政府、竞争性政府、有使命感的政府、讲究效果的政府、受顾客驱使的政府、有事业心的政府、有预见的政府、分权的政府、以市场为导向的政府。新公共管理理论的贡献主要体现在以下两点：

第一，提供更好的公共服务是新公共管理理论的目标追求，新公共管理运动本身是对公共服务面临的现实问题的回应。“一方面，公共服务带来的财政压力使得国家按照传统的方式无法独立承担公共服务的提供，必须寻求社会力量的合作；另一方面，经济全球化的发展加剧了国家之间的全面竞争。国家必须通过改善服务，提供优惠条件等诸多方式来留住国内资本，吸引国际资本。”[1] 新公共管理理论为如何实现公共服务创新提供了新的思路。政府不再是公共服务的直接提供者，而是公共服务供给的组织者。政府要动员和发挥社会和市场的作用，调动一切可以调动的资源，形成有活力、有效率的公共服务供给格局。新公共管理理论开发了一系列进行公共服务创新的新方式、新手段。

第二，新公共管理理论的本质是对政府与公民关系的重塑。新公共管理理论提出了“顾客导向”的理念，要求政府及其工作人员转变理念，由管理者变为服务者。公民不再扮演接受安排和“恩赐”的角色，而是被看作可以对提供服务者提出要求的顾客。在新公共管理理论的倡导者看来，“顾客导向”理念的提出是为了更好地强调公民的重要地位和作用，形成公共服务创新的动力支持，督促政府努力提高公共服务质量和效率。新公共管理理论特别使用了“顾客”这一概念。它并不是如它的批评者所说的那样要否认公民的主体地位，而是要把以往挂在口头上的主体地位切切实实地落实到实际行动中。它强烈呼吁政府转变自身角色，由凌驾于社会之上的官僚机构转变为负责任的“企业家”，公民由被动的接受者转变为享有选择权利的顾客或消费者。新公共管理理论花费了大量的精力来寻找提高政府效率的方式和手段，尽管批评者认为这都是以管理为中心的思维体现，但不能忽略的是，无论是为提高效率而进行的市场化和社会化改革，还是削减政府开支、压缩政府规模的机构改革，都是为了提高政府部门公共服务的质量和效率，给“顾客”提供更好的服务。这一切都有助于重塑政府与公民的良好关系。

2. 新公共服务理论：重视公民参与的公共服务创新

新公共管理理论的提出，极大地开拓了政府改革的视野，有力地推动了西方的行政改革运动，但同时也暴露出一些缺陷。一些学者对新公共管理理论中的“企业化政

[1] 杨雪冬. 公共权力、合法性与公共服务型政府建设 [J]. 华中师范大学学报（人文社会科学版），2007（2）.

府”概念进行了批评，对其市场化的举措提出质疑。如他们认为新公共管理理论对效率和工具理性的过分追求，使公共行政可能面临民主价值的缺失；将服务对象比做顾客，可能使公民权利遭到忽视；“从划桨到掌舵”的角色转变，很容易使人们几乎淡忘谁是船的主人。在对新公共管理理论进行批判的基础上，以登哈特为代表的学者提出了新公共服务理论。他们明确提出用基于公民权、民主和公共利益至上的新公共服务模式，替代以效率主义为导向的新公共管理模式。

新公共服务理论是“关于公共行政在将公共服务、民主治理和公民参与置于中心地位的治理系统中所扮演角色的一系列思想和理论”[1]。它在对新公共管理理论观点进行批判的基础上提出了自己的七大原则，包括：服务于公民，而不只是顾客；追求公共利益；与企业家精神相比，应该更加重视公民权；思考要有战略性，行动要有民主性；责任并不简单；服务，而不是掌舵；重视人而不只是重视生产效率。新公共服务理论的贡献体现在以下两点：

（1）公共利益是新公共服务理论的基本价值观

公共利益在公共服务创新中居于中心地位。政府不是公共利益的单独主宰者，公民集体的、共同的意志选择是公共利益形成的基础。政府的重要任务不仅仅是要找到快速解决问题的方案，更要创立公民明确表达意志的舞台，创造公民之间无拘无束地进行真诚对话的条件，帮助公民去发现和明确表达自己的利益需求。

（2）新公共服务理论高度重视公民参与

新公共服务理论以“公民”的观念取代新公共管理理论的“顾客”概念，对公民价值给予高度认可，提出政府要把公民的需求和价值放在全部行为的首要位置。在政府与公民的关系中，公民必须首先是享有各种权利的公民，而不是简单的作为服务对象的顾客。政府不是公共服务项目和公共服务资源的所有者，而是多种主张和观点进行博弈过程中的调解者、中介者或裁判者。在倡导积极公民权的公共服务体系中，政府不再充当高高在上的主管，而是要对每个公民个体或群体的价值给予充分的尊重。政府公务员要基于对所有公民的尊重进行管理，培养“公共服务心境”。政府必须主动去理解公民正需要什么、正在关心什么，必须及时地对公民的利益需求作出回应，保证公民权利能够得到更好的实现。

3. 治理理论：政府与公民合作的公共服务创新

20 世纪 90 年代，全球化和分权化的社会趋势改变了公共行政的生态环境，社会

---

[1] 珍妮特·V. 登哈特，罗伯特·B. 登哈特. 新公共服务：服务，而不是掌舵 [M]. 丁煌，译. 北京：中国人民大学出版社，2004.

关系日趋复杂，相互依存度提高，范围不断扩展。与此同时，西方非政府组织日益壮大，在社会中的地位日益重要。他们要求参与到公共行政过程中，借以表达和实现自己的利益诉求。政府利用其统治地位和政治权威自上而下对社会进行单向管理的传统公共行政方式已经不能满足社会发展的需要，政府不得不下放权力，倾听社会的呼声，与社会公民合作，谋求对公共事务的共同治理。同时，信息技术的发展也强烈地推动着这种共同治理的进程。所谓治理指的是“为了实现与增进公共利益，政府部门与非政府部门（私营部门、第三部门和公民个人）等众多公共行动主体彼此合作，在相互依存的环境中分享公共权力，共同管理公共事务的过程”[1]，“治理是各种公共的或私人的个人和机构管理其共同事务的诸多方式的总和”[2]。不论如何定义治理这个概念，治理的本质特征就是政府与公民等社会力量主体之间的合作。它抛弃了传统的政府与非政府组织、企业及公民分立的思维模式，打破了政府在公共事务治理中的垄断地位，强力主张公共事务治理主体的多元化。

治理理论的贡献体现在以下两点：

（1）治理理论重视政府与公民的互动与合作

在传统观念中，公共服务的提供主体只能是政府，但在治理理论看来，包括政府在内的任何力量都无力独自解决公共问题，必须依靠互相合作。政府和其他社会组织或个人甚至企业，都是平等的治理主体，都具有其独特的优势和作用。对政府而言，治理就是由政府单独提供公共服务到依靠与社会力量合作的变化；对公民而言，治理就是从被动接受到主动参与的变化。在治理理论的视野中，包括公共服务创新在内的公共事务的治理不再是以政府为唯一中心的单向管理活动，而是政府与非政府部门、企业以及公民多元主体的协调、合作的过程。政府部门和非政府部门之间通过沟通，交换各自拥有的资源和知识，弥补各自的先天不足之处，实现互惠互助。

（2）治理理论强调建立伙伴关系的公民参与

治理实际上就是政府与社会关系的重构、政府权力回归社会的过程。治理理论中所提到的“善治”状态有赖于政府与公民的合作，有赖于公民对治理过程的认同和支持。这种认同和支持来源于公民的积极参与。按照美国学者谢尔·阿恩斯坦的“公民参与阶梯论”的划分，这属于完全型公民参与形式的一种，即政府与公民结成合作伙伴关系。这个阶段的政府不是将注意力放在如何调动和发动公民上，而是着眼于如何为公民实现自我服务和自主服务创造和提供条件和资源。公民依照法定的程序和规则，积极参与到公共事务的处理中，政府与公民成为公共事务中的合作伙伴。

---

[1] 陈振明．公共管理学［M］．北京：中国人民大学出版社，2003.

[2] 俞可平．治理与善治［M］．北京：社会科学文献出版社，2000.

（二）国外公共服务创新的典型实践

在西方以公共服务创新为主要内容的行政改革中，政府积极采取措施鼓励公民参与，鼓励公民进入公共服务创新过程，力图通过公民参与的力量解决公共服务创新面临的问题，提升公共服务能力。

1. 英国的公民宪章运动[1]

公民宪章运动被梅杰首相称为“整个 90 年代政府政策的核心”。据英国政府官方报道，公民宪章运动在提高公共服务质量和公民满意度方面起到积极作用，在国际上引起巨大反响。英国政府所有公共服务机构和部门都按照要求制定各自的宪章。公民宪章的内容主要包括以下几个方面：一是明确帮助公民了解和熟悉公共服务部门。公众对于公共服务部门的结构和职责分工往往缺乏了解，处于办事无门的困境。以承诺的形式实现服务内容的具体化和明确化，帮助公民了解公共服务部门职能，有助于克服“机构迷宫”给公众带来的不便和困难。二是提高公共服务效率。明确公共服务部门的办事要求和办事程序，避免公民因为不了解需要的手续和程序而徒劳往返，节约服务成本，提高服务效率。三是制定并公布公共服务标准，为公民监督创造条件。关于服务标准的承诺对内构成工作的目标和动力，对外则提供了评价工作的依据。

2. 法国的“地方行政指导法 6”[2]

在公共行政的改革浪潮中，法国对政府与公民的关系进行了调整和塑造。1992 年，法国颁布施行了第五共和国地方行政指导法 6，从制度层面推动各级政府将更多的公共事务决定权下移，使更多的基层民众能够直接面对和参与公共事务，公民成为解决和处理公共问题、提高基层治理水平的重要支持力量。该法规定，经基层政府首脑或部分议员提议，基层政府可以组织市民参与公共事务的决策活动，以共同商议、集体调研、个别咨询等方式直接听取市民的意见和建议。特别是在一些关系民众切身利益的问题上，如大型基础设施建设、环境保护等，要采用公众调查和民意测验的方法。2003 年修宪报告进一步指出：“允许市镇政府在其职能范围内组织当地公众对重要决定进行投票表决，而不仅仅是意见咨询；并赋予地方选民请愿权，可要求市镇政府将其管辖内的任何问题列入磋商大会的议事日程。”这种公共事务的决策过程，使得所有将受决策影响的公民，都有机会公开表达意见，反复讨论，彼此争取支持。而且公民的意见和建议都将获得重视，投票表决赋予每个公民平等的权利。

[1] 周志忍 . 当代国外行政改革比较研究 [M] . 北京 : 国家行政学院出版社 , 1999.

[2] 郁建兴 , 金蕾 . 法国地方治理体系中的市镇政府 [J]. 中共浙江省委党校学报 , 2005(4) .

3. 加拿大的“以公民为中心”的公共服务战略[1]

2000 年以来，加拿大政府制定了“以公民为中心”的公共服务战略，围绕公民的需求和方便公民接触政府来提高公共服务水平。加拿大政府首先组织了三次大的调查研究，了解公民对政府公共服务现状的满意程度、公民对公共服务的期望等问题。在调查研究成果的指导下，加拿大政府开始了一系列改革。一是 1999 年发动了“加拿大服务创新运动”，方便公民接触政府。其主要内容是建立和发展“一站式”服务，让公民在多个政府部门和多种政府服务的迷宫中能很快地找到所需的服务，最终做到能够让加拿大公民在一个地点获取几乎所有的公共服务。二是在 2000 年 5 月，加拿大财政部通过“提高公共服务质量和水平创新运动”方案，要求所有的联邦政府部门制定提高公民满意度的目标。它要求到 2005 年，每个部门至少提高 10% 的公民满意度。三是加快政府机构整合步伐，建立公共服务中心，以满足公民要求无缝隙的、更方便的公共服务的需求。四是重视电子政府建设。至 2004 年，大量关键性的政府公共服务可通过网络来提供。

（三）国外公共服务创新理论与实践对中国的启示

西方国家是行政改革的先行者，改革内容全面而广泛。西方国家的公共服务创新是在市场经济相对发达、公共服务体系完备、公民社会的发展相对成熟的条件下进行的。因此，它着力强调通过市场化、社会化等多元方式解决当下面临的问题，进一步提升公共服务能力和水平，为公民提供优质、高效、便捷的无缝隙服务。我国的公共服务创新是在市场经济相对不发达、公共服务体系尚不十分完备、公民社会发育还不成熟的情况下进行的。当前我国公共服务创新的目标是实现从政府导向向公民导向、全能服务向有限服务、一元垄断向多元竞争、单向提供向互动合作的转变。我国的公共服务创新既面临着提高公共服务的规范化、法制化水平的任务，又要寻找适应自身发展的新机制和新方式。与发达国家相比，我国公共服务创新的目标和任务更为艰巨和复杂。西方国家是在较高的起点上进一步提高公共服务水平，而我国是在较低的起点上通过创新夯实既定基础，争取实现突破。因此，我国公共服务创新要紧密结合实际状况，选择适合自己的创新策略，不能盲目照抄照搬西方的理论和实践，但从中可以吸收和借鉴一些共性的、有益的东西，以加速推进我国公共服务创新的进程。

1. 要坚持“以公民为中心”的公共服务创新战略

我国的公共服务创新在取得成效的同时，也暴露出诸多矛盾和问题。回顾和思考

[1] 李敏 . 加拿大“以公民为中心”的行政改革及其启示 [J] . 理论文萃 , 2007(2).

公共服务创新面临的困难和问题，主要是：我国传统的公共服务创新过于倚重政府的力量，忽视公民的作用，公共服务创新仍然停留在政府封闭的系统之内，没有把公民纳入公共服务创新中来。没有政府与公民的互动，政府的创新就成为自己的事情，是"自己革自己的命"。政府一方面是创新的领导者，另一方面它本身又是创新的对象。这样的公共服务创新很难彻底、持续进行，而且很容易引发腐败和舞弊行为。要想解决当前面临的困难，必须实现思维的转向，重新思考公共服务创新中政府与公民的关系，引入公民参与。只有充分认识公民的角色和地位，坚持"以公民为中心"的战略，才能真正寻找到公共服务创新的持续动力，才能确保公共服务创新的公共利益走向。

2. 要创设公民参与公共服务创新的制度环境

改革开放以来，随着经济社会的发展和公民意识的增强，我国的公民参与已经走上制度化的轨道。目前，公民参与的基本制度体系已经初步形成，原则性、应然性的制度规定也比较完备。但从实际运行的状况来看，这个制度体系是粗放型的，制度本身的操作性不强，制度的配套程度不高，一些具体制度之间相互矛盾、相互掣肘的现象仍然存在。从总体上看，公民参与的制度化水平亟待提高。就公共服务创新来说，更是缺乏有针对性的、分领域的、精细化的制度设计和安排。显而易见，我国公民参与公共服务创新的制度建设的任务还很艰巨。"如果我们的制度环境不能及时顺应这个精细化时代的要求，那么，公民参与就很可能溢出既有制度环境的约束"，"程序正义和技术化操作已经开始成为公民参与的细节追求"[1]。当下公民参与制度建设的首要内容就是进行制度的精细化建设，为公民参与创设良好的制度环境。主要包括：一是建立公民参与的救济与帮助制度。对于参与能力有限的个人或群体，公共服务部门要根据不同情况给予不同形式的帮助，如设立帮助热线或咨询网络，在公共服务中心设立相应的负责部门或人员等。二是建立公共服务创新的阶段性参与制度。不论是在公共服务创新的发起阶段、决策阶段还是执行阶段，公民都应该拥有表达其意见和要求的方便、及时的机会和途径，而不只是将公民参与定位于创新发起阶段一次性的宣传和动员活动。三是建立公民参与的回应与反馈制度，就是要以合适的形式或方式选择给参与者以明确的答复，不论意见或建议是否得到采纳，都需要给出相应的解释和说明。

3. 要增加公民参与公共服务创新的实践锻炼

要提高公民参与公共服务创新的能力，最为重要的途径就是增加公民实践锻炼的

---

[1] 褚松燕 . 我国公民参与的制度环境分析 [J]. 上海行政学院学报 , 2009(1) .

机会。可以设立定期的公共服务机构接待日制度，使公民了解公共服务体系的机构，熟悉公共服务流程，打破对公共服务创新过程的神秘感，强化公民的认同感。要鼓励媒体制作公共服务事务的专题节目，吸引公民参与讨论，增强公民对公共服务问题的兴趣。要设计出版供公民回答自己熟悉的公共服务问题的小问卷，创设公民理解、认同公共服务创新的机会。要选择公民熟悉的公共服务事务，不要让公民因为不了解而对创新望而却步，不要让有参与愿望的公民付出过多的精力去理解和学习创新内容。在允许的条件下，政府可以提供相关的信息资料，拿出几个思考方案供公民选择，使公民可以最大限度地节省参与时间和参与成本。要选择公民容易进入的公共服务创新领域，使利益相关的公民参与到真实的创新流程之中，探索切实可行的公民参与模式，使公民了解创新决策产生的实际过程，组织公民开展各种形式的讨论，集思广益，听取公民的意见和建议。要从社区公共事务开始，增加公民参与的实践锻炼机会，让教育的内容更加具体化和生活化，通过实践，使公民学会处理不同的利益关系，提高参与的有效性。

4. 要大力促进社会组织的发展

单靠个人参与对公共服务创新过程的影响是极为有限的，只有借助组织的力量才能充分发挥公民参与的作用。第三部门是独立于政府和市场之外的治理主体。它能够承担公共服务责任，弥补政府和市场力量的不足，成为政府的合作伙伴。在西方国家，社会组织的发展有着深厚的社会基础，许多公共服务事务都通过志愿者的形式来完成。这种以社会自助或自我组织的形式来处理公共事务的方式，有利于最大限度地调动社会资源，节约创新成本。目前这种形式已经逐渐由社会福利扩展到其他公共服务领域。我国历来有强政府、弱社会的传统，社会组织是在社会转型过程中刚刚发育起来的，目前尚处于不成熟状态。要改变这种状况，必须大力培育和发展社会组织，充分发挥社会组织在公民参与中的作用。要加强社会组织建设与管理，要发挥社会组织在扩大群众参与、反映群众诉求方面的积极作用，增强社会自治功能。因此，我国政府要根据实际情况，借鉴和吸收西方发达国家在社会组织管理方面的经验，完善社会组织的管理制度和规范，运用政策引导、法律约束、民众监督等多种方式促进社会组织的健康成长。

第二章　舟山群岛新区公共服务需求

一、舟山群岛新区公共服务需求类型比较

（一）基本公共服务需求与特殊公共服务需求

1. 基本公共服务需求

《国家基本公共服务体系“十二五”规划》指出：“十二五”时期是我国全面建设小康社会的关键时期，是深化改革开放、加快转变经济发展方式的攻坚时期。建立健全基本公共服务体系，促进基本公共服务均等化，是深入贯彻落实科学发展观的重大举措，是构建社会主义和谐社会、维护社会公平正义的迫切需要，是全面建设服务型政府的内在要求，对于推进以保障和改善民生为重点的社会建设，对于切实保障人民群众最关心、最直接、最现实的利益，对于加快经济发展方式转变、扩大内需特别是消费需求，都具有十分重要的意义。按照《国家基本公共服务体系“十二五”规划》，结合舟山群岛新区发展的特殊情况，对舟山群岛新区的基本公共服务需求可以做如下的界定。

（1）基本公共服务的含义

基本公共服务是指建立在一定社会共识基础上，由政府主导提供的，与经济社会发展水平和阶段相适应，旨在保障全体公民生存和发展基本需求的公共服务。享有基本公共服务是公民的权利，提供基本公共服务是政府的职责。

（2）基本公共服务范围

基本公共服务一般包括保障基本民生需求的教育、就业、社会保障、医疗卫生、计划生育、住房保障、文化体育等领域的公共服务，广义上还包括与人民生活环境紧密关联的交通、通信、公用设施、环境保护等领域的公共服务，以及保障安全需要的公共安全、消费安全和国防安全等领域的公共服务。

（3）基本公共服务标准

基本公共服务标准是指在一定时期内为实现既定目标而对基本公共服务活动所制定的技术和管理等规范。

（4）基本公共服务均等化

基本公共服务均等化是指全体公民都能公平可及地获得大致均等的基本公共服务，其核心是机会均等，而不是简单的平均化和无差异化。

（5）基本公共服务体系

基本公共服务体系是指由基本公共服务范围和标准、资源配置、管理运行、供给方式以及绩效评价等所构成的系统性、整体性的制度安排。根据“十二五”规划纲要，为体现“学有所教、劳有所得、病有所医、老有所养、住有所居”的要求，新区公共服务范围应当明确为公共教育、劳动就业服务、社会保障、基本社会服务、医疗卫生、人口计生、住房保障、公共文化等领域的基本公共服务。同时要注重基础设施、环境保护两个领域的基本公共服务重点任务，包括：行政村通公路和客运班车，城市建成区公共交通全覆盖；行政村通电，无电地区人口全部用上电；邮政服务做到乡乡设所、村村通邮；县县具备污水、垃圾无害化处理能力和环境监测评估能力，保障城乡饮用水水源地安全等。

经过 30 多年的改革开放和发展建设，舟山经济实力、综合竞争力和国内国际地位显著提高，人民生活明显改善。“十一五”以来，全市各级党委政府认真贯彻落实党中央、国务院的决策部署，舟山市的基本公共服务体系建设取得了显著成效。城乡免费义务教育全面实施，公共教育体系日趋完备，国民平均受教育年限达到 13 年。实施积极就业政策，初步建立起面向全体劳动者的公共就业服务体系。社会保险制度逐步由城镇向农村、由职工向居民扩展，保障水平逐步提高，城乡社会救助体系和社会福利体系基本形成。医药卫生体制改革深入推进，免费基本公共卫生服务项目全面实施，城乡基层医疗卫生服务体系逐步健全，依据国家要求，基本药物制度初步建立。保障性安居工程加快建设，以廉租住房、公共租赁住房和农村危房改造等为主要内容的基本住房保障制度初步形成。基本实现县县有文化馆图书馆，乡乡有综合文化站，广播电视全面覆盖，公共博物馆、纪念馆、美术馆、图书馆、文化馆、科技馆等公共文化设施逐步向社会免费开放。全民健身稳步推进。公共服务财政投入显著增加。从总体上看，舟山市的基本公共服务的制度框架已初步形成，人民群众上学、就业、就医、社会保障、文化生活等难点问题得到有效缓解。

但是，舟山市基本公共服务供给不足、发展不平衡的矛盾仍然十分突出，建立健全基本公共服务体系仍然面临许多困难和挑战。例如，基本公共服务的规模和质量难以满足人民群众日益增长的需求；农（渔）村、贫困地区和针对社会弱势群体的基本公共服务尚未得到充分保障；体制机制有待进一步完善，城乡区域间制度设计不衔接，管理条块分割，资源配置不合理，服务提供主体和提供方式比较单一，基层政府财力与事权不匹配，以及监督问责缺位等问题较为突出。必须深刻认识到，基本公共服务体系不健全，不仅难以保障发展成果惠及全民，不利于社会和谐稳定，而且还会制约经济社会健康协调可持续发展。

“十二五”时期，浙江舟山群岛新区发展仍处于大有作为的重要战略机遇期，也是加快构建基本公共服务体系的关键时期。从需求看，工业化、信息化、城镇化、市场化、国际化深入发展，城乡居民收入水平不断提高，消费结构加快转型升级，各类公共服务需求日趋旺盛。从供给看，经济继续保持平稳较快发展，财政收入不断增加，基本公共服务财政保障能力进一步加强。从体制环境看，有利于科学发展的体制机制加快建立，教育、卫生、文化等社会事业改革深入推进，建立健全基本公共服务体系的体制条件不断完善。我们要牢牢抓住难得的历史机遇，顺应新区人民过上更好生活的期待，努力提升基本公共服务水平和均等化程度，推动经济社会协调发展，为全面建成小康社会夯实基础。

2. 特殊公共服务需求

（1）海上作业安全服务需求

随着海上作业范围的扩大，渔民海上作业公共服务需求越来越迫切，其中包括：渔业船员安全生产知识需求、专业技术需求如气象服务需求、海上通讯需求以及海上紧急救援需求等。

舟山市是我国重要的渔业生产基地，拥有各类渔船近万艘，生产高峰期海上作业的渔民超过10万人。由于渔民缺乏海上安全常识和技能，海上安全事故时有发生。渔业公司、渔民和家属迫切需要有关海上作业的知识，希望能有海上作业安全规程、安全作业手册等相关的资料。这应该引起有关部门的重视。要加强对海上作业人员的安全常识宣传，主动为渔业公司、渔民提供相关宣传材料，补习安全常识。

（2）海上新技术服务需求

古时，人们用叉子打鱼，用手工拉网捕鱼，劳动繁重，捕捞量很小。从17世纪开始，随着造船业的发展，人们可以驾船出海捕鱼，但由于机帆船船体小，渔具质量差，对鱼群的预测主要靠经验，因此捕捞量仍然无法满足人们的需要。进入20世纪，随着海洋科学的发展，新技术的不断涌现，海洋捕捞出现了崭新的局面。当前，渔业新技术需求主要有以下几种：

①采用声、光捕鱼技术

目前，世界上许多国家采用声、光技术来发展海洋捕捞业。鱼类对某种声音的刺激反应非常灵敏，这就是鱼类的趋声性。科学家曾做过这样一个实验：事先录制了某种鱼类摄食的声音和游泳的声音，当在水域中播放时，那些同种鱼类会逐渐游向声源；当鱼类听到某些生硬的声音如外敌的叫声时会迅速向四处逃散。人们利用鱼类的趋声性，就可在捕捞时向水域播放某种特定的声音诱捕鱼类。鱼类在受到光的刺激时，会产生定向运动，这就是鱼类的趋光性。目前，我国不少渔业单位就是采用灯光作业的方式来捕捞鲐、沙丁鱼、秋刀鱼、鱿鱼等。

②用探鱼仪寻找鱼群

探鱼仪是一种探测鱼群在水中位置的设备，由水下探测器和显示器组成。水下探测器安装在渔船的底部，能发射出一定频率的声波。声波在水中传播时遇到鱼、虾等水生生物，就会被反射，其中部分反射声波传回探测器。这些回波信号通过电缆传入显示器转化为图像，渔业工人就可以通过显示器发现鱼群。近年来，由于科技的发展，探鱼仪技术发展得很快，已从最初的黑白显示发展到现在的彩色显示，其探测的水深也由原先的三五十米发展到上千米。

③海底拖网，深水捕捞

在深海中生活着许多珍贵的鱼类，它们未被环境所污染，是最理想的无污染鱼类。在一些没有海底障碍物的水域，渔业工作者通过精确的计算，把鱼网放置在鱼类活动的水层，然后拖网前行，这样就可以捕获到鱼类。但是，这种海底拖网捕鱼的方法在一些有海底山脉等障碍物的水域不能应用。于是，科学家设计出了一种特殊的深水拖网捕鱼系统，获得了两全其美的效果。目前，澳大利亚已成功使用这一技术捕捞 800 米水深处的一种生长于海洋山脉斜坡上的鳕鱼。

（3）海水养殖技术需求

舟山市的浅海滩涂面积还存在一定的发展潜力。但空间再大，毕竟有限，更何况扩大养殖面积还存在与旅游开发、港口建设、自然环境保护与治理日益突出的矛盾。相比之下，改良技术、依靠科学进步来促进海水养殖业的发展显得更为重要。当前海水养殖业面临着各种严峻的挑战，要求我们必须用多学科的高新技术成果，综合改造传统的养殖工艺，建立健康养殖系统，才能保证我市海水养殖业的持续发展。我市海水养殖业技术需求主要有

①工厂化养殖技术

工厂化养殖是集生物、工程、材料、机电、自动化、环境、新能源等高新技术为一体，实现对养殖主要的环境因子，包括水温、水质、溶氧、光照，以及投饵、消毒、杀菌、分选、起捕、污水处理等进行人工或自动控制，并实施优化。这种养殖技术已从自然生态系、半人工生态系转为人工生态系的方式，在集约化高密度养殖单产水平不断提高的同时，养殖设施设备也已日趋现代化。

②生态环境调控技术

实践证明，在现有的环境和技术条件下，采用常规技术和应用传统技术的简单组合已难以解决当前面临的诸多问题。因此，根据水域的生态容纳量进行养殖布局、技术优化组合，人为调控生态环境，以实现海水养殖业的持续发展势在必行，容纳量的研究将成为海洋可持续发展研究的基本内容。关于养殖对象对生态系统的影响方面，通过营养动力学与营养循环的研究，建立生态模型，已成为该领域研究的重点。海湾、浅海和滩涂是主要海水养殖区域，对以上区域水交换特征与营养物质运行机制加深了解，测定主要养殖品种能量消耗及物质供需平衡，建立生态养殖模式及养殖容量评估技术、养殖环境质量评价及生态调控技术，是解决近年来困扰我国滩涂、海湾、浅海海水养殖业许多重大生态环境问题的必经之路。

③养殖区域向深水扩展

近岸水域污染和养殖密度过大，易导致病害频发，效益下降。扩大养殖面积、向深水发展，是将来海水养殖业发展的必由之路。要重点解决10米等深线以外的养殖工程问题。在该区域内，由于离岸较远，工业污染和其他人类活动对其影响和干预较小，海水交换条件好，初级生产力较高。深水养殖技术主要指深水平台、深水网箱、水下网箱养殖技术，如果通过研究解决某些关键技术如网箱、筏绳抗风浪能力、养殖生物放养采捕技术等，向深水扩展进行海水养殖业将大有可为。

④病害防治技术

除了改善养殖模式，净化养殖环境外，还包括病毒及有害物质的检测，确定疾病的快速诊断方法，弄清病毒的传播途径和方式，建立技术和药物有效防范措施，研制疫苗，以及对健康养殖对象的评价、无病原苗种的培育方法及系统等。只有这些问题得到解决，病害防治才能真正取得成效。

⑤良种选育技术

随着育苗技术的进步，我国科技工作者已积极开拓该领域的研究，从传统选择育种、杂交育种、细胞工程育种等各水平进行工作，在基因工程育种方面也做了一些尝试，取得了一定成绩，但还不能解决当前养殖业中存在的种质退化问题和满足提高养殖品种的生长率、存活率、产量、质量、抗逆性等方面的需要。

⑥养殖新品种引进消化技术

引进性状优良的品种，是推动我国养殖业发展的有效途径。20世纪80年代，中国科学院海洋所成功引进海湾扇贝，在我国迅速形成了规模产业，兴起了我国第三次人工养殖浪潮；90年代又引进美国红鱼、大菱鲆、条纹鲈等，促进了在全国范围内的海水鱼类养殖业蓬勃兴起。但是，在优良品种引进后，如果不能解决其亲体驯化技术，了解掌握其繁殖和发育生物学特点和亲体促熟的人工调控技术，解决规模化苗种培育和养殖技术等关键问题，大面积推广就可能落不到实处。

⑦种质资源

随着养殖业的发展，对建立良种质资源库的重要性已达成共识。动物由于依赖生殖细胞才能传宗接代，所以冷冻保存其配子或胚胎的技术亟待发展。除此以外，发展和种质资源库相关的支撑技术也是十分重要的，其中包括精、卵质量的判别，种质的鉴定等。

⑧人工配合饵料

目前舟山市渔用配合饵料年需求量已达3万吨左右，但距满足整个养殖业发展的需求差距还很大。应根据不同养殖对象及发育时期的营养要求，生产出各种开口大小、适口性强的饵料及各种饵料添加剂，并针对养殖对象的某一发育时期特殊营养需求，研制开发低成本、高饵料转化系数、无环境污染的高质量饵料，从而形成配合饵料的专业化、系列化、规模化生产。

在新技术革命的推动下，我市渔业出现了几大变化：渔业资源开发逐步走向管理型和可持续利用；渔业生产由捕捞天然资源转向以人工增养殖为主；养殖生产向资源节约型和环境友好型发展。在这一背景下，我们要清醒地认识到：渔业技术需求不同于传统海洋渔业，设备先进，技术含量高是现代海洋渔业的主要特征。

（二）生活公共服务需求与生产公共服务需求

自从人类诞生以来，既有生活需要，也有生产需要，两者既相互区分又密切联系，都是人们在社会生活中基本的重要的需要。习近平总书记指出，“我们的人民热爱生活，期盼有更好的教育、更稳定的工作、更满意的收入、更可靠的社会保障、更高水平的医疗卫生服务、更舒适的居住条件、更优美的环境，期盼着孩子们能成长得更好、工作得更好、生活得更好。人民对美好生活的向往，就是我们的奋斗目标”。在进入到社会化大生产时代的当今社会，人们的生产和生活需要不再是一家一户的个体劳动者的自我需要，而是一种社会化需要；不再是以家庭为单位来满足这些需要，而是由以国家为代表的公共组织来满足这些需要。所以，在现代社会中，满足生活需要，已经被纳入公共服务的范畴。

1. 生活公共服务需求

生活需要指人们在社会生活中的最基本的需要，即人们衣、食、住这些基本的生活需要。这是人类最基本也是不可缺少的最起码的需要，是个体人和人类社会存在并延续的基本条件。如果这些需要不能获得满足，人们的生存就不可能，人类社会的存在就不可能。随着经济社会的发展，人们的食、住需求更加强烈和突出。

从舟山的实际情况看,“食”需求主要反映在食品安全的需求上。舟山陆域面积小,人口众多,除了海产品以外,粮食、蔬菜、水果、肉、蛋、奶等大多数食品需要从外地输入。近年来,由于食品安全事件频发,食品安全需要更加突出。主要反映在:

(1)知情需求

人们期望定期公开食品安全检测监督结果,要求对于不同区域的食品安全检测结果灵活选择适用区域和人群,通过公开的渠道向大众公布。

(2)政府更多承担食品安全责任的需求

要在各部门综合协调监管的基础上推进监管的专业化。2010 年,我国成立了国务院食品安全委员会,初步建立了由国务院、地方政府、食品行业协会、社会团体、基层群众组织、新闻媒体等组成的复合型、立体型监管体系。食品安全管理部门涉及质监局、农业部、商务部、卫生部、工商管理总局、出入境检验检疫局等。应该进一步推动食品安全监管的专业化,并完善地方政府综合协调机制。

(3)强化执法检查,提倡制度刚性化

对于执法部门的监督在国内外都是一个难点问题。为保证食品在生产、加工、流通环节的安全,应逐步建立食品追踪识别标志制度,对食品安全的自检、抽检记录都应有据可查。我国在《食品安全法》中规定,有违法行为无须造成后果也可以定罪,是希望增加违法成本和震慑犯罪。但执法机关对于具体认定和执行尺度拥有更大的自主权,为了对执法部门形成有效制衡,客观上需要强化执法检查,严厉追究执法机关不作为和徇私舞弊的责任。

(4)公众参与和消费者保护

公众参与程度的差别,是我国与其他国家在食品安全监管中最大的不同。我国对于日常生活中的食品安全问题,消费者通常会求助于消协。但各地的消协都挂靠在工商行政部门内部,由同级工商部门主管,削弱了消协作为法定职能非政府机构的独立性,难以协调物价、质监、食品药品监督等诸多部门的关系,也限制了其社会公信力的发挥。我们认为,只有广泛激发消费者对食品安全的监督权,充分保证消费者的知情权,切实维护受害消费者的权利,食品安全问题才不会在光天化日之下遁于无形,食品供应链上的利益相关者才不敢冒天下之大不韪以身试法。

(5)生活事务公共服务需求

生活事务需求也是生活公共服务需求的重要内容。例如,谁家的水管漏了、地板坏了,可以到社区帮忙找修理人员;有个感冒、伤风的常见病患,可以到社区卫生服务中心看医问题;有了业余时间,可以到社区文体活动中心看看书、唱唱歌等。这些看起来是生活琐事,但又是居家生活经常遇到的事情。为了方便居民,一般在社区内就应当提供这样的服务。如果社区不能直接提供,也应该为居民提供可以解决问题的方案、途径。在舟山市的城乡社区建设统筹发展中，曾经提出过“网格化服务”，其含义应当是为社区居民提供无缝隙的贴心生活服务。

全市城市社区应当按照“一站四室”的建设模式，普遍建立社区服务站，配备办公室、活动室、警务室、医疗室等，涵盖社区服务的主要内容。

（6）农村社区服务需求

按照地处中心、交通便利、辐射2000米的“20分钟生活圈”的选址要求和“一场九室二市”的建设标准，舟山市已普遍设置了室外文体活动广场、社区办公室、综合活动室、社会保障救助室、图书阅览室、警务室（人民调解室）、医疗卫生室、健康家庭指导室、体育健身室、社区档案室、日用百货超市和农资超市，以进一步提升农村社区服务中心的功能水平，实现了全市农村社区全覆盖，城乡社区公共服务均等化发展重大突破。

要进一步改善城乡社区生活环境，积极创建“文明社区”、“绿色社区”和“生态社区”；依托农村社区服务中心、科普长廊、图书阅览室等平台，组织各类教育培训，推广实用技术和致富信息；开展图书室援建，文化、文艺和科技“三下乡”活动，建设特色文艺活动基地，进一步满足农村居民的精神文化需求。

2. 生产公共服务需求

舟山新区正处在发展建设时期，新区的建设离不开生产发展，生产发展离不开生产公共服务。可以说，新区的生产公共服务能力决定着新区的经济发展竞争力。生产服务的具体事项包括：科技服务、金融服务、信息服务、政策扶持和基础设施服务等。

加强和改进政府服务，进一步优化企业经营环境，是我市企业转型升级、又好又快可持续发展的需要。这些需要主要反映在以下几个方面：

（1）政策性支持需求

出台支持企业自主创新和技术改造的税费减免政策。企业为开发新技术、新产品、新工艺发生的研究开发费用，符合税法规定的，可以按规定在计算应纳税所得税额时加计扣除。鼓励企业依照国家税收相关规定加速研究开发仪器设备的折旧，落实新产品财税返还等政策。落实好企业增值税转型政策、小型微利企业所得税率优惠政策和国家鼓励发展的技改项目进口设备免税政策。认定为高新技术企业并符合规定条件的，减按15%的税率征收企业所得税。企业从事技术转让、技术开发业务和与之相关的技术咨询、技术服务业务取得的收入，可按规定免征营业税。按照国家财政部、税务总局《关于居民企业技术转让有关企业所得税政策问题的通知》规定，符合条件的技术转让所得免征、减征企业所得税。涉及企业转型升级的相关审批、备案事项，按规定的审批规程及时办理。对符合相关规定列入省重点技改1000个项目和列入市产业振兴项目的，加大土地、资金、税收、人才、技术等方面的支持。纳税人在资产重组过程中，通过合并、分立、出售、置换等方式，将全部或者部分实物资产以及与其相关联的债权、债务和劳动力一并转让给其他单位和个人的行为，不属于营业税征收范围，其中涉及的不动产、土地使用权转让，不征收营业税。

（2）发展战略性新兴产业的综合政策需求

市级财政要进一步优化现有专项资金支出结构，每年调整一定数量的资金，主要采取风险补偿方式引导金融资源配置，撬动金融资本重点支持有关战略性新兴产业的关键共性技术研发、产业化示范工程、创新能力建设、产业链和产业基地培育等。各区县要进一步加大支持力度，形成上下配套联动的资金投入机制。要设立一批战略性新兴产业创投基金，争取设立中央财政参股的战略性新兴产业创投基金。有条件的区市要积极设立地方财政参股的创投基金、海洋经济产业投资基金等，向战略性新兴产业倾斜。要优先保障战略性新兴产业项目用地，对属于优先发展产业且用地集约的工业项目，在确定土地出让底价时，可按不低于所在土地等级别相对应工业用地出让最低价标准的70%执行。

（3）加大企业转型升级的财政支持需求

市和区县要统筹安排财政专项资金，采取风险补偿方式，引导金融资源配置，撬动金融资本加大对企业转型升级的投入，支持企业加强技术改造、自主创新、人才引进及培养、工业设计、品牌培育、信息化建设和管理创新；支持已纳入政府采购目录的高新技术及项目，加快推进企业转型升级。要积极组织企业申报各类专项资金、基金等，争取国家支持。要加强对财政专项资金使用情况的监督，确保财政专项资金按规定及时拨付到企业账户，并专款专用。

（4）加大企业转型升级的金融支持需求

加强与金融机构总部的对接力度，促进驻舟银行扩大信贷投放总量，鼓励银行业金融机构增加对企业转型升级项目的信贷额度，扩大委托贷款、信托贷款、承兑汇票、信用证、保函、保理等表外业务的融资规模，为企业转型升级提供全面的金融服务。要完善多层次融资服务体系，引导地方金融机构改革重组，大力引进国内外金融机构在舟山设立分支机构，探索推广动产、应收账款、仓单、海域使用权、股权和知识产权等抵质押方式，有效缓解企业贷款抵质押不足问题。要充分发挥政府设立的还贷周转金、风险补偿金的作用，积极发展政府投资的担保机构，推动融资性担保公司的规范发展；探索有利于专业化、规模化经营的贷款担保方式，为中小企业融资提供有力支持；拓宽企业直接融资渠道，寻求缓解企业资金困难途径，引导企业通过银行间债券市场直接融资，支持符合条件的企业上市融资；鼓励各类金融机构加强合作，积极发行中小企业集合债券、中小企业集合票据、信托债权计划、中期票据、短期融资券和企业资产支持类证券等直接融资产品；鼓励银行等金融机构建立面向中小企业服务的专营机构，支持民间资本参与投资设立村、镇银行，融资性担保公司等各类地方性金融机构；支持符合条件的地方法人金融机构通过发行金融债券、引进战略投资者等形式，增强资金实力；稳步推进小额贷款公司试点工作并支持已设立小额贷款的公司增资扩股，全面增强地方金融机构对企业转型升级的支持保障能力。

（5）生产性服务业需求

对符合条件的金融、现代物流、信息服务、科技研发、设计检测、软件服务外包等生产性服务业项目，相关财政资金予以优先支持。落实市政府明确的财政、税费、产业等各项扶持政策。对制造业剥离后设立的生产性服务企业，符合高新技术企业、软件企业或技术先进型服务企业条件的，要及时组织认定，积极落实各项优惠政策。

（6）企业集聚发展需求

支持市级以上重点示范性产业集群和优质产品生产基地、新型工业化产业示范基地创建。各类财政专项资金在同等条件下，要优先支持集群和基地内的龙头企业项目、公共技术服务平台建设，在建设用地、税费减免、信贷融资等方面给予倾斜。按照“布局合理、产业集聚、用地集约、生态环保”的要求，规划培育一批新兴产业集聚园区，组织认定一批市级集聚园区。要落实工业功能区基础设施贷款贴息的财政补助政策，把省级以上开发区的基础设施建设补助资金和功能区基础设施建设贷款贴息资金合并，用于全市产业集聚区基础设施建设，并延续到“十二五”末；老城区搬迁企业向重点中心镇和市级产业集聚园区转移，享受老城区企业搬迁改造转移的有关扶持政策。工业集聚园区所在区政府要设立一定规模的专项资金，用于园区配套、产业发展和公共服务平台建设。市政府要制定相应鼓励政策，逐步引导工业企业向相应产业集聚区和重点中心镇产业园区集聚。

（7）企业绿色发展需求

大力支持高新技术产业和资金密集型、环境友好型产业的发展，积极引导新上项目采用科技含量高、资源消耗低、污染排放少的先进技术，培育节能环保产业示范基地和示范企业，推进全市节能环保产业快速发展。要鼓励传统行业加快节能减排技术改造，培植一批节能示范项目争取国家资金支持。要利用市节能专项资金支持一批市重点节能技术和产品产业化项目，对符合条件的环境保护资源和废物综合利用项目、节能节水项目，按税法给予税收优惠。要加强节能评估审查，实行区域能耗总量控制，探索节能量交易机制，强化对重污染行业的强制性清洁生产审核，对主要污染物减排项目以及具有循环经济、清洁生产带动性、示范性项目给予资金支持。要加大淘汰落后产能力度，对按期完成淘汰落后产能任务的企业，认真落实奖补方案进行补助，做到“应补尽补”；鼓励落后产能尽早退出，实行“早退多补、迟退少补”。进一步甄别列入国家实施差别电价目录的企业淘汰、限制类产能，加大差别电价政策的实施力度，提高差别电价的加价标准。

（8）企业并购重组支持需求

在技术节能、环保、安全等方面制定实施一批标准，择优汰劣，推进企业开放式并购重组。要充分发挥出资人的主导作用，按照战略有效协同、资源有效配置的原则，推进国有资本从市场充分竞争领域逐步退出。凡进不了行业内第一方阵的企业，一律引进战略合作者或挂牌转让。要重点推进政府投资公司的三级及以下公司的清理工作，彻底解决企业投资链过长、资产低效占用的问题，企业兼并重组涉及的资产评估增值、债务重组收益、土地房屋权属转移等，按照国家有关规定给予税收优惠。要加强财政资金投入，在市级国有资本经营预算中安排资金支持市管国有企业兼并重组，鼓励重点骨干企业在国内外开展多种形式的并购或跨区域联合重组，加快做强做大；向条件成熟的企业董事会下放部分国有股东权利，放权实物资产的规范公开处置，形成国有小股权转让的快捷流程；鼓励和支持有条件的企业到境外开展并购业务，在境外建立生产加工基地、营销网络和研发中心等，增强企业国际竞争力；鼓励民营企业通过参股、控股和收购等形式，参与国有企业改制重组以及与外资合作，促进各种所有制经济融合发展。

（9）企业提升产品质量支持需求

积极指导企业加强质量管理，落实企业质量主体责任，加强质量诚信体系建设，提升企业诚信意识；推广先进质量管理模式，加强标准化、计量、检验检测体系建设。要加快建立市先进标准体系，推动标准化地方立法工作；围绕“产业集群标准化”，开展企业标准联盟试点；加大自主创新与标准的融合，建立和完善科研、标准与产业同步机制，鼓励具有自主知识产权的核心技术制定成行业标准、国家标准或国际标准，积极开展计量确认，帮扶企业提高计量检测水平。要深入实施名牌带动战略，加强宏观质量管理，完善质量工作体系，引导企业争创质量奖；挖掘民营企业潜力，做好省市名牌产品和浙江省服务名牌培育创建工作；系统总结品牌经济发展经验，高起点确定新一轮品牌经济提升重点和目标，努力培育国际知名品牌。

（10）企业人才需求

企业转型升级和高技能人才建设需求越来越突出，要在政府的引导下，调整优化人才培养方向，设立以促进产业发展、满足用工需求、促进就业和人力资源素质提升为目标的培训项目，大力开展“金蓝领”培训和产业特色培训，促进创新型、应用型、复合型、技能型人才的培养。要加快建立企业与高校合作培养人才机制，鼓励企业与高等院校、职业院校（含技工院校）及社会培训机构合作培训，组织实施企校合作实训基地申报和确认工作；完善科技人才向企业流动的机制，推进大学教授进企业挂职、企业人才进大学深造等形式的人才交流活动。企业需要企业管理人员的专题培训，期望与国际知名培训机构的合作，积极引进高端培训资源，提高培训开放水平；企业需要实行高层次人才无障碍引进政策，实施高层次人才培养和凝聚工程，发挥高技能人才在带徒传艺、技能攻关和技艺传承等方面的作用。政府应当支持培训基础条件好、高技能人才密集的行业企业设立技师工作站，对达到标准的认定为舟山市技师工作站并给予一次性奖励。要加大市场化配置人才力度，有针对性地组织“人才招聘团”到国内人才集中的城市和名校挖掘高层次人才和急需人才，促进人才队伍特别是高层次人才总量不断增大、结构不断优化；营造有利于人才干事创业的良好环境，认真做好享受国务院政府特殊津贴专家和省有突出贡献中青年专家推荐以及各系列职称评审工作，完善首席技师制度。要在全市各行各业广泛开展争当首席技师活动，做好“有突出贡献技师”和“舟山市技术能手”评选工作，积极构建以人才评价、培养、激励、流动为主要内容的人才政策体系。要允许科技人员按照国家法律、法规及相关政策分享创新收益，对作出突出贡献的科技人员实施期权、技术入股和股权奖励等形式的激励。

另外，在政府强化和扩大涉企服务方面，企业的需求主要包括：

第一，直通车服务。要完善全市各级重点企业、骨干项目的直通车服务，强化部门联动机制，优化工作流程，扩大服务领域和服务范围，及时解决项目推进中遇到的资金、规划、土地、审批等问题，推动直通车服务由“等客上车”向“开车上门”新型模式转变。要根据企业实际需要，坚持重点大企业联络员制度，选派懂经济、熟悉国家产业政策的干部联系重点大企业，全力为企业搞好服务。要积极为重点企业提供水、电、气等生产要素保障。

第二，市场营销服务。各级各有关部门要认真研究国内外市场需求变化，引导企业以市场为导向转方式、调结构，深入实施“市场细分定位战略、渠道战略、品牌战略”的市场营销三大战略推广工程，依托中国（舟山）国际时装周暨舟山名优产品交易会等展会，搭建集名优产品交易、投资贸易洽谈等为一体的综合性会展平台，发挥辐射带动作用。要发展电子商务、网上市场等新型营销方式，组织重点企业积极参与国家和省、市重点项目建设，扩大重点项目物资供应的市场份额；支持和引导企业应对国际市场变化，积极扩大工业品出口。

第三，技术创新公共平台。要进一步发挥现有行业技术中心、重点实验室、工程技术研究中心、公共检测服务平台、公共技术研发和应用转化平台的作用，推动共性技术研发成果自主交易流转。要加强产学研合作创新，在海洋药物及生物制品、可再生能源装备、海洋防腐、半导体照明、现代种业、生物农药等产业领域，发展30个以上由企业主导、科研机构、高等院校积极参与的市级产业技术创新联盟。要开展创新型企业培育工程，扶持壮大国家级创新型企业；加强大型仪器、科技文献等科技资源共享服务功能建设，建立科技信息资源综合管理平台，提高信息资源整合与对外服务能力；进一步完善检验检测体系，有序推进国家质检中心基地、国家海洋设备检测中心等重点支撑项目；引导区市中小企业服务平台完善公共服务功能，加强与市级创新综合平台对接，整合区市科技创新资源，更好更专业地为本地区中小企业特别是小微企业服务。要健全企业技术创新评估考核指标体系和工作机制，进一步引领各类企业把技术创新作为自觉行动。

第四，中介服务。要加强对行业组织和中介机构的培育、扶持、引导和管理，建立政府购买服务机制，把社会可以自我调节管理的职能交给社会组织，鼓励发展运作好、作用大、贡献突出的行业组织发挥其在提供服务、反映诉求、行业自律、维护权益以及促进企业转型升级中的独特作用。政府职能部门对涉及企业申报项目、申请资金扶持等事项，可视情况征求有关行业组织的意见。各类依托政府部门的涉企中介机构应与政府部门脱钩，组织分开、场所分开、工作分开、经济分开，实现市场化经营，鼓励技术评定、资质认定等涉企中介服务机构跨区域服务。要规范涉企中介服务收费，行政机关不得擅自或变相将行政审批过程中的具体审查工作委托给其他机构代办，并据此向申请人收取审查费用；中介组织不得以受行政机关委托的名义强制企业接受审查检验、审计评估、验资咨询等服务；强化中介组织和执业人员的资质审查和管理，严把中介组织市场准入关。

第五，企业信息服务。要建立服务企业转型升级的综合信息平台，及时发布有关投资、土地、人才、规划、环保、安全生产、技术标准、质量检测、检验检疫、信贷融资等政策信息，引导企业加快转型升级。

在简政减负方面，企业需求主要包括：

第一，清理规范行政审批。要深化行政审批制度改革，巩固市级行政审批大厅企业设立联合办理成果，优化与企业密切相关的行政审批事项审批流程，探索实施告知承诺制，提高审批效率。要规范和发展区市行政服务中心，按照“应进必进”的原则，将与企业密切相关的审批事项纳入区市大厅集中办理，积极推进区市大厅实施企业设立联合办理，优化建设项目联合办理流程，规范审批，简化环节，提高效率，改善我市投资软环境。要加快行政审批相关配套制度建设，依法规范和清理不符合经济社会发展要求、不利于企业转型升级的审批事项，探索建立行政审批事项编码管理制度，对需要实施的行政审批事项实行统一编码，建立健全行政审批信息公开、行政审批决定公示、行政审批听证及行政审批决定备案等配套制度，严格规范审批自由裁量权。对审批事项申请材料中存在的“兜底条款”，要进行集中清理，推进行政审批事项名称的规范统一；推行网上审批、并联审批和“一个窗口对外”、“一站式服务”，为企业提供高效便捷的服务。

第二，清理修订涉企政策规章。要及时清理和修改不符合市场经济发展要求、与上位法相抵触或者不一致、不利于企业转型升级的政策规章和规范性文件，并向社会公布；严格执行规范性文件审查备案和统一发布制度，进一步完善规范性文件制定程序，完善服务承诺制度，规范服务场所服务工作，建立健全企业权益保护制度，畅通企业申诉渠道，及时查处侵权行为，依法保护企业的合法权益。

第三，减轻企业负担。依据《舟山市涉企收费目录》，严格执行涉企收费标准，坚决杜绝乱收费问题发生；清理规范涉企行政事业性收费和政府性基金，加强涉企收费项目审批管理，完善收费审批和公示制度。对涉企收费项目和标准，根据经济社会发展要求依法进行清理规范，严禁擅自越权审批收费项目、提高收费标准、扩大收取范围，坚决取消未经法定程序设定的收费项目，严格落实行政事业性收费许可证制度。凡不持收费许可证收取行政事业性费用的，企业有权拒绝交费。要进一步清理规范对企业的评比、达标、表彰等活动，坚决纠正和查处向企业乱摊派、乱集资，以及强制企业捐赠捐献、参加会展培训活动、加入学会协会组织等加重企业负担的行为，并加大责任追究力度，坚持对企业投诉快办，对违规行为真查，对责任人员严处，对典型案例曝光，维护企业合法权益。

第四，减少涉企重复鉴定和检验。涉及企业的鉴定、检验、评审等审批事项，除法律、法规另有规定外，不同部门和行业所进行的鉴定和检验结果应互相承认，不得要求重复鉴定和检验，逐步建立一个部门牵头，多个部门参与鉴定、验收、检查的工作机制。

第五，破除行业准入壁垒。要认真贯彻落实国务院《关于鼓励和引导民间投资健康发展的若干意见》精神，破除包括行政干预在内的各种行业隐性壁垒，支持符合法律、法规规定要件的各类企业进入国家未禁止的投资经营领域，加快垄断行业改革，在电力、电信、民航、通讯、金融、卫生、教育和公用事业等行业及领域引入市场竞争机制，推进投资主体多元化。

（三）生存公共服务需求与发展公共服务需求

我们这里所说的人的生存和发展是社会中每一个个人的生存和发展，而不是商品经济学因资本收益最大化而获得的生存和发展。在商品经济学里，每一个人因资本收益最大化而获得生存和发展的条件不一样，一些人（主要为资本家及其聘用的管理人员）会得到很多，一些人（主要是雇佣工人）勉强维持生存和获得一定的发展，一些人（失业者、待业者和无业人员）被作为自由市场竞争的条件而大量“储备”起来，要靠社会救助或靠别人供养。

生存和发展是人类社会的主题。在不同的历史阶段，人的生存和发展所需要的条件是不同的。人的基本生存条件应该包括一个人的生老病死、吃穿住行所需要的全部费用。这些费用包括婴儿胚胎期到离开人间的生活营养费、监护费、医药费、衣着费、住宿费及交通费等必要的生存费用。人的基本发展条件应该包括一个人为了发展而投入的教育训练费、学习与实习费。这些费用包括从幼儿园至大学的学费、为增强体能所花的训练费、为向社会学习劳动技能和适应社会所花的费用，以及为了使自身的劳动力有更高的使用效率而花的选择费用等。

从人的发展经济学角度来看，保障人的生存和发展，就保障主体而言，无非是公共保障和个人保障。公共保障在不同的分类下又可以称为社会保障、国家保障和政府保障，即由国家或地方政府出面来解决那些单靠家庭或个人无法解决的保障问题，如国家安全、社会稳定、公序良俗、国民教育、社会保障、医疗保障和社会救助等。这些问题需要国家或地方政府统筹解决。个人保障实际上是家庭保障，是以家庭为单位，由家庭中具有劳动能力的人通过参加生产劳动获取报酬，来解决自身和家庭成员的生存和发展问题。

对于公共保障来说，再强大的经济体支撑下的政府也是没有办法提供足够的公共服务来保障和改善民生的。以世界上经济最强大的美国为例，目前美国州政府和市政府的债务总额高达 2 万亿美元，美国各州开销比税收多出近 5000 亿美元，而且还面临 1 万亿美元的福利基金缺口。另外，美国还欠有中国、日本和英国的 2 万亿美元外债。美国很多公共服务已经市场化了，但它还是要依靠欠债来提供公共服务。以美国目前的人口规模算，中国要像美国那样做，需要欠债 32.5 万亿美元，按 6.8 汇率计就是 221 万亿元人民币。对于这样的公共保障，即使穷尽整个地球的资源也保障不了多少年。

就个人保障而言，老百姓没有收入或收入不足，即使经济再发展，保障和改善民生问题也还是没有解决好。中国已顺利完成了“十一五”规划确定的主要目标和任务，综合国力大幅提升，经济结构调整步伐加快，人民生活明显改善，国际地位和影响力显著提高。但是，我们必须清醒地看到，我国发展中不平衡、不协调和不可持续问题依然突出，主要是经济增长的资源环境约束强化、投资和消费关系失衡、收入分配差距较大、就业总量压力和结构性矛盾并存，物价上涨压力加大，社会矛盾明显增多，制约科学发展的体制机制障碍依然较多。这表明当前我国人的生存与发展保障仍然不足，体现在经济发展上，主要依靠投资而不是居民消费来拉动，而分配不公加剧了收入分配差距的扩大，巨大的就业压力延缓了保障和改善民生的步伐。社会保障体系的不完善加剧了社会矛盾，各种不利因素如物价上涨等降低了人民生活水平。造成我国人的生存和发展保障不足的根本原因，在于没有很好地落实两个比重——提高居民收入在国民收入分配中的比重和提高劳动报酬在初次分配中的比重，因为就业是民生之本，劳动是广大人民群众的主要谋生手段，合理的收入分配制度是社会公平的重要体现。

民生，已成为舟山建设“新区”的核心内容，要用富民、惠民、育民、健民、便民、安民来寻求“十二五”岛城民生建设的突破。舟山市委市政府强调，做好民生工作，承载着通过“新区”大开发、大开放、大发展来提高舟山人民生活水平的根本目的。随着我市老龄化日益加深，养老已成民生重点。我市养老服务事业发展“十二五”规划提出，“十二五”期间全市计划安排养老服务机构建设用地100亩，至2015年，全市养老床位达到9200张以上，占我市老年人总数的4%以上。全市计划投入资金3亿多万元，新建公办养老服务机构9家。我市还计划建成100个渔农村社区的居家养老服务站，整合现有家政服务公司和“1890”便民服务平台等资源，实现城市居家养老全覆盖。

市政府关于进一步完善社会救助体系的意见中提出，舟山市农村低保标准至“十二五”末力争达到城镇低保标准的90%，全市低保对象、城镇“三无”和农村“五保”对象、精减职工等，在符合享受城乡居民社会养老保险待遇条件时，可叠加享受。我市将会加强对渔农村0至14周岁白血病和先天性心脏病儿童患者的医疗救助，救助比例不低于总额限价或参考医药费用标准内发生总医药费用的20%。

为实现“住者有其居”，至2015年底全市将建设保障性住房30.1万平方米，廉租住房和经济适用住房保障对象为年人均收入在当年市区人均可支配收入60%以下、人均住房建筑面积低于16平方米的城市低收入住房困难家庭。2012—2015年，该范围扩大为年人均收入在当年市区人均可支配收入80%以下、人均住房建筑面积低于16平方米的城市低收入住房困难家庭。此外，我市将继续推进农村困难群众住房救助，到2012年基本完成低保边缘家庭危房改造任务。

由此可见，我国拥有大量资本的少数人的生存与发展条件已得到很好的保障，但人口众多的工薪阶层的生存与发展条件保障却相对不足，广大农民及失业人员的生存与发展条件的保障较为困难，社会底层的弱势群体的生存与发展条件得不到有效保障。当前，仍然有很多人买不起房、看不起病、读不起书。老百姓住房难、看病贵、读书难不应该是社会主义国家应有的现象，更不应该是经过改革开放30多年后物质基础已经相当雄厚的社会主义中国应有的现象。

重视劳动价值才能保障最广大人民的生存与发展的需要。人类社会发展史告诉我们，是劳动创造了人。马克思主义也以铁的事实证明了“社会的一切财富都是由人民群众的劳动创造出来的”。这应该是妇孺皆知的道理。而人类自进入资本主义社会以后，资本几乎控制整个社会的运行，资本的持有者同样也就主宰着整个世界。广大的劳动人民成为了资本家的雇佣工人和赚钱的工具。劳动力同样也成为了资本的“奴隶”，人类被物化了，GDP和财政收入的提高成为了社会发展的重要标志，社会发展离人的生存与发展需要越来越远。正因为资本主义社会有它的历史缺陷，马克思主义才主张推翻资本主义社会，取而代之的是建立社会主义社会，这同样也是广大劳动人民的要求。

中国共产党把马克思主义与中国实际相结合，领导全国人民推翻了三座大山，建立了新中国，进行社会主义改造和建设，通过改革开放来开展现代化建设，取得了令人瞩目的成就。在当今社会主义中国，如何保障每一个公民生存与发展的需要（即保障和改善民生），应该成为全党和全国人民的根本职责。我国人的生存与发展条件保障不足，其成因是多方面的。笔者认为，作为社会主义国家，尤其是实行社会主义市场经济体制的国家，必须坚定不移地实行生产资料公有制为主体，这是现代社会化大生产的需要。因为资本在市场经济运行中具有强大的功能是显而易见的，它曾经主宰传统市场经济（资本主义市场经济）的整个运行，如果让生产资料私有制占主体地位，那么这种经济体制就是资本主义市场经济，而不是社会主义市场经济体制了。只有毫不动摇地坚持生产资料公有制，才能保证它的社会化和共有性（不是私人占有），从而为实现广大人民群众的劳动价值铺平道路，真正实现社会主义的按劳分配原则。

《国民经济和社会发展第十二个五年规划纲要》强调："坚持把保障和改善民生作为加快转变经济发展方式的根本出发点和落脚点。"这表明党中央和国务院已经非常重视我国人的生存与发展的需要，这是一个非常伟大而正确的决策。要保障好我国人的生存与发展的需要，一是要求有劳动能力的每一个人都要直接参加生产劳动（包括体力劳动和脑力劳动）并因此实现自身的劳动价值；二是政府和社会要努力实现让每一个有劳动能力的人都能够就业；三是坚持生产资料公有制原则，让每个劳动者充分享受他的劳动价值；四是弱化资本的功能，以人为本，以劳动为杠杆，推动社会发展和收入分配的公平性。

历史证明，只有重视人民、关心人民的思想理论才能被人民群众所重视，才能转化为人民群众真正的思想和信仰，而那些脱离人民群众，不关心人民痛苦的各种各样的"主义"和"理论"，迟早都要被人民群众所抛弃。求生存、求发展、求富足和求自由解放，这是人类的共同愿望和要求。马克思主义的人民性、马克思主义的"以人为本"的理念，正是人民这种愿望和要求的反映，必然被人民群众所接受、信仰和拥护。笔者认为，如果社会主义中国能实行真正意义上的公有制和按劳分配，那么改革开放的丰硕成果就会惠及最广大人民群众，让他们真正享受到改革开放和经济繁荣的成果，很好地保障人的生存与发展的需要。

二、舟山群岛新区（渔）农村公共服务需求

（一）农村公共服务体系

农村税费改革后，各级政府积极创造条件，加大投入力度，努力推进农村公共服务建设，基本形成了以政府投入为主体、农民和社会力量共同参与的农村公共服务体系建设格局。

一是农村公共服务县管体制初步确立，乡镇政府仍在发挥作用；二是农村社会事业改革深入推进，公共服务市场化步伐有所加快；三是农村公共服务平台建设取得积极进展，政府与农民的关系进一步改善；四是探索建立组级理事会，农村组织体系进一步完善；五是社会力量参与公共服务建设迈出实质性步伐。

农村公共服务体系建设中存在的主要问题及原因是：

第一，管理体制没理顺，事权财权不对称。由于县乡行政管理体制没理顺，财权上交了，事权却下移了，农村公共服务中哪些事由县政府承担责任，哪些事应由乡政府去做并没有厘清。乡镇政府基本上沿用过去的工作方式，按上级政府及其有关部门的工作部署，包揽农村的行政事务，乡镇政府履行事权所需财力与其可用财权的不对称，进一步加剧了乡镇财政的困难。

第二，财政投入不足，公共服务建设规模难扩大。长期以来城乡分割的二元体制，导致农村公共财政投入不足，基础建设落后，欠账多。税费改革后，虽然国家制定了相应的转移支付政策，用于弥补因税费改革所带来的经费缺口，但转移支付只是将原来制度外的财政收入纳入到制度内管理，且转移支付比例低、数额小，一定几年不变，难以扩大农村公共服务建设规模。农村义务教育、公共卫生和人居环境改造等事业投入不足，问题较多。一些农村直接涉及改善农民生活环境的改水改厕等问题，至今未列入公共服务建设项目。

第三，改革不配套，惠农政策不能充分发挥作用。2004 年以来，农村落实了中央“一免三补”政策,对农民起到了减负增收的作用。但政策实施后乡村行政运行的成本、社会公益事业建设资金等缺少相应的配套政策来保障，引发了新的矛盾和问题。免征农业税、实行粮食直补让农民在经济上得到了收益，但对如何解决农村累积的巨额债务却没有相应的政策规定。由于粮食直补钱不能用于冲抵债务，使乡村债务失去了化解渠道，增大了解决村债务的难度，将有可能影响到农村社会的稳定与发展。农村税费改革后取消了村提留乡统筹，规定了农村兴办公益事业所需资金采取“一事一议”的筹资办法。但对“一事一议”中多数村民通过的决议，在个别人不履行义务时缺少相应的约束规定，致使出现了“议而不决，决而不行”的现象。

第四，惠农政策出台相对密集，部分农民心态出现扭曲。近几年来，国家制定了一系列保护农民权益的政策，从制度上保障了农民利益，让农民得到了实惠。但由于政策出台相对密集，缺乏必要的辅导，在农民中产生了一些负面影响，形成了新的问题、新的矛盾。免征农业税给农民带来实惠的同时，也使他们在心理上普遍认为，国家都不向我们要钱了，乡镇政府、村组织凭什么还要收取各种费用？这些都导致农民与基层政府、村组织联系的松散化，弱化了农民对集体事业应承担的责任与义务。一些农民为一己私利置集体利益于不顾，甚至在修路、建桥等公共事业上百般阻挠。农村公益事业建设向农民筹资更是十分困难。

第五，农村公共服务性质难定位，纯粹公益性服务面临困境。农村公共服务体系运作不断引入市场机制法则，逐步形成了公共服务的公益性操作与市场经营两种模式。但由于一些公共产品的属性难以定位，导致人们对哪些领域应当由市场运作、哪些领域应当由政府投资不明晰，甚至出现了一些扭曲的现象。在一些公共服务领域由于受到政府垄断和不恰当行政干预的影响，市场机制很难进入，致使一些服务供给短缺；而一些公益事业服务机构则是市场化运作，由公益性服务变成经营性服务，失去了公益性服务的性质。在农村公共卫生建设方面，虽然政府并没有放弃管理，但投资不足，导致乡镇卫生院被迫改制，运用市场化运行来弥补资金缺口，增加了农民看病的费用，致使农村公益性服务面临困境。

上述问题反映了当前在农村公共服务建设中出现的一些现象，它们产生的原因是多方面的，但主要是：

一是转移支付不足难以弥补资金缺口。取消农业税后，国家制定了相应的转移支付政策，其目的是弥补因税费改革所带来的经费缺口，保证乡镇机构及村级组织的正常运转。但由于机构改革和相关体制改革不到位，过去由农业税和向农民征费来维系的乡镇、村行政支出和公益事业支出，不但没减少，反而还有一定的增多。而转移支付只是将原来制度外的财政收入纳入到制度内管理，且转移支付比例低、数额小，远远不能弥补乡村行政运转必需的经费及公共事业建设的需要。转移支付的不足再加上县乡财政一直较困难，根本没有公共财力弥补农村公益事业建设不足的缺口，凸显了农村公益事业建设资金短缺的问题。

二是条块分割管理体制带来的弊端。我国现行的行政管理体制是条块交叉并行的管理模式，政府的执法、审批等权力部门实行“条条”的垂直管理，财政资源向“条条”偏移，形成了权力在“条”、责任在“块”的局面。在条块分割体制下，公共事业建设项目资金、转移支付专项资金一般是由垂直部门通过拨款形式层层下划。由于拨付链条过长，使得专项资金常常被上级“条条”部门挪用、抵扣、截留而层层渗漏，为挤占挪用等腐败现象留下了缺口。而乡镇政府在很多方面缺乏统筹本级政府收支的基本权力，无法从整体上做到资源整合和优化配置，实现有效治理。

三是缺少完善健全的政策体系。近年来，一些省份也出台了一系列惠农政策，但这些政策多数是针对某一具体问题的规定，有一些政策是在不同职能部门主导下制定的，因此出现了新出台的政策与其他改革政策不配套，新老政策不衔接，有时甚至相互矛盾的现象。以修村路为例，每千米村路(水泥路)建设成本约为25万元，交通部门规定每千米村路补贴15万元，剩余的10万元由县乡村自筹。但在实际操作中多是由村里自筹解决，平摊到村民每人约为200~300元，显然违背了“一事一议”制度关于村内公益事业筹资最高限额15元的规定。由此可见，目前我们还未能从农村经济社会发展的全局出发，制定出系统、完善的兼顾各方利益的政策体系。

四是决策体制中的乡镇干部缺位。农村公共服务体系建设决策体制是关于公共产品供给决策、资金投入和成本分摊的制度安排，决策科学化、民主化是影响公共服务体系建设正确实施的决定性因素。在现行自上而下的决策体制中，较突出的问题是决策程序不合理。决策权高度集中于上级领导部门，而乡镇干部在决策中缺位。乡镇干部长期工作在农村第一线，熟悉三农问题，他们参与决策过程将有可能避免制定的政策脱离农村的现实，使政策更贴近农民生活的实际而发挥政策对调节经济社会发展的重要作用。

（二）农村基本公共服务需求

“十二五”规划纲要明确指出，要建立健全基本公共服务体系，推进基本公共服务均等化。这是在我国加快转变经济发展方式的背景下促进经济社会协调发展与城乡统筹发展的重要举措，也是调整国民收入分配格局、缩小城乡差距、促进社会公平正义的必要举措。近年来，我国公共就业服务、社会保障、义务教育、基本医疗卫生、公共文化体育等基本公共服务事业发展取得了显著成绩，城乡差距在逐步缩小。但总体而言，基本公共服务供需矛盾仍然突出，尤其是农村地区公共服务的供给不足与配置不均问题凸显。因此，有必要采取切实可行的措施，强化农村基本公共服务。

第一，要把建立健全农村基本公共服务体系摆在优先位置。我国建立健全基本公共服务体系的重点和难点在农村，推进基本公共服务均等化的关键也在农村。没有健全的农村基本公共服务体系，就不可能有比较完善的农村基本公共服务，不可能有城乡之间、区域之间的基本公共服务均等化，更不可能有发达的现代农业、农村和真正意义上的现代农民。只有将农村基本公共服务体系建设摆在基本公共服务体系建设的优先位置，并在财政投入、技术投入、人才投入等方面采取倾斜政策，促进农村基本公共服务体系加速发展，才能改善农村居民的生产生活条件，满足农业、农村和农民发展的需求。这是工业反哺农业、城市支持农村的重要内容。

第二，要紧密结合农村实际。在强化农村基本公共服务、推进城乡基本公共服务均等化的过程中，有的地方没有充分考虑农村的现实需要和发展阶段，简单地将城市基本公共服务向农村地区延伸，导致一些公共服务项目供需脱节。例如，在公共就业方面，城市需更多地考虑创造就业岗位，农村则要重点考虑劳务输出与技能培训；在义务教育方面，城市需更多地考虑公平配置资源，而农村则要突出义务教育设施的科学规划与合理布局；在社会保障、医疗卫生等方面，同样需要考虑城乡之间及地区之间发展水平的差异，先补缺再求均等。对于农村地区有特殊需求的基本公共服务，还应采取有针对性的政策措施，譬如农田水利设施建设、农技培训与推广、农村生态环境保护、畜牧防疫服务等。应当认识到，由于地理环境、生产条件、生活方式的不同，短期内农村基本公共服务水平与城市是有差距的，也是有差别的，但只要制定实施针对性、适用性强的政策措施，坚持多措并举，农村基本公共服务滞后的局面就会明显改观。

第三，要高度重视农村公共服务专业人才培养。随着国家对公共服务投入的力度不断加大，近几年农村地区公共服务硬件设施建设进展很快，但包括卫生、教育、农技工作者等在内的公共服务专业人才奇缺，人才问题已成为农村公共服务发展的短腿。没有专业人才，即使有好的服务设施，也无法提供相应的公共服务，服务质量更是无从提高。比如在义务教育方面，农村教师短缺直接导致农村地区学校的学科结构缺陷；在公共卫生方面，合格的医疗服务专业人才缺乏，农村敬老院大多由没有经过培训的中老年农民来承担护理工作。如果这种状况不能得到根本改变，城乡基本公共服务均等化的目标就不能实现。因此，必须采取综合有效的措施，培养大量的农村公共服务专业人才，并保持这支队伍的稳定。

第四，要大力扭转农村公共文化服务供给不足的局面。城乡之间的差距在文化方面表现得尤为突出，农村居民对于公共文化有着更广泛与更迫切的需求。在党的十七届六中全会吹响迈向社会主义文化强国的进军号角后，更是要加大农村公共文化建设的力度，改变农村公共文化服务供给不足的局面。在农村公共文化建设中，既要大力加强文化站、图书馆、体育场所等文化基础设施建设，又要弘扬传统文化精华，积极创新文化服务方式，创建丰富多彩的农村文化活动形式，还要通过挖掘民间文化资源，打造特色文化品牌，加快文化产业发展。

（三）村级公共服务需求

推进社会主义新农村建设，是我市一项长期的重要战略任务。近年来，中央政府与地方各级政府在农村公共服务方面的投入不断加大，但主要的投入方向却集中在县、乡（镇）两级层面，受益区域也主要体现在县城与乡（镇）所在地及其周边地区。最基层的村级层面的公共服务体系建设仍是一片空白。农村公共服务体系缺失一直是我市社会主义新农村建设的薄弱环节与制约因素。近年来，我市进行了有益的探索，在建立和完善村级组织活动场所后，开始大力推进村级公共服务中心建设，以此打造村级公共服务的新平台。然而，从实践看，一般是将其精力放在了村级公共服务中心等硬件建设方面，在创新与完善村级公共服务需求制度等软件建设方面仍显不足。

村级公共服务体系建设是一项庞大的系统工程，推进村级公共服务中心建设固然是我市当前破解农村基本公共服务缺失的有效手段。然而，在笔者看来，建立和完善村级公共服务需求制度是解决农村基本公共服务缺失的关键所在，同时也是完善村级公共服务体系与推进社会主义新农村建设的关键所在。

从宏观层面来看，近年来我市在城乡基本公共资源配置决策中，尽量考虑到农村实际而采取了系列惠农政策，这对扭转城乡差距起到了不可估量的作用。然而，从微观层面来看，却依然存在忽视农村居民对农村基本公共服务的实际需求偏好这一问题。

由于管理体制和决策机制方面的原因，在我市农村地区，许多公共服务内容严重背离农户的实际需求，由此形成了目前农村基本公共服务供给规模不足与结构失衡。我市农村基本公共服务供求结构失衡主要表现为农村基本公共服务需求差异日趋明显，但农村公共服务的供给机制却比较单一。长期以来，我市农村基本公共服务供给主要体现的是基层政府及其职能部门的需求偏好，而不是有效地体现农村居民对农村基本公共服务的实际需求。由于需求表达机制不畅，农村基本公共服务决策并未形成“自上而下”与“自下而上”的良性互动，由此造成了我市农村基本公共服务供求错位这一普遍现象。政府提供农村基本公共服务，一方面由政府公共服务能力即供给方面的因素决定，另一方面也受农村居民对农村基本公共服务的需求程度即需求方面的因素决定。需求因素与供给因素的共同作用，决定了农村基本公共服务的供给效率。农村基本公共服务的根本目标应该是充分满足农村居民的实际需求，因此，当前如何保证农村居民最需要的基本公共服务供给，才是最重要的。

如果把村级公共服务看作一项制度，那么从制度的参与角度来看，需要充分考虑“制度参与主体”，也就是作为目标群体的行动者。实际上，制度的目标群体并非同质，不同主体对村级公共服务在可行能力和参与程度上存在着千差万别。“制度”与“参与”是一个问题的两个侧面。目标群体并不是被动接受制度设定或者给定的东西，他们可以用脚投票式地不参与，或者在既定框架下对村级公共服务没有能力参与。从理论层面来看，在村级公共服务供求关系中，农村居民理应是村级公共服务需求表达的主角。然而，从农村基本公共服务供给现实情况来看，农村公共服务需求表达者和农村公共服务供应主体常常是同一的。这种远离服务主体的利益表达机制与公共服务供应机制，显然不能体现农村居民的实际需求。因此，必须通过一定的制度安排，为农村居民反映其实际需求与偏好提供适当的平台和激励，并且让农村居民的这种“声音”能够真正地影响或被纳入到政府公共资源配置的决策中。

舟山市在深入推进城乡统筹发展、实现城乡一体化进程中，农村居民对村级公共服务的实际需求呈全面快速增长趋势，并且表现出不同的阶段性特征。如何抓住建设新区的有利契机，构建以农村居民的实际需求为导向的村级公共服务体系，更好地满足农村居民日益增长的公共服务需求，进而提升村级公共服务水平与实现城乡基本公共服务均等化，已成为我市深入推进城乡统筹发展的一项重要而又紧迫的现实课题。

根据有效需求理论，衡量村级公共服务供给效率的主要标准在于其供给能否有效满足社会需求。农村居民是村级公共服务的建设主体与受益主体，农村公共服务的提供要以农村居民的实际需求为导向。根据新公共管理理论，"以需求为导向"的公共服务模式不同于以往的"以政府为导向"和"以市场为导向"的公共服务模式，其特征主要表现在以下几个方面：一是从动力机制来看，主要以需求信号为导向；二是从运作程序来看，主要表现为自下而上、由内向外；三是从组织模式来看，主要表现为民主制；四是从相互关系来看，主要表现为参与合作的关系；五是从资源配置来看，主要表现为多样化与个性化；六是从评估手段来看，主要表现为以群众满意度为手段。

由此看来，创新村级公共服务制度，必须高度关注农村居民对村级公共服务的实际需求及需求表达方式。在村级公共服务与社会管理改革中，收集民意这一步是最关键的。因为农村居民对村级公共服务的需求意愿以及需求表达就来自这一步，后面的讨论、决议以及项目执行等都是来自于对民意信息的收集与汇总。从目前我市村级公共服务的改革实践来看，已初步建立起以村民议事会为核心的新型村级治理机制，即已基本建立起农村居民参与的民主议事、民主评议、民主监督与民主管理制度，这是目前我市村级公共服务改革实践的主要制度创新。

在村级公共服务改革实践中，应当确定三个"由群众说了算"，让农村居民为自己作主。一是服务项目"由群众说了算"。通过开讨论会、走访农户、分户发放《意见征求表》等方式，挨家挨户征求农村居民对村级公共服务的需求意愿。然后，通过召开议事小组会议，把本组带有普遍性的问题筛选出来并报给村议事会；村议事会再根据全村总的经费情况和项目的轻、重、缓、急，从各组上报的建议中筛选出群众反映最普遍、最迫切的意见。最后，召开村民代表大会，对村议事会提出的建议逐项"过堂"，由群众签字、盖手印，形成决议后上墙公示。二是过程监督"由群众说了算"。当项目确定下来后，要由村议事会和群众民主选举出一些德高望重的村民代表组成监督小组，按照农村居民自己制定的监督办法，对项目启动、实施过程及实施结果等进行全程监督。三是服务效果"由群众说了算"。应由当地群众制定评议的标准与办法，并由群众对服务人员、服务效果进行"满意度"评价打分。监督小组拥有绝对的"权威"。

农村居民是村级公共服务的直接受益者，农村公共服务的提供应以农村居民的实际需求为导向。应对农村居民进行入户调查，以充分了解农村居民对村级公共服务的实际需求，确保农村居民参与公共服务项目的论证与选择，在广泛征求民意的基础上，对公共服务项目依据多数村民的意见提出初步方案，并将其方案公诸于众以进一步征求意见。经过多次“自下而上、自上而下”的反复酝酿后，提交村民大会投票表决。要创新以需求调查为重点的村级公共服务决策机制，改变政府惯有的“自上而下”为民提供公共服务的供给模式，切实转变到按群众需求什么就提供什么，充分尊重和发挥基层群众的创造精神，较好地实现村级公共服务供给“自上而下”与“自下而上”相结合，提高村级公共服务与社会管理项目的效率与农村居民的满意度。

通过村级公共服务改革实践，使广大农村居民切身感受到“我们真的当家作主了”。通过村级公共服务改革实践，改变了过去由政府大包大揽的做法，将村干部从传统的事务性工作中解脱出来，能有更多的精力投入到发展经济上去。这既能显著地改善村级民生、提升农村居民的生活质量，又能有效地促进村级民主、优化村级治理结构。由此看来，村级公共服务改革实践，能为破解我国长期存在的城乡二元僵局、完善村庄治理模式提供一个切实可行的村级公共服务供给新模式。

农村居民是村级公共服务的直接受益者，满足农村居民对村级公共服务的现实需求，是开展村级公共服务改革实践的宗旨所在。以农村居民的实际需求为导向，其实质就是将农村居民对村级公共服务的需求偏好、需求表达以及需求满意度评价等要素作为创新村级公共服务需求制度的核心内容，以此确定村级公共服务的供给结构、层次及内容，根据需求变化趋势适时作出调整并进一步优化，以达到最优供给目的。当然，从总体上来讲需要在以下两个方面有所创新：一是从需求方角度来看，农村居民要有显示或表达其对村级公共服务需求偏好的意愿；二是从供给方角度来看，政府要搭建供农村居民反映其需求偏好的平台和机制，而且还要运用各种手段激励农村居民主动反映其真实需求和偏好，最终实现公共服务决策由政府作主向政府与农村居民上下结合决策转变。将农村居民对村级公共服务的需求偏好纳入政府决策函数，不断创新更加科学合理的公共服务决策机制，是改善村级公共服务供给效率的关键所在。

（四）农村公共卫生服务需求

加强农村公共卫生服务体系建设对于落实“防治并举、预防为主”方针，提高全民健康水平，预防控制突发事件，促进社会稳定和谐，具有十分重要的意义。近几年来，市委、市政府认真贯彻落实中共中央、国务院《关于进一步加强农村卫生工作的决定》，积极推行农村新型合作医疗制度，建立惠民医院，改善农村卫生服务，使全市农村卫生状况有了一定好转。但是，目前，我市农村公共卫生服务体系建设仍存在着诸多问题。

一是农村卫生事业经费投入不足，城乡卫生资源配置不合理，不能满足农民日益增长的医疗卫生需求，应对突发性卫生事件的反应能力脆弱。

全市卫生事业费占财政支出的比例近年来增长过慢。2010—2012 年，其比例分别为 3.6%、3.8%、3.5%。这与《中共中央、国务院关于进一步加强农村卫生工作的决定》提出的“政府卫生投入要重点向农村倾斜。各级人民政府要逐年增加卫生投入，增长幅度不低于同期财政经常性支出的增长幅度”不相符。

农村卫生事业经费投入不足。2010—2012 年，全市农村公共卫生财政补助占全市公共卫生财政补助的比例分别为 21%、17.7%、19.4%，大致呈负增长。

城乡卫生资源配置不合理，财政对卫生医疗有限的投资过多倾斜城镇。2010—2012 年全市财政对市级医疗机构投入占全市的 23.1%；对县（区）级医疗机构投入占全市的 18.4%；对乡镇卫生医疗机构投入仅占全市的 19.2%。由于对农村卫生投入不足，本应由政府财政承担的疾病预防、社区卫生服务等公共卫生服务经费，多数农村没有到位，“防治并举、预防为主”的方针未能真正得到落实。

二是农村公共卫生监督体系和疾病预防控制体系的运行机制不能适应当前公共卫生需求，农村公共卫生管理体制与当前公共卫生需求不适应。现行农村公共卫生监督体系属一级管理，即县（区）级设立卫生监督管理机构，乡镇、村不设相应监督管理机构，这与农村假冒伪劣产品、不合格食品较为普遍应有一定关系。就县（区）级卫生监督管理机构现有的人力和财力资源而言，也远远不能适应实际工作的需求。现行疾病预防控制管理体系，业务指导垂直管理，行政领导层级管理，县级疾病预防控制中心对乡村防保人员只下达工作任务，却无人权、财权，造成管理效能低下。

公共卫生队伍整体素质偏低。全市县级疾控中心、卫生监督所工作人员大学以上学历占 34%，大专占 22.3%，中专占 29.4%，无专业学历占 14.3%。全市乡镇防保人员大专以上学历为 10%，中专占 52.6%，无专业学历占 19.78%；正、副高级职称为零，中级占 6.59%，初级占 76.92%，无职称占 16.48%。

乡镇防保机构入不敷出，用于公共卫生服务设备少而陈旧，导致服务项目开展受局限。全市虽已设立了县、乡、村三级公共卫生服务网络，但财政对乡镇公共卫生投入严重不足，对村级卫生机构的财政为零投入，难以胜任《国务院关于进一步加强农村卫生工作的决定》规定乡镇卫生院、村卫生室要承担卫生行政部门赋予的预防保健任务。当政府补偿不到位已成为普遍现象的情况下，农村卫生院“以药补医”、防保机构“以医补防”的现象极为普遍，并且愈演愈烈，农村公共卫生服务日趋萎缩。

三是村卫生室难以开展村级公共服务。由于绝大多数乡村医生从事公共卫生服务工作的误工报酬不能兑现，村卫生室对参与公共卫生服务工作的积极性不高，有的甚至拒绝参与。又由于卫生主管部门在审批过程中，对卫生室承担公共卫生服务工作缺少相关的具体措施，致使这个机构名义上是村卫生室，实际上则是“个体诊所”，要求村卫生室参与公共卫生服务难以操作。乡镇卫生院或防保机构无力解决村卫生室管理人员工资，也无力组织乡村医生进行有效的公共卫生服务业务学习和培训。某些农村群众居住较分散，村医的人数较少，需服务人口较多，并需跨村工作，这在客观上给公共卫生服务工作的落实带来一定难度。

（五）农村医疗公共服务需求

医疗服务需求是指在一定时期内、在一定价格水平上，人们愿意且有能力支付的医 疗服务供给量，是有支付能力的医疗服务需要，主要通过就诊与住院水平反映。

理想状态下的医疗服务需要包括已利用的合理医疗服务需求、未认识到的医疗服务需要和认识到而无法转化为需求的医疗服务需要。因此，一般来说需要大于需求，它反映区域居民的健康水平和利用医疗资源的最大量。但受道德损害等因素影响，在已利用的医疗需求中存在着过度需求，它是由过度医疗产生的卫生服务需求（过度医疗是指医疗行业提供了超出个体和社会医疗保健实际需求的医疗服务）。它一部分是没有需要的需求，另一部分是为有需要的需求提供了超出实际需求的医疗服务。它们都导致医疗资源浪费与实际需要不满足的现象并存。

根据国家卫生部第二次国家卫生服务调查及其他研究结果显示，产生高未就诊率和高未住院率的主要原因有病情程度轻微、自我治疗、医药费用过高、经济困难和就医不方便等。大致可以分为需方因素，包括病情程度轻、自我治疗、经济困难和交通因素等；供方因素包括医药费用高、无有效治疗手段和看病麻烦等。

第一，需方因素主要有：病情程度轻。这在应就诊而未就诊人群中大致占 20.0%~30.0% 的比例。这部分人群由于疾病程度较轻，因此即使有支付能力也不愿意上医院看病，属于相对不可转化的潜在医疗服务需求。

经济困难。经济因素是相对可转化潜在医疗服务需求人群不去就诊或应住院而未住院的首要原因。它是高额医疗费用、大部分人群处于自费状态及近 1/2 人口的低收入等因素综合作用的结果。2003 年的调查结果显示，舟山居民因经济困难未就诊者比例：城市为 36.0%，农村为 39.0%；住院患者中因经济困难提前出院的比例：城市为 18.3%，农村为 31.8%。在不少贫困地区，很多居民因病致贫、因贫返病，健康贫困现象时有发生。

自我治疗。自我治疗作为患者满足医疗服务需求的一种替代，在满足城乡居民医疗服务需求上已占十分重要的地位。随着市场经济的发展，人们生活节奏加快，居民文化素质和卫生保健知识的提高，医疗保险制度的改革，药品和器械等直接面对消费者的零售市场的逐步形成，患者自我治疗的比例将会增加。2010 年的调查显示，自我治疗的病人为 25.7%，其中：城市为 37.2%，农村为 21.4%。城市居民门诊就诊率之所以低于农村，不是因为城市比农村居民更困难，而是由于城市居民整体文化素质和卫生保健知识高于农村，能比较容易确定自身所患疾病轻重程度。在城市中选择自我治疗的居民主要是一些文化程度较高、患慢性病或认为疾病不严重者以及认为没有必要到医院能够自我诊断或自我治疗者。还有一部分考虑到去医院就诊程序繁琐、等候时间过长和服务态度差等原因，也选择了自我治疗。影响农村居民自我治疗的因素主要是经济困难、疾病严重程度和离家最近卫生组织的距离因素。当然，这些由经济因素影响而导致的自我治疗是具有很大风险的。由于自我治疗必须建立在人们具有一定的保健知识和医疗卫生知识的基础上，而这部分人群尚不具备实施自我治疗的基本条件，缺乏基本和必要的医药知识和医生指导，因而非常容易导致滥用药或滥治疗而带来更大的身心损害。部分患者在疾病发生的早期，由于错过了治疗和诊断疾病的最佳时期，造成了后期疾病发展为不可逆。

交通因素及其他。主要是有些患者就医不方便，尤其是老年人行动不便，加之路程较长。这在一些小岛情况显得更为突出。还有一些因素，如患者无时间看病等也导致了潜在需求的产生。

第二，供方因素主要有：卫生服务费用高。医疗费用的持续增长是伴随人口老龄化、疾病结构变化、经济发展和高新技术运用不可避免的全球趋势。问题在于城乡医疗费用上涨幅度超过了同期城乡居民收入增长的水平和国家、社会及个人的负担能力。据国家卫生服务调查，2003 年，患者平均每次直接就诊费用为 81.0 元，而 1998 年为 63.1 元，1993 年为 21.2 元，门诊直接费用 10 年间增加了近 4 倍。2003 年，城市居民次均就诊费用和次均住院费用分别为 219.0 元和 7606.0 元，农村居民分别为 91.0 元和 2649.0 元，城乡居民平均 1 次住院费用相当于 1 位居民 1 年的总收入。目前，我市城市和农村还有一定数量的特困人口，靠收入仅够填饱肚子。这部分人的健康状况往往欠佳。由于医疗费用上涨，而城乡居民支付能力有限，从而使很大一部分医疗需求受到抑制。

我市农村居民卫生保健需要是卫生工作的出发点，但需要的满足要有资源的保证才能成为现实。供给不足导致需求不足，需求不足影响居民健康，进而影响社会经济的发展，反过来又影响卫生服务需求的满足，最终进入一个恶性循环。同样，如果需求超出社会经济水平的承受能力，也会导致供给能力相对下降。因此，寻求二者的协调发展尤为重要。在研究供给能力时要考虑社会经济的承受能力，也就是考虑卫生总费用与国内生产总值的关系，卫生总费用应与国民经济发展同步，同时要考虑需求的合理性，考虑人口年龄结构的变化、医疗技术的变化和医疗质量的变化。否则，将影响居民的基本健康保证，影响社会经济的发展。

随着人口增长、社会老龄化、疾病谱的改变和新技术、新材料、新药物的广泛应用及人类健康需求层次的提高，我市正面临日益加剧的有限卫生资源与急剧增长的卫生服务需求之间的矛盾，这也是全省乃至全国面临的难题。如何合理高效地使用有限的卫生资源，保障社会成员的基本卫生需求，已成为一个必须解决的难题。有关分析认为，卫生费用增长过快超过了居民的支付能力，而卫生费用增长过快源于卫生服务过程存在严重浪费现象。调查显示，不合理的卫生服务费用支出约占全部医疗费用的20%~30%。因此，应积极采取各种措施降低卫生费用。

卫生服务需要增加的原因在于：一是人口增加和总的医学敏感人才在5岁以下、50岁以上医学敏感人数不断增加。尽管我市人口的变化已由高出生、低死亡、高增民转向低出生、低死亡、低增长，但基于我市人口基数，育龄期妇女有一定数量，所以每年净增人口不大，加之寿命延长老年人增多，总的医学敏感人数占劳动人口的比例不断加大，预计未来十年内所占比例将从40%上升到60%，医学敏感人数将从3成增加至5成。

二是社会老龄化。我市目前的人口统计学特征是低出生、低死亡、低增民，年龄结构图逐步由宽底边三角形变成底边窄的梯形，人口构成趋向老年化，65岁及以上老年人占人口的比例已由4.9%上升到7%，到2025年预计将增长到13%。另据对我市老年人医疗服务需求量进行的分析，我市老年人慢性病患病率、两周患病率分别为54%和25%，明显高于调查的平均水平，老年人的每百人患病天数超出调查人群平均水平的一倍。

三是疾病流行病学模式改变。20个世纪90年代以来，我市居民的患病结构发生了急剧变化，表现为传染性、感染性疾病快速下降，慢性非传染性疾病迅速上升。与疾病结构变化相一致，疾病死亡结构也发生了变化，传染性、感染性疾病死亡率快速下降，慢性非传染性疾病死亡率迅速上升。恶性肿瘤、脑血管疾病、心肌病、损伤和中毒已分别成为我市城镇和农村居民死亡的主要病患，占死亡总数的76.2%,其次为慢性阻塞性肺病、糖尿病、精神病和神经系统疾病。在农村，呼吸系统疾病(主要是慢性阻塞性肺病)为第一位死因，占死亡总数的22%。

（六）农村养老保障公共服务需求

加快建立健全农村养老保障制度是破解“三农”问题的关键，是建立社会主义新农村的重要组成部分，也是构建和谐社会的有力保障。随着社会主义市场经济体制的建立，我市农村的经济结构和农民生活方式都发生了改变，农村工业化的发展、农村劳动力的流动与转移，农村人口老龄化与家庭小型化的趋势等，决定着农村传统的以家庭保障为主的保障方式已难以为继。

20世纪90年代以来，我市农村经历着一场深刻的变革。这种变革不仅涉及农村经济结构的改革，同时也涉及农民社会生活方式的改变。目前，我市传统的农村养老方式受到了越来越多的冲击，主要体现在家庭结构不断缩小、土地保障功能弱化、农村外出劳动力人口急剧增加等方面。农村养老保障公共服务需求，现实而且紧迫。

一是家庭养老功能削弱。由于中国历史传统中儒家思想的影响，在中国农村，老年保障的历史和传统就是以“家庭”为主。“家庭养老”是我国赡养老人的主要形式，有着深厚的经济社会基础。但随着我国计划生育政策的实施，家庭结构发生了革命性的变革，在我国已出现大量的“四二一”结构的家庭，一对夫妇通常要供养4个老人。但是不论是目前的家庭收入，还是用于赡养老人的精力和时间，都难以满足这一要求。其次，家庭人口和劳动力的减少，就意味着家庭收入的减少，负担老人的能力也就下降。再次，随着社会的进步和经济的繁荣，青年人价值观念的变化和老年人独立意识的增强，使老年人不愿依附子女来养活自己。这些因素综合作用的结果，便出现了农村家庭养老功能的弱化趋势。1991年我市老年人供养体系调查资料表明，我市农村60岁及以上老年人完全依靠家庭养老的比例为63%；2001年舟山计划生育委员会农村家庭变化课题组调查资料表明，这一比例已经下降为50%左右，2011年又下降为40%左右。

显然，目前有关农村养老保障的政策中强调的“以家庭养老为主体和基础，辅之以集体供养、群众帮助和国家救济相结合”的养老模式，已不符合我市农村养老保障的需要。

三是土地收入风险加大。农村实行土地家庭承包责任制后，土地既是农民的经济生产资料，也是广大农民的生活生产资料。根据土地政策规定，承包的土地在农民去世前一直拥有土地的使用权，可以依靠土地收入解决一部分老年人的生活来源。但是，随着近年来农业生产资料价格的不断上涨，土地的投人与产出比率不断下降，再加上人均耕地面积正在逐渐减少，从而难以形成规模生产效应，使得不少地方的农民种地不仅不能维持其生活来源，甚至出现了亏损。还有许多地区土地的转租和转包困难也很多，农民年老丧失劳动能力后，想依靠土地收入养老，其风险也很大。随着我市渔业产业转型升级，传统的渔民失船、失海较为普遍，大部分渔民转产转业，靠海吃海已经难以为继。因此，单以土地（海洋）保障方式来解决农村养老问题，存在着许多的问题和相当的难度。

四是城乡养老保障差异较大。城乡间经济差距扩大，二元经济结构还没根本改变。城乡差距1978年为2.57∶1，1983年降至1.82∶1，此后逐年上升，2003年为3.32∶1，目前大约为2.9∶1。针对城乡经济发展不平衡和地区间财政状况的实际差距，国家鼓励有条件的地区建立农村生活保障制度。但截至2012年底，全市农村享受最低生活保障和特困户人数仅为1.2万人，但同年全市领取城市居民最低生活保证金的人数2.2万人，全市级政府财政支出最低生活保障资金达1.34亿元。由此可见，城乡养老保障差异明显。

五是我市农村人口老龄化问题严重。按第五次人口资料测算，2000 年 65 岁以上的老年人口为 7 万人，占总人口的 6. 98%, 2010 年后迅速增长，约为 9 万人，占人口总数的 9%，2050 年将增至 13 万人，约占户籍人口的 14%。我市 60% 的老龄人口在农村，农村养老负担特别重，2002 年我市老年人口在总人口中的比重已经超过了 7%。我市已经跨人了老龄化社会。与国内其他人口老龄化省区相比较，我市人口老龄化具有人数多、增长快、超前于经济社会的发展水平等特点。这对我市的养老保障体系提出了严峻的挑战。特别是我市人口老龄化的状况是农村明显高于城镇，随着农村流动人口的增加，这种趋势将会进一步明朗。但由于种种原因，我市现在的养老保障仅仅局限在城镇人口中开展，导致了农村养老保障工作的滞后。

根据国际惯例，在人口老龄化高峰到来的前二三十年，就应建立相应的社会养老保障制度，进行养老保险资金的积累储备。我市人口老龄化的进程将在未来 10 ~ 20 年内进一步加快。因此，我们要加快建立城乡一体化社会养老保障制度，使所有人群在老年均有一个生活最低保障。

逐步建立健全与农村生产力水平和经济社会结构相适应的新型农村社会养老保障制度，是建立健全农村社会保障体系的重要措施。这对于深化农村改革和落实计划生育基本国策具有重大的社会战略意义；对于解除农民后顾之忧，提高老年人口的健康水平具有重要的人口安全战略意义；对于促进农村经济发展、保障农民利益，具有重要的经济战略意义。

从社会层面来讲，通过建立农村社会养老保障制度，有利于促进城乡居民社会保障的不公平状况的改变，可以有效缓解城乡二元制社会经济结构造成的发展不平衡状况，提高农村社会的文明质量，建设社会主义新农村，构建社会主义和谐社会，实现社会的稳定和国家的长治久安。通过建立农村社会养老保障体系，有利于促进我市农村几千年继承下来的传统生育观念的转变，改变家庭养老、多子多福的传统观念，实现广大农民的解放，进而推动计划生育基本国策的落实。通过建立农村社会养老保障制度，有利于优化农村改革和发展的社会环境，使各项改革措施向纵深发展和落实。

从人口安全层面来讲，建立农村社会养老保障制度，事关农村人口安全，是提高农村老年人口健康水平的基石。提高老年人口的健康水平又是社会保障体系的题中之义，两者相互联系、相互作用。当前，我市不少农村老年人口有病得不到及时有效的医治，致使身体素质下降，对人均预期寿命产生深刻影响，这也是农村老年人口因病致贫、因病返贫的重要原因，从而反过来影响人口安全战略、扶贫攻坚计划和农村社会保障战略的实施。建立农村社会养老保障体系，对于统筹解决我市人口与发展中的数量、素质、结构、分布等事关人口的安全问题具有重要战略意义。农村社会养老保障制度健全了，对弱化传统生育观念、解决养儿防老、重男轻女问题也是有效的措施。同时，通过农村养老保障制度功能的发挥，能够使农民家庭有更多的支出投向青少年的教育和人力资源的开发，从而对提高整体国民素质，进而提高我市在未来世界竞争中的主动性具有战略意义。建立农村社会养老保障体系，提高农村老年人口的健康水平，有利于促进人口的有序流动和合理分布，能够解除农村青壮年剩余劳动力流动的后顾之忧，这对提高农村劳动生产率也具有战略意义。

从经济发展层面来讲，农村的社会养老保障制度的实施建立，等同于增加了农民和农村的收入，对于解决“三农”问题，建设社会主义新农村，进而促进经济社会协调发展和实现小康社会的目标具有战略意义。建立农村社会保障制度也将大大推动传统产业和劳动密集型产业向农村转移，加快我市经济结构和产业结构调整的步伐。

三、舟山群岛新区城市公共服务需求

（一）就业公共服务需求

1. 失业的涵义

失业有广义和狭义之分。广义的失业指的是生产资料和劳动者分离的一种状态。在这种状态下，劳动者的生产潜能和主观能动性无法发挥，不仅浪费社会资源，还对社会经济发展造成负面影响。狭义的失业指的是有劳动能力的处于法定劳动年龄阶段的并有就业愿望的劳动者失去或没有得到有报酬的工作岗位的社会现象。

在计划经济条件下，失业通常被掩盖，为了不造成失业现象，往往把三个人能完成的工作交给五个人去做，虽然没有显性失业，但是隐性失业却普遍存在着。在市场经济时代，生产社会化，更加注重效率，不可能将三个人能完成的工作交给五个人去做，而且由于生产过程的机械化、自动化水平不断提高，雇佣的人员越来越少，这就不可避免地造成一部分人失去工作。在现代社会中，分工精细，有从事生产者，有从事服务者。生产者受雇于人，产品在市场中贩卖，因而生产与消费发生连锁作用，购买者愈多，生产者愈众；反之亦然。在产品欠销的情况下，生产者人数减少，遂发生失业问题。大致而言，失业可分为摩擦性失业和结构性失业。前者系工作者离职后尚未找到新职的短暂期间，并非无业可就；后者则因生产结构变化，旧产品为新技术制造的新产品所取代，未取得新生产技术的工人遂被解雇。为减少结构性的失业工人，应予以新技术的训练，并介绍转业。这样做，一方面可使失业人数减少，一方面可使产品花样和质量更新，以迎合市场的需要，使经济继续繁荣。职业训练和就业辅导，系现代国家的两项重要职务，构成了解决失业问题的有效对策。

失业是指有劳动能力并愿意工作的人得不到适当的就业机会。没有劳动能力的人不存在失业问题。有劳动能力的人虽然没有职业，但自身不想就业的人，也不称为失业者。对失业的规定，在不同的国家往往有所不同。在美国，年满 16 周岁而没有正式工作或正在寻找工作的人都称为失业者。以下几种情况也算作失业：被暂时解雇而等待重返原工作岗位的人；于 30 天之内到新的工作单位报到的人；由于暂时患病或认为本行业一时没有工作可找而不寻找工作的无业者。

2. 失业的类型

根据产生的原因不同，失业可以分为以下几种类型：

（1）摩擦性失业

这是一种人们在转换工作过程中的失业，是指生产过程中难以避免的、由于转换职业等原因造成的短期、局部失业。这种失业的性质是过渡性的或短期性的，它通常起源于劳动的供给一方，被看作是一种求职性失业，即一方面存在职位空缺，另一方面存在与此数量对应的寻找工作的失业者。这是因为劳动力市场信息的不完备，厂商找到所需雇员和失业者找到合适的工作都需要花费一定的时间而造成的。摩擦性失业在任何时期都存在，并将随着结构性失业变化而有增大的趋势。从经济和社会发展的角度来看，这种失业存在是正常的。

（2）结构性失业

由于产业结构或者生产技术的改变，使得原有的工作机会消失而造成的失业。结构性失业是指劳动力的供给和需求不匹配造成的失业，其特点是既有失业，也有职位空缺，但由于失业者或者没有合适的技能，或者居住地点不当，因此无法填补现有的职位空缺。结构性失业在性质上是长期的，而且通常起源于劳动力的需求方。结构性失业是由经济变化导致的，这些经济变化引起特定市场和区域中的特定类型劳动力的需求相对低于其供给。

（3）周期性失业

经济周期波动所造成的失业。周期性失业是指在经济周期中的衰退或萧条时期，因社会总需求下降而造成的失业。当经济发展处于一个周期中的衰退时期，社会总需求不足，因而厂商的生产规模也缩小，从而导致较为普遍的失业现象。周期性失业对于不同行业的影响是不同的。一般来说，需求的收入弹性越大的行业，周期性失业的影响越严重。也就是说，那些当人们收入下降使产品需求大幅度下降的行业，周期性失业情况比较严重。通常用紧缩性缺口来说明这种失业产生的原因。紧缩性缺口是指实际总需求小于充分就业的总需求时，实际总需求与充分就业总需求之间的差额。

（4）技术性失业

在生产过程中引进先进技术代替人力，以及改善生产方法和管理而造成的失业。从长远角度看，劳动力的供求总水平不因技术进步而受到影响；从短期看，先进的技术、生产力和完善的经营管理，以及生产率的提高，必然会取代一部分劳动力，从而使一部分人失业。

（5）季节性失业

由于气候状况有规律的变化对生产、消费产生影响所引起的失业。季节性失业是消费者对一些商品和服务的季节性需求造成的，即消费者对这些商品和服务的需求是季节性变化的。这是一种正常性的失业，它通过影响某些产业的生产或影响某些消费需求而影响对劳动力的需求。

（6）自愿性失业和非自愿性失业

所谓自愿性失业是指工人所要求的实际工资超过其边际生产率，或者说不愿意接受现行的工作条件和收入水平而未被雇用所造成的失业。由于这种失业是由于劳动人口主观不愿意就业而造成的，所以被称为自愿性失业。因为它无法通过经济手段和政策来消除，因此不是经济学所研究的范围。

非自愿性失业是指有劳动能力、愿意接受收现行工资水平但仍然找不到工作的现象。这种失业是由于客观原因所造成的，因而可以通过经济手段和政策来消除。经济学中的所讲的失业都是指非自愿性失业。

造成特定市场中劳动力的需求相对低的原因：一是技术变化，原有劳动者不能适应新技术的要求，或者是技术进步使得劳动力需求下降。二是消费者偏好的变化，消费者对产品和劳务的偏好的改变，使得某些行业扩大而另一些行业缩小，处于规模缩小行业的劳动力因此而失去工作岗位。三是劳动力的不流动性所致。流动成本的存在制约着失业者从一个地方或一个行业流动到另一个地方或另一个行业，从而使得结构性失业长期存在。

3. 舟山市失业现状

根据第六次人口普查 10% 长表抽样资料，我市 15 周岁以上常住人口的劳动参与率为 68.6%，失业率为 3.2%。这是按国际标准进行的统计。国际标准的劳动年龄人口为 15 周岁及以上人口，可分为经济活动人口和非经济活动人口。经济活动人口又可分为就业人口和失业人口，非经济活动人口则包括在校学生、丧失劳动能力的人，以及虽未工作但长久以来没有主动或委托他人找过工作和因需照顾年迈老人、婴幼儿等而无法工作的人。劳动参与率是指经济活动人口占常住人口的比重，失业率就是无工作的失业人口占经济活动人口的比重。

分县区看，定海区常住人口失业率最低，为3.1%，普陀区为3.3%，岱山、嵊泗均为3.4%。

分性别看，我市男性常住人口的劳动参与率为82.1%，失业率2.1%，女性常住人口的劳动参与率为53.6%，失业率为5.1%。

数据还显示，我市外来常住人口的劳动参与率为85.5%，失业率为2.1%。其参与劳动的比例远高于全市平均水平，失业率也较低。定海、普陀、岱山人较多从事制造业，嵊泗以农林牧渔业为主。

第六次人口普查还对我市常住人口的就业情况进行了统计。按国家标准，行业分为农林牧渔业、采矿业、制造业、建筑业等20个门类。经统计，在列入10%长表抽样调查的全市6.59万15周岁及以上常住人口中，行业从事者人数位于全市前三位的分别是制造业、批发和零售业以及农林牧渔业，分别占比27.7%、14.2%、13.1%。接下来依次为建筑业，交通运输、仓储和邮政业，公共管理和社会组织，住宿和餐饮业，居民服务和其他服务业，教育、卫生、社会保障和社会福利业等。而科学研究、技术服务和地质勘查业的从业人数相对较少。

分县区看，定海区、普陀区和岱山县常住人口从事最多的都是制造业，嵊泗县是农林牧渔业。新城和普陀区常住就业人口选择的行业类型则迥异于四县区，新城从业人数最多的是建筑业，普陀区则是住宿和餐饮业。

4. 舟山市存在失业的原因

我市城镇失业问题的成因主要是：

一是总量性原因。劳动力总量长期供大于求，是我市失业存在的基本原因。由于过去我国人口政策的失误，使我国新增人口总量日益膨胀，随之劳动人口比重也在不断提高。20世纪70年代后期加大计划生育力度后，我国的人口自然增长率逐步下降，但由于人口惯性作用，庞大的人口基数使我国的人口净增量和劳动力供给增量绝对数仍维持在较高水平。而且，人口总量性原因导致我国的失业问题短期内不会有较大改观。

二是劳动力素质原因。我国劳动力数量众多，但整体素质不高。劳动者技能与工作岗位所需技能不对称现象日渐显著，许多新兴行业、新兴工种人才紧缺。这种状况在国有企业失业人员再就业过程中表现尤为突出。造成我国劳动力素质低下的根源在于教育投入不足。

三是经济结构调整的影响。随着科学技术的进步，经济社会的发展，产业结构、所有制结构必然不断地进行调整。当经济处于高速发展阶段时，一定伴随着产业结构的快速调整，新的支柱产业不断涌现，老的产业不断被淘汰。伴随着非公有制经济在我国经济总量中占有越来越大的比重，就业岗位就要从国有企业向非国有企业转移。

国有企业在我国国民经济中居于主导地位，但其吸纳劳动力的能力不强，那么非国有经济就必须参与进来。但是一部分处于劳动年龄的人，由于就业观念不愿进入非国有企业，从而成为失业者。

四是技术进步的影响。“机器排斥工人”历来被认为是资本主义社会的重要现象。实际上，在社会主义特别是社会主义市场经济条件下，“技术排斥工人”的现象无时不存在着。因为社会主义经济是现代化大生产经济。努力提高社会生产力、大力发展高新技术产业，是社会主义生产发展的客观要求。随着科学技术的进步和高新技术产业的发展，同等资本吸纳的劳动数量明显减少，这样在新增投资没有大幅度提高的前提下,资本总额给社会提供的就业岗位就会减少,失业人数的增加就不可避免了。此外，技术进步还会通过促进产业结构的调整来引发失业人口的生成。随着科技的进步，一些新的产业部门迅速兴起，一些旧的产业部门逐渐被淘汰，被淘汰的产业部门游离出大量劳动力，而那些新的产业部门则需大量劳动力就业。但由于技术素质要求的不同，游离出来的劳动力不可能完全甚至大部分进入新的产业部门。同时，保留下来的传统产业部门，由于技术装备更新、劳动生产率提高，也必然会有一部分职工失业。科学技术进步越快，产业结构的调整变化也越快，含有传统旧技术的企业与部门在市场中的竞争力就越差，排斥和失业的人数就越多。

五是宏观经济周期性波动的影响。我国目前尽管仍处在经济体制转轨时期，但市场经济的周期性变化已开始出现。在经济扩张阶段，我国的就业问题可以得到一定程度的缓解，其原因是由于投资的带动，市场需求旺盛，企业生产充足，不仅使企业隐性失业减少，而且往往还可以扩招一些正式和临时的工人。同时随着投资增长，建筑业需要从农村招收大量的建筑工人，从而也减少了农村的剩余劳动力。但是，在经济紧缩阶段，投资下降，市场需求疲软，导致企业产品积压，正式工人下岗，大量从农村招来的临时工和建筑工人又纷纷回到农村，此时，隐性和显性的失业都会增加。再加上我国已加入 WTO，国外企业的产品对中国市场的冲击会加大，也加大了我国就业的压力，导致失业人数不断增加。

六是就业观念的影响。在计划经济体制下，我国长期实行的是“统包统配”的就业制度，导致一部分失业人员观念陈旧，影响了他们的再就业。比如，计划经济时期形成的“等、靠、要”思想仍然根深蒂固，认为只有政府安置才算就业，这就导致一些失业人员自谋职业的主动性不强，宁愿靠国家、企业拨付的基本生活费勉强度日，也不愿积极参与就业市场竞争。再比如，计划经济时期形成的“铁饭碗制度”造就了一大批“铁饭碗观念”的职工。这种“铁饭碗观念”、“重国有、轻集体、厌个体”的思维定势，认为只有到国有经济单位工作才算就业的思想，导致一些失业人员不愿到私营、个体等非国有经济单位工作；在就业形式上，认为只有从事长期稳定的工作才算就业，因而不愿从事一些新的就业形式，如临时工、非全日制工、小时工等。

综上所述，我市失业问题存在的原因是多方面、多层次的，既有原计划经济体制遗留的和目前体制改革引发的分流、下岗问题，也有产业结构调整下的结构性失业，还有我市人口原因引起的新就业问题等。对失业原因的多方面、多层次认识，有助于我们根据产生失业的不同原因，制定有针对性的政策，更好地解决失业问题。

（二）医疗保障公共服务需求

早在2006年，市人民政府制定实施了《关于进一步完善舟山市城镇职工基本医疗保险制度的若干意见》（舟政发〔2006〕70号，以下简称《若干意见》），其后结合我市城镇职工基本医疗保险工作实际，就贯彻实施《若干意见》工作中的有关问题提出补充意见，确定了我市城镇职工医疗保险制度的框架。

出资标准:2007至2009年度,下列人员的基本医疗保险费实行定额缴费,一年一定，逐年提高。2007年度定额缴费标准为每人每月45元，重大疾病医疗救助金每人每月5元，合计每人每月50元。

覆盖人群：城镇个体经济组织业主及其从业人员；城镇灵活就业人员；由本人缴费参加企业职工住院保险的其他人员；退休人员。

并且明确规定，退休人员在定点医疗机构就诊和在定点零售药店购药应持《舟山市城镇职工基本医疗保险病历卡》（以下简称《病历卡》）和使用医保IC卡结算，医保IC卡由社会保险经办机构负责发放、管理。退休人员在就诊购药时所发生的医疗费，符合基本医疗保险支付范围的按规定比例由统筹基金支付。退休人员就诊购药时应使用医保IC卡刷卡记帐，当年累计自负额度在1200元以下的，费用由本人自负；自负额度在1200元以上部分的医疗费，经医保IC卡刷卡后由统筹基金按照规定比例支付。退休人员可以在定点零售药店凭定点医疗机构开具的外配处方，购买列入基本医疗保险药品目录内的处方药品；当年累计自负额度在1200元以内的，退休人员可视自身病情按规定自主购买非处方药品；自负额度超过1200元的，购买非处方药品时也须凭外配处方方可购买。每次购药品种、药量、金额按有关规定执行。无外配处方的，发生的医疗费用不列入基本医疗保险支付范围。

相关问题处理：参保人员因各种原因中断缴纳基本医疗保险费的，中断期间不计算个人缴费年限，不享受基本医疗保险待遇。参保人员要求补缴中断缴费年限的，经社会保险经办机构同意可以办理补缴手续，补缴标准为办理补缴手续时的缴费标准。补缴后个人缴费年限可以按实累积计算，但中断缴费期间发生的医疗费不列入基本医疗保险支付范围。

由本人缴费的退休人员，其基本医疗保险实际缴费年限不满20年的，允许其一次性预缴不足年限的基本医疗保险费，预缴标准为办理预缴手续时的缴费标准，也可以按月缴纳基本医疗保险费至 20 年，在缴费期间享受退休人员基本医疗保险待遇。

退休人员年龄由社会保险经办机构每年核定一次，核定时间为每年 12 月份。当年年满 70 周岁的退休人员，就诊或在定点零售药店所发生的医疗费的报销比例在次年的 1 月起调整。

退休人员自正式办理退休手续的次月起享受退休人员门诊医疗费统筹待遇，并按当年实际应享受月数确定门诊医疗费自负额度，自负额度为每人每月 100 元。超过当年自负额度以上部分的医疗费用，由医保统筹基金按有关规定支付。

退休人员因出国定居或者判刑、死亡等各种原因离开统筹地区的，其当年发生的门诊医疗费超过其实际应享受自负额度以上部分的医疗费用，按上款规定处理。

门诊的特殊病种，暂定为以下 9 种：慢性肺源性心脏病；白血病、再生障碍性贫血；慢性肾功能衰竭；脑血管意外后遗症；颅内占位性病变；椎管内占位性病变；全身各系统恶性肿瘤；心功能不全三级以上（含三级）；肝硬化肝功能失代偿期。

患以上 9 种特殊病种的参保人员，要求享受特殊病种门诊医疗费统筹待遇的，须由单位或参保人员本人向市劳动能力鉴定中心提出鉴定申请，鉴定后确属上述 9 种疾病的，由单位或本人到社会保险经办机构办理登记确认手续。鉴定标准参照国家劳动和社会保障部劳社部相关规定。9 种特殊病种的参保人员自鉴定结论作出之日起 1 年后，社会保险经办机构可视其病情变化情况，要求其重新鉴定，视鉴定结果决定其享受的待遇。9 种特殊病种医疗费单独结算，特殊病种人员因其他疾病发生的医疗费不能享受特殊病种门诊医疗待遇。

门诊医疗费当年累计自负额度 1200 元不包括特殊病种门诊医疗费，也不包括特殊病种门诊统筹基金支付后个人的自负比例部分，以及重大疾病救助金支付后个人自负的 10% 部分。

城镇职工基本医疗保险制度改革，事关广大参保人员的基本医疗保障权益，参保单位应当进一步完善参保人员医疗保险个人帐户的管理办法，明确参保人员自负额度中单位和个人的承担比例；定点医疗机构和定点零售药店必须严格执行基本医疗保险政策，认真履行城镇职工基本医疗保险服务协议，规范医疗行为，遏制不合理医药费的过快增长，进一步提高医疗服务质量；社会保险经办机构应当增强服务意识，简化服务程序，强化基本医疗保险管理服务水平，不断健全与定点医疗机构和定点零售药店间的协调机制，同心协力、共同推进我市基本医疗保险工作健康发展。

我市自 2010 年 1 月 1 日起实施新的医保政策。

调整缴费基数：2010 年 1 月起，参加城镇职工基本医疗保险的单位和自谋职业、个体工商户，医疗保险缴费基数统一为上年度市在职职工月平均工资，缴费比例为

5.5%，2010 年度缴费基数为 2060 元。

降低住院起付标准：三级、二级、一级医疗机构起付标准分别从 1600 元、1400 元、1000 元下调到 1000 元、800 元、600 元；年度内二次及以上住院的起付标准减半，即三级医院 500 元，二级医院 400 元，一级医院 300 元。

提高住院报销比例：一次住院 90 天内发生的医疗费用，在起付标准以上 2 万元以下报 75%，2 万元以上 4 万元以下报 80%，4 万元以上 6 万元以下报 85%，6 万元以上 8 万元以下报 90%，8 万元以上由重大疾病医疗救助金报销 90%。

建立门诊报销制度：参保人当年度内在定点医疗单位或定点药店就医、购药，发生的医疗费用先由本人自负 960 元，自负额度满后，在职人员报销 45%，退休人员报销 50%，70 岁以上退休人员报销 55%；当年度内参保人员发生医保费用 1.5 万元以上部分报销 70%。

这是继 2007 年建立退休城镇职工门诊报销制度及 9 种大病报销制度以来，舟山市人民政府为我市城镇参保职工所做的又一实事，得到了广大参保者的一致好评。

（三）公共交通服务需求

舟山新区政府已采取措施满足不断增长的公共交通服务需求。

一是满足老年人乘车优惠需求。往返于定海和新城之间的 35 路公交车，实行票价优惠，70 周岁以上老人凭《优待证》免费乘坐，60 ~ 69 周岁的老人享受半价。在舟山市交通委举行的舟山市政协提案集体面商会上，市交通委领导表示，目前，舟山 60 周岁以上老年人享受的城区公交票价优惠政策共计 12 条线路。

二是调整新设线路，方便群众出行。舟山医院整体搬迁至新城后，居住在定海的居民看病去医院的距离较原来远了许多，部分居民提出要增加定海发往舟山医院的公交车，方便家住定海的居民到舟山医院看病就医。针对舟山医院整体迁入新城区域的公交衔接问题，舟山市港城公共交通有限公司新开辟 2 条直达医院的公交线路，分别为 21 路和 89 路。21 路为专线快速公交，从定海东门车站发车，发车间隔为 15 ~ 20 分钟。89 路从定海三江码头发车，发车间隔为 15 ~ 20 分钟，重点解决岱山、嵊泗方向及本岛北部群众的就医需求。该公司还将开辟普陀至舟山医院的线路，方便群众看病。浙江海洋学院已经迁入长峙岛，而目前通向该岛的公交车很少，广大师生特别是学生出入很不方便，应当增设或者延伸公交车线。为配合浙江海洋学院搬迁至长峙，公交部门将往返于现海洋学院至甬东的 33 路公交和往返于沈家门半升洞至新城公交总站的 9 路公交全部延伸至长峙岛的海洋学院新址，设置 15 个公交站点。

此外，公交部门根据海天大道改建后的道路功能规划，对基本相同的路线予以改线、截短或取消，并对线路重复系数较高的定海解放路、人民路、普陀东海路公交线路进行分流，降低城区主干线道路公交线路密度，并加密公交班次。同时，将尽快开通市民卡公交车刷卡功能。

定海、临城和普陀是舟山群岛新区的三个主要城区“组团”，连接三“组团”的快速公交道路正在改建之中。三“组团”间的公交车将有专用线路，再也不用与其他车辆争道，公交速度有望得到大幅度提高。

要实施“公交优先”战略，加快城乡公交一体化发展步伐，编制定海、新城、普陀城区公交线路的优化和发展规划。推进三“组团”大型公交和长途枢纽集散中心建设，建设完善舟山本岛城乡公交枢纽站、首末站、停靠站。积极筹建快速公交系统，提前做好线路、场站及配套设施的规划、设计工作，完善公交换乘体系，实现城乡远距离公交、“组团”间快速公交和组团内公交的快速连接。定海、普陀城区要加快建设公共自行车交通系统，满足市民短距离出行需求。要改善公交客运设施，三年内新增、更新公交车，推行公交智能化管理，实行公交IC卡优惠制，对使用IC卡的市民实行优惠费率。要继续深化公交企业改革，提高公交服务水平，力争居民公交出行率快速提升。

要缓解城区“停车难”问题。随着岛车辆的增多，停车问题越来越突出。应当加快城区大型停车场、配建公共停车场建设及现有停车场改造工作，重点实施新城商贸中心公共停车场、普陀海力生停车场、蜈蚣峙码头停车场二期、盐仓货运停车场等项目。定海城区在城东、城南、城西和城北各规划建设1个公共停车场，近期实施东门车站改造工程。开展机械化立体停车库建设试点工作，定海、普陀城区各启动1个试点。市区公共停车场由城建部门负责统一建设，公安交警部门负责管理。组建公共停车场管理机构，完善市区停车场收费服务制度，根据市区交通和停车状况，实行分区域停车级差收费。主要停车场（点）设立电子信息诱导系统，清理规范城区公共停车设施。由两区政府牵头，规划、城管、工商、公安交警等部门参与，对所辖城区现有公共停车设施的使用情况进行全面检查和清理，对未经审批擅自将停车场（库）改作其他非停车用途的，必须在期限前完成清退工作，恢复停车使用功能。停车场（库）产权所有人应当按照有关规定恢复停车设施，经规划、公安交警和消防部门验收合格后交付使用。对拒不执行限期清理整顿停车场（库）决定，继续违法使用停车场（库）从事其他经营活动的单位和个人，由城管部门予以依法查处，责令恢复停车功能。鼓励单位停车场地向社会开放。定海、普陀区政府要会同公安交警、城建、财税、物价部门制定《单位停车场（库）向社会开放服务管理办法》，鼓励城区内具有专用停车场和停车条件的单位，在满足本单位停车需要的前提下，向社会提供免费或经营性停车服务。

对于有些私家车在行车过程中不遵守规章制度，群众反映很强烈，例如，逆行、随意停车、市内行车打远光灯等。群众迫切希望对上述违规行为进行严格查处，以确保交通秩序和人民群众的生命财产安全。要加强交通行为规范管理，加大违法行为处罚力度，提高交通管理和排堵保畅能力，加强道路交通组织管理，优化老城区行车线路。加强对城市非机动车道和人行道的建设和管理，保证非机动车和行人的安全畅通。工商部门对吸引车辆影响交通的店铺的审批，要征求规划和公安交警部门的意见；社区要加强居民小区主要进出通道停车和设摊的管理，保障小区道路畅通；学校要加强对学生的交通安全教育，实行与上下班错时的作息时间。继续实行新城与定海机关事业单位上下班错时制度。要加强对各类不规范车辆的整治，逐步淘汰一批对城市环境、道路交通有较大影响的落后交通工具；加强营运货车管理，停驶和封存的车辆实行集中停放。

城市公共交通是重要的城市基础设施，是关系国计民生的社会公益事业。改革开放以来，我市公共交通虽然有了较快发展，但随着经济的快速发展、城区人口的不断扩大、机动车数量快速增长，车辆拥堵、居民出行不便问题日益突出，影响了人民群众的正常工作、生活和城市的发展。尤其是“十一五”期间，汽车进入家庭日益增多，再加上2008年大陆连岛工程完成，大桥贯通，大量车子涌入舟山更会造成交通严重拥堵。为此，必须实施优先发展城市公共交通战略，这不仅是改善城市人居环境、缓解交通拥堵，平抑私家小汽车快速增长态势的有效措施，也是促进城市可持续发展的一项重要工作。

（四）文化娱乐公共服务需求

十七届六中全会首次将“文化命题”作为中央全会的议题，是继1996年十四届六中全会讨论思想道德和文化建设问题之后，中共决策层再一次集中探讨文化课题，其战略部署和政治意义备受关注。

文化体制改革，必须满足人民精神文化需求和文化产业快速发展。新区坚持中国特色社会主义文化发展道路，深化文化体制改革，推动社会主义文化大发展大繁荣，必须坚持社会主义先进文化前进方向，以科学发展为主题，以建设社会主义核心价值体系为根本任务，以满足人民精神文化需求为出发点和落脚点，以改革创新为动力，发展面向现代化、面向群众、面向未来的，民族的科学的大众的社会主义文化，培养高度的文化自觉和文化自信，提高全民族文明素质，增强国家文化软实力，弘扬中华文化，努力建设社会主义文化强国。

新区成立以来，围绕主流价值文化建设，坚持文化传承创新，形成与新区地位相对称的文化软实力，提高新区文化影响力。文化的大发展大繁荣不仅要体现在文化发展的良好环境和氛围，文化发展出人才出精品，归根结底要体现为民众的文化消费数量增加、质量提升、内容充实、形式多样。

对人民群众日益增长的文化需求，我们不光是要被动地去满足，在更深层次上还需要主动地创造，这样才能切实地想人民群众所想，丰富群众的精神文化生活。

根据马斯洛著名的需求层次论，满足物质上的基本需求后，人们会对精神文化生活提出新的要求。群岛新区经济的快速发展，使走向小康生活的广大群众的文化需求日益显现出多样化的趋势，这是好兆头，是历史性的进步。面对这些多样化的需求，我们应当意识到，人群是分层次的，不同人群有不同的欲望和需求。农民的要求自然与城市居民不同，“白领”与“蓝领”也会有差别。农民的文化需要要符合农民“易于得到、易于欣赏”的特点，电视、电影、广播、文艺演出皆可，而市民的文化消费多样化要求比之就要高得多。就像这些年越来越热火的长假旅游一样，谁都明白熟悉的地方没风景，可乡村和小城镇的人首选的是奔向人满为患的大城市，为的是领略现代都市风情，而城里人却变着法儿要去人迹罕至的边远之地，探寻原生态。国家权威机构调查结果表明，当前农民对文化生活的满足度要比城市居民高出10个百分点，这昭示出了文化需求的差异性，以及满足这种差异性所产生的文化需求空间。这些年，我们常听人说电影市场低迷，可在不少大城市，美轮美奂的多厅电影院如雨后春笋一座又一座出现在寸土寸金的闹市区。这些靓丽、时尚、舒适的多厅影院，满足了城市“白领”和恋爱中的年轻人的需要，因此经营得十分火爆，引得外国公司争相投资。公益性的文化事业要提供公共性文化产品和服务，适应并确保以纳税人为主体的全社会的基本文化需求，实现中华民族的主体文化价值取向；而经营性的文化产业要提供差别化的文化产品和文化服务，通过市场主导，寻求不同人群、特别是一些有一定经济能力的人群的高层次、多样化消费的倾向。

为满足社会各阶层文化娱乐需求，在充分体现政府主导公益性文化、市场主导经营性文化的格局中，人们会发现，需求是可以满足的，也是可以创造的。意识到这一点，对于目前的文化工作是十分必要的。针对不同人群的潜在文化需求，予以分析、开发，定向制造相应的文化产品和创新的文化服务，是我们必须努力学习的一个新课题。创造需求，培养市场，激发、驱动隐性、潜在的文化需求，这对我们推动新兴的文化产业的发展，显得尤为重要。需求确实是可以创造的，而创造市场需求，有一条经验是共同的，那就是细分并突出群体，同时尊重个体的主体意识，激发参与热情。这一点，值得文化部门的管理者和文化产品的生产者、服务者的提供者重视。

我们所处的是一个全新的时代，在这个时代，变化是日新月异的，也是深刻复杂的。面对西方文化的挑战和竞争，我们一定要居安思危，激流勇进，加快创造的步伐，创新文化的内容和形式，推动文化产业的快速发展。

（五）住房公共服务需求

2010 年，舟山市政府出台了《关于加快保障性住房建设努力改善城乡居民住房条件的实施意见》（舟政发〔2010〕1 号），全面构建城乡住房保障体系，努力解决低收入家庭的住房困难。

舟山新区目前有低保人口约 16000 人，按平均 4 口之家计算，贫困家庭大约为 4000 户，其中大约有 1/3 家庭有住房保障需求，约为 1300 户，如果加上低保边缘户，共有大约 2500 户有住房保障需求。随着新区建设步伐的加快，大量应届毕业生和外来人员不断涌入舟山，保障性住房需求将进一步扩大。特别是应届毕业的学生，工作之后，马上就面临着结婚生育，住房需求十分紧迫。如果想让他们留在舟山，住房需求就应得到满足。

舟山市在保障性住房供给方面已经做出了努力。一是加快保障性住房建设。2010 年新开工经济适用住房 5 万平方米，新增经济适用住房 220 套。新开工经济适用住房项目按 20% 比例配建廉租住房。2010 年全市新增廉租住房保障家庭 285 户。启动公共租赁房建设，重点为暂无住房的大学毕业生及其他人才提供周转性用房。二是加快渔农村住房改造。2010 年完成改造建设农房 7750 户，其中改造危旧房 2750 户。完成渔农村困难群众住房救助 448 户。加快拆迁安置房建设，2010 年新开工建设 80 万平方米。加快农民公寓式住房建设，2010 年新开工 12.7 万平方米。三是加快推进旧城改造。2010 年全市新开工改造城市旧住宅区 15 万平方米。四是鼓励和支持自住型和改善型住房消费。2010 年对个人以家庭为单位购买 90 平方米及以下普通住房的首次购房者，给予所征收契税额 50%（或全额）的税收补贴。夫妻双方在本市仅有一套住房，2010 年出售原住房并在一年内重新购买普通住房的，继续执行原有的个人所得税全额或差额退还政策。落实中央有关存量房交易税收政策，加大住房公积金支持力度。五是规范房地产市场秩序。规范商品房销售行为，整治房地产市场秩序，充分发挥土地供应对房地产市场的调控作用，确保保障性住房用地的需求。

尽管如此，舟山市的保障性住房的需求和供给之间仍有较大的差距，现有的保障性住房远远不能满足需求，未来的任务还十分艰巨。在未来的保障性住房的服务方面，应当以科学发展观为引领，按照全面建设小康社会的要求，坚持“加强保障、稳定市场、优化结构、促进发展”的原则，以满足城市低收入家庭基本居住需求为目标，把解决城市低收入家庭住房困难作为全面改善民生的重要内容，扩大廉租住房制度覆盖面，改进经济适用住房制度，建立公共租赁住房制度，逐步改善农民工等其他住房困难群体的居住条件，加快形成以廉租住房制度为重点，经济适用住房制度和公共租赁住房制度等多渠道并举、多形式解决城市住房困难家庭的政策体系。在“十二五”末期，保障范围扩大到市区人均可支配收入80%以下、人均住房建筑面积低于16平方米的城市低收入住房困难家庭，基本保障城市低收入住房困难家庭购买经济适用住房和享受廉租住房政策；建立和完善公共租赁住房制度，重点解决无房大学生、引进人才和其他困难群体的住房困难问题；基本完成已规划的现有旧住宅区的综合改造；多渠道改善农民工等其他住房困难群体的居住条件。市区新增保障廉租住房家庭600户以上，新开工保障性住房15万平方米以上，推出公共租赁住房4万平方米。

群岛新区住房保障工作的基本原则是：一是全面覆盖、应保尽保。按照全面建设小康社会的要求，结合我市实际，逐步把低收入住房困难家庭全部纳入保障范围，实现人人有房住的目标，不断改善人居环境。二是统筹规划、分步实施。制定科学的、可持续发展的规划，统筹安排、分步实施。三是适时调整、动态管理。根据经济社会发展水平和城市低收入家庭实际状况，适时调整保障的范围、标准等，并进行动态管理。

新区住房保障工作根据经济社会发展水平，合理安排，分层实施，从低到高，有序推进。

在保障措施和政策根据方面，依据我市经济社会发展和房屋租赁市场实际情况，适当调整廉租住房租金补贴标准。要进一步加大廉租住房建设力度，多渠道筹集廉租住房实物配租房源，提高实物配租比例。从2010年起，新开工经济适用住房项目按20%比例配建廉租住房。新增廉租住房保障家庭中实物配租比例达到50%，实物配租重点解决低保和低保边缘家庭。要进一步规范经济适用住房建设和管理。经济适用住房可以集中建设，也可在土地出让条件中约定，在普通商品住房建设中划出一定比例作为经济适用住房房源。经济适用住房建设坚持“政府组织、总量保证、统一规划、合理布局、因地制宜、综合开发、配套建设”的原则，做到保本销售、控制对象、公开公平。经济适用住房供应实行申请、审核、公示和轮候制度。

公共租赁住房通过新建、改建、购买、现有房源转换等渠道筹集，公共租赁住房建设可采用集中兴建、项目配建、项目联建等方式。新建公共租赁住房户型以一、二居室小户型为主，建筑面积控制在25至50平方米之间，以满足基本住房需要为导向。年度公共租赁住房建设供应计划，由规划、国土部门分解落实到相应项目地块；属项目配建的，应在土地出让规划条件中明确配建规模、户型结构、装饰标准及交付日期等。鼓励有条件的企业利用自有土地，在符合城市规划的前提下，建设公共租赁住房；鼓励有条件的企业联合出资，参与公共租赁房建设。

要逐步扩大住房公积金制度覆盖面，加大住房公积金的归集力度，严格执行住房公积金缴存限额规定，严厉查处擅自降低标准等行为。支持中低价位、中小户型普通商品房消费的公积金贷款，适当放宽住房公积金用于购买经济适用住房贷款条件。完善住房公积金管委会决策制度，落实监管责任，加强住房公积金风险控制体系建设。

要积极推进旧城综合改造。旧城综合改造遵循“政府组织、群众自愿、统一规划、配套建设、区别对待、改造与保护结合”的原则，以改善城市低收入家庭居住条件和保护历史文化街区为宗旨。

要多渠道改善农民工居住条件。用工单位是改善农民工居住条件的责任主体，有义务向农民工提供符合基本卫生和安全条件的居住场所。要求农民工自行解决居住场所的，须在劳动合同中明确。有条件的用工单位，应在生活服务设施用地中配套建设农民工公寓,享受经济适用住房各项税费政策,农民工公寓不得出售。“城中村”改造时，可在符合城市规划和土地利用规划的前提下，引导当地集体经济组织，投资建设向农民工出租的集体宿舍。建筑施工企业应按照国家相关标准要求，为施工现场农民工提供标准化的临时宿舍。

要大力发展房屋租赁市场，加强对房地产中介服务机构和从业人员的管理，严厉查处房屋租赁中的违规行为。鼓励有条件的市民向低收入家庭出租中小户型住房。

要多渠道筹集住房保障资金。我市住房保障资金来源主要包括：按土地出让金总额的 2% 提取住房保障资金；住房公积金增值收益在提取贷款风险准备金和管理费用后的余额；财政预算安排资金；直管公房出售以及拆迁补偿资金的结余部分；社会定向捐赠资金及其他渠道筹集的资金；省财政廉租住房专项补助资金。住房保障资金实行专户管理，专款专用，接受审计和公众监督。

廉租住房、经济适用住房的建设用地，实行行政划拨；廉租住房、经济适用住房、公共租赁住房建设、旧城综合改造，一律免收城市基础设施配套等各种行政事业性收费和政府性基金。公共租赁住房建设用地，免征城镇土地使用税，对公共租赁住房按政府规定价格向出租对象收取的租金收入，免征营业税和房产税。各商业银行和住房公积金管理中心要向购买经济适用住房的个人优先发放商业性个人住房贷款、政策性个人住房贷款或个人住房组合贷款。

满足人民群众住房保障是各级党委和政府的重要职责，建设行政主管部门为城市住房保障的主管部门，负责牵头协调工作，研究制定城市住房困难认定标准，会同有关部门制定相关配套政策。民政部门负责制定城市低收入家庭的认定标准，负责收入审核。国土资源管理部门要优先保证住房保障用地。财政部门要会同建设、国土资源管理部门研究制定廉租住房保障资金的归集、使用、管理办法。财政、地税、国税部门要督促指导各地认真贯彻落实国家有关税收支持政策，并制定相关具体实施办法。市人行要会同市财政局、市城建委制定具体支持措施。

（六）养老公共服务需求

我市是全省提前进入人口老龄化社会的城市之一。据统计，到 2008 年底，全市

60 周岁以上老年人口达 16.8 万人，占总人口的 17.4%，居全省第三位。到 2012 年，全市老年人口达到 20 万，约占总人口的 20%。随着人口老龄化的快速发展，老年人生活照料、医疗健康、精神文化需求日益凸显，养老服务问题日趋突出。加快推进养老服务体系建设，是贯彻落实科学发展观，围绕市委提出的“增长为先、转型为本、创新为魂、民生为重、稳定为基”的工作主线，深入实施“走创业创新之路，促以港兴市、全面跨越”总战略的重要内容，是应对人口老龄化、全面建设小康社会的客观要求，是加快推进以改善民生为重点的社会建设、促进社会和谐稳定的重要内容。加快推进养老服务体系建设,有利于调整经济结构,迎接“大桥经济”,促进相关产业发展，增加社会就业岗位，提高人民群众生活水平和质量。各级政府要从深入贯彻党的十七大精神，全面落实科学发展观，构建社会主义和谐社会的高度，深刻认识加快推进养老服务体系建设的重要意义，采取切实有力措施，推动我市养老服务事业快速发展。

对同一类别提案办理工作进行专题视察、专题协商是 2013 年市政协提案工作的创新举措。在 2013 年市政协委员提交的提案中，我市养老事业和养老保险的发展情况备受关注，提案委收到相关提案 27 份，目前正在会同相关部门开展专题协商，积极处理相关问题。

目前我国采用的养老方针是以居家养老为基础，社区养老为依托，机构养老为补充。调查发现，中国的老年人 99% 在自己家里度过晚年，所以发挥社区养老功能，为社区提供居家养老服务，是我市当前迫在眉睫的社会热点问题。社区养老服务应着重解决居家老年人的家务劳动、家庭医疗保健、老人照料、日常护理就医等多项服务，为城市高龄老年人提供专业护理服务。应该在社区兴办老年食堂、茶室、托老所、老年病防治站以及各种老年文体设施；社区还可联系周边的餐馆、小食店、医院、超市等社会单位，作为社区居家养老签约服务商等。我市养老工作要多元发展，政府财政主要解决基本养老机构的建立，而高端养老机构应该市场化解决；政府财政、企业、社会、家庭应共同参与社区服务机构建设和服务；政府应该帮助低保户家庭的居家养老，支出社区服务机构为老人服务的家庭照料费和护理费，这项服务也可以由社会（慈善）承担，政府应当制定激励民间资金投向社区养老服务业的相关政策。

从目前我市养老事业的发展现状来看，我市还没有一套成熟、完整的社区养老和社区居家养老的政策和体制，因此建立与经济社会发展水平和人口老龄化发展相适应的老年社会保障体系，尽快制定出社区养老和社区居家养老的政策和提供基础配套设施迫在眉睫。老年人作为社会弱势群体，应是优先和重点考虑的对象。政府应该完善养老制度，让社会保障、医疗保险能够异地流转。

养老事业政府引导就是建立将老龄事业养老服务所需的资金纳入各级政府财政预算的制度，确保养老服务工作的正常运行。新加坡住宅与发展局制定专门的政策，儿女愿意和父母居住在一起或购买与父母居住较近的房屋，经有关部门审核、批准后可获得购房资金的优惠。我们应该制定家庭照顾鼓励政策，比如可以考虑制定，愿意与父母居住并为其服务的家庭，在水、电、气阶梯式收费标准方面享受相关优惠政策；完善我市医保卡可以在养老机构具有医疗资质的医疗机构刷卡消费的措施，方便老年人的治疗。不仅如此，还要着力突破解决异地退休职工在我市其儿女家养老，医疗报销必须回本地的问题。

在社区养老工作方面，当今社会急缺的资源就是照料资源，一是日常生活照料，像家政服务一样帮老年人打扫卫生，提供送餐上门的服务；二是老年人生病短时间卧床时，身边需要有人全天候照料；三是老年人心理、情感方面的精神需要，比如与老人聊天、出去走走，接触一下社会等。政府应拨专款大力培训专业的医务护理人员及社区养老服务人员充实到各个社区，加强社区养老和社区居家养老服务的专业技能和服务水平。这同时也给年轻人提供了就业机会。要发展壮大志愿者服务队伍，全面组织动员社会力量为老人提供多种形式的公益服务，进一步完善公益助老长效机制，积极引导低龄健康老人为高龄、空巢老人服务，并对服务时间和内容予以记录，探索建立养老服务储备制度。

（七）安全公共服务需求

作为国家安全的重要组成部分，城市公共安全是社会进步和文明的标志，是每个公民最关心、最直接的利益所在。在社会的各个领域，从灾害事故的预防预报、应急反应到灾害的控制与善后处理，都离不开功能完善的城市公共安全体系。可以说，城市公共安全与人类社会的发展息息相关。考察人类社会的发展史，不难看出，人类面临的主要威胁逐渐由早期的自然风险发展演变为人为风险。人类早先的威胁主要来自于地震、洪水、饥荒、瘟疫等灾害；在人类步入工业化社会以后，火灾、工业事故、交通事故等人为灾害逐渐增多，成为人类社会新的“杀手”。目前，我国正处于社会转型、经济转轨的关键时期。在改革力度不断加大的过程中，贫富悬殊的加大、区域经济发展不平衡、生态环境的恶化等问题都有可能引发公共安全事件，危害社会稳定。城市作为人类政治、经济、文化交流的中心，其公共安全地位正面临着严峻的挑战。对城市公共安全进行分析探讨，对于社会的和谐发展具有重要意义。

1. 社会转型与城市公共安全问题的生成

城市公共安全是指由政府及社会提供的预防各种重大事故和灾害的发生，保护人民生命财产安全，减少社会危害和经济损失，维持社会稳定的社会保障体系。城市作为一个国家或地区政治、经济、文化的中心，其特有的空间集中性、人口密集性、经济集聚性、生活方式多样性等特点，使其公共安全问题具有明显的爆发性、连锁性、衍生性和交叉性特征。由于灾害的多样性，人类认识自然能力的局限性，人类控制自然手段的有限性，人类调节自身社会方式的相对性，使得城市公共安全面临着严峻的挑战。特别是随着城市化的快速发展，城市规模不断扩大，城市人口大幅增加，各种原因导致的城市重大事故和灾难也随之增多。20世纪下半叶以来，城市公共安全领域事故频频。根据世界各国经济和社会发展的一般规律，人均GDP从560美元上升到3000美元的过程中，由于社会转型和经济结构调整，极易导致社会失序、分配失衡、百姓失业和道德失范以及各种生产事故，是社会风险的高发期。2003年，我国人均GDP刚刚跨过1000美元的门槛，按照有关部门的推算和预测，到2020年，我国的人均GDP将超过3000美元。这预示着处于转型期的中国，开始面对一个高风险社会的来临。

所谓社会转型有两方面的含义：第一层含义是从传统社会向现代社会转变；第二层含义是从计划经济向市场经济转轨。对于目前正处于社会转型时期的中国来说，其社会形态既没有完全脱离传统社会，又没有彻底进入现代社会，而处于传统社会向现代社会过渡中的混合状态。在这样的社会中，传统社会的风险与现代社会的风险共时性地存在着，表现出所谓的风险共生现象。也就是说，传统社会在经济发展的同时，各种社会安全问题日益增多。

2. 城市公共安全与社会规范失灵

中国体制转型最重要的结果之一，也是人们感受最为显著的变革之一，就是社会在各个方面的多元化。按照中国社会科学院的一项研究报告，当代中国的社会人员结构已经由建国初期的两个阶级一个阶层即工人阶级、农民阶级和知识分子阶层分化为十大社会阶层即国家与社会管理者阶层、经理人员阶层、私营企业主阶层、专业技术人员阶层、办事人员阶层、个体工商户阶层、商业服务业员工阶层、产业工人阶层、农业劳动者阶层和过渡性的特殊阶层。社会人员结构的分化表现为利益多元化或利益分化，而体制转型时期资源分配多样化的趋势，又加剧了利益的分化和多元化。不同层次、不同地区、不同行业、不同单位、不同群体的利益目标越来越独立，利益边界越来越明晰。这样经过重新组合的社会结构必然对原有的社会规范形成挑战。

在当前中国由传统社会向现代社会、计划经济向市场经济的转型过程中，作为不同阶层行为准则的社会规范也面临新的转型问题。在新旧社会规范更替的过程中，一方面由于旧有的社会规范被普遍怀疑和否定，无法再对社会成员施加影响，逐渐失去了原来的约束功能，表现为规范失灵；另一方面，新的社会规范又没有建立起来，从而出现规范缺失。而规范缺失必然导致不同文化、不同民族、不同地区、不同年龄与不同性别的人群产生摩擦、对抗乃至暴力行为，从而给社会安全增添更多的隐患。这正是当下中国社会的一个真实写照。

社会治安职能作为政府职能的一部分，也体现了政治性与公共性的双重属性。警察、监狱都是国家机器的一部分，是阶级统治的暴力工具。在政府组成部分中，除了军队，它们是阶级统治属性最强的机构。社会治安职能的政治性就在于政府要维持一种统治秩序，实现统治地位的稳定和统治的目标。同时，社会治安职能也具有公共性。社会结构中任何一个阶级都需要稳定和秩序，不仅统治者需要，被统治者也需要。并且因为各个阶级共同的需要，社会治安也就成为一种公共物品。建立在共同的道德基础的诸多原则之上的社会治安，就成为一个社会的公共秩序，如禁止盗窃、禁止杀害等是任何一个社会都具有的共同道德原则。政府必须能够维持这种共同道德原则所形成的社会秩序。一个政府如果连公共的治安秩序都维持不了，其统治地位也是不稳固的。所以，社会治安职能的阶级统治属性也是在社会公共性的形式下才能实现，仅仅体现阶级统治属性，是缺乏合理性和合法性的。

治安行政可以视为是政府社会治安职能的一种具体化、操作性的体现。从其提出的时代背景来看，是中国政府工作的重心由强调阶级斗争转而强调治理。20 世纪 80 年代初，中央政府开始社会治安治理。从形式上，政府开始强调社会治安职能的公共性，致力于创造良好的社会治安秩序。在具体做法上，采用了“严打”的方法，在短时间内取得了明显的效果。应该说，“严打”还带有阶级斗争的色彩，但政府工作的重心已经转变为治理，在打击、预防、改造、教育等各个环节进行治理，以实现社会治安目标。20 世纪 90 年代，政府的社会治安工作已经形成了政府主导、群众参与、分工负责的工作模式。这种模式强调政府对社会治安的治理工作，是一种管制式治理，即中央政府发布指令性计划，由各级政府分层落实，各企事业单位分工负责，广大基层群众参与其中。在此之后的十几年中，这种工作模式一直延续着以管制式治理为主的理念，打击犯罪是治安行政的首要环节。中央政府一直强调“严打”是社会治安治理的重要措施，如 1996 年 12 月 18 日，江泽民在全国政法工作会议上发表重要讲话，指出开展“严打”斗争是解决社会治安突出问题的有效手段，应深入持久地开展下去。当然，这一时期的“严打”与 20 世纪 80 年代的“严打”相比，已经有了较大变化。“严打”由全面大范围的打击犯罪的斗争，转变为针对某一类或某几类犯罪的专项斗争。从这种变化上也可以看出社会治安职能阶级统治属性的淡化，治理的属性日益突出，也就是社会治安职能的公共性已经成为政府工作的主要特点。

3. 治安行政的公共性和公共安全服务

在 20 世纪 80 年代、90 年代，治安行政是一种管制式治理，这是与当时的经济社会形势相适应的。随着经济社会形势的发展变化，进入 21 世纪，市场经济从体制到观念都已经深入人心，这种管制式治理的治安行政已经不适应社会的需要，必须要进行变革。这种变革延续着以前变革的趋势，进一步突出治安行政的公共性，是社会治安职能公共性的体现，由管制式治理转变为公共服务式治理。当治安行政这个概念提出时，存在着许多争论。争论的主要焦点在于社会治安是否属于行政管理范畴。受传统思维模式的影响，社会治安职能总是被归入专政手段或维护统治阶级秩序功用一类，而较少地从公共行政和公共管理的角度去思考社会治安职能。习惯上，社会治安被列为政法系统的职能，而不是从政府行政管理的角度将其归类。所以，治安行政的定义往往带有统治性的意义。治安行政管理是国家警察机关为了维护统治阶级所需要的社会治安秩序，保障社会生活正常进行，运用多种手段，通过计划、组织、指挥、协调、控制等环节，对影响社会治安秩序的各种因素加以认识和改造的行政管理活动。社会治安职能作为一种行政管理活动，具有政治性与公共性的二重属性，强调治安行政是将社会治安职能的公共性上升到一定的高度，使其与以往的管制式治理相区别。

当政府在向公共服务型转向时，其各项职能也必然转向各类公共服务，如卫生行政管理注重公共卫生服务，交通行政管理注重公共交通服务，教育行政管理注重公共教育服务，等。社会治安行政管理也必然注重公共安全服务。公民的安全需求是对一种社会治安秩序的需求，这同时也是对政府的要求，要求政府能够创造一个良好的社会治安秩序。“严打”只是在社会治安问题非常严重的情况下采取的一种非常手段，只说明社会治安秩序恶化需要“严打”，而社会治安秩序恶化却是政府社会治安职能行使不足，没有满足公民的公共安全需求的表现。所以，没有预防犯罪的治理不是良好的治安行政。如果要等到犯罪发生了甚至非常严重了再去治理，政府的工作就会失去公民的支持和参与，综合治理的各项措施就会无法落实。

公民最基本的公共安全需求是要求政府能够保障公民正常的生活状态，包括基本的人身财产的保护。公民更希望的是在犯罪发生以前就能有效防控，尽量避免犯罪的发生，尽量减少对公民生活的破坏。公民的基本公共安全需求是对犯罪的预防，希望犯罪不要发生。因此，预防犯罪是政府提供公共安全服务的主要形式，也是广大公民和社会组织愿意参与其中的社会活动。在治安行政基本内容的调整和变化上将预防犯罪摆在突出位置，是治安行政公共性的进一步增强，为向公共服务型治理转变创造了政策环境。

（八）农民工的文化需求

1. 农民工文化需求的基本内容

在新区的建设过程中，大量的农民工涌入舟山，他们已经成为舟山群岛新区建设一支不可或缺的重要力量。目前舟山户籍人口不足 100 万人，而非户籍常驻人口已经突破 50 万人，其中大部分是农民工。关注农民工的文化生活已经成为群岛新区全社会的共同责任。

关心农民工的文化生活状况，是构建社会主义和谐社会的必由之路。农民工的精神文化生活不仅是他们自身的需求和社会对他们应尽的义务，而且也是社会和谐发展的共同需要。关心 50 万来舟山进城务工人员文化生活状况，加强广大农民工的文化生活，昭示着人文关怀这一文化建设不变的主题将向更深更远处延伸。为农民工提供免费或优惠的文化产品和文化服务，是文化企业和文化经营者回报社会、反哺人民的表现。

首先，迅速发掘“农民工文化”是当务之急。专业的文化工作者要开动脑筋，深入生活，发现挖掘，用妙手创造出农民工和更多人喜闻乐见的文化产品。其次是倡导农民工群体积极展示独特的文化与精神，让文化精髓通过自己的手、口、形体等媒介表现出来。三是作为服务大众的党和政府的相关部门，应积极组织、引导，多想方法多提供条件，稳健地推动“农民工文化”的发掘、丰富和发展速度。多方用力，农民工的文化才会丰富多彩，才会有大发展的基础与实力。

开发“农民工文化”不仅仅有利于农民工，它对都市的文化、中国乡村的文化和文化的广泛传播和深化，都有很大的促进作用。和谐的都市人文环境、和谐的城乡的多层联系、和谐的农村精神生活环境、和谐的新时代文化，都与农民工的文化生活建设密切关联。建设特色化的“农民工文化”具有重要的时代意义。

丰富外来务工人员的精神文化生活，是全面落实科学发展观的内在要求。科学发展观的根本要求，就是强调发展要全面、协调、可持续，要统筹兼顾，要切实保障最广大人民群众的经济、政治和文化权益。外来务工人员远离家乡和亲人，从事高强度劳动。特别是他们往返于城乡之间，不断经历社会角色的转换、行为习惯和消费观念受到城市不同程度的影响，普遍有融入城市生活的强烈意愿，希望能得到更多的平等待遇和更多的文化关爱，精神文化需求越来越强烈。但目前我们所能提供给这一群体的文化产品、文化服务、文化设施十分有限。他们的精神文化生活普遍比较贫乏，有的甚至成为文化生活的边缘群体。因此，在文化建设中，我们要充分认识城乡之间、区域之间、群体之间文化发展的不平衡，高度重视外来务工人员群体的精神文化生活，充分体现文化建设的大众情怀，努力使文化建设的成果覆盖全社会各个领域和群体，惠及全体人民。

丰富外来务工人员精神文化生活，是构建社会主义和谐社会的重要内容。和谐社会，人和为先。而人和的关键，是以人为本。特别是要不断满足人们日益增长的、多样化的精神文化生活需求。一方面，文化的融合是农民工与城市居民和谐共处的根本。大量的农民转变为市民，是工业化发展的必然趋势，是实现现代化的必然选择。农民工渴望融入城市，但城市还没有真正地、完全地接纳他们。外来务工人员在政治权利、就业求职、权益维护、社会保障、子女就学等方面，都受到一定程度的限制。农民工能否与城市相融合，能否与城市居民和谐共处，深层的动力在于农民工对城市文明的文化认同。丰富农民工精神文化生活则为实现这种文化认同提供了有利条件。另一方面，实现农民工基本文化利益是促进和谐的一个重要因素。大多数的外来务工人员是城市的无归属群体，他们的业余生活枯燥单调。丰富农民工业余精神文化生活，用健康向上、丰富多彩的文化活动充实他们的业余生活，填补他们的精神空白，发挥文化的"娱人"功能，是促进人际关系和谐、社会风气健康的一个十分重要的途径。

作为当代产业工人的一支重要力量，外来务工人员的整体素质在提升民族素质、促进社会进步中起着十分重要的作用。文化不仅使人娱乐，还能引导人、教化人、提高人。要通过丰富外来务工人员的精神文化生活，发挥文化统一思想、凝聚人心的功能，体现其春风化雨的力量，弘扬民族精神和时代精神，使社会的先进理念转化为内在的人文精神，成为外来务工人员的自觉意识和行为，激励外来务工人员始终保持昂扬向上的精神状态。要通过丰富外来务工人员的精神文化生活，以培养"四有"新人为目标，贴近实际、贴近生活、贴近群众，追求真善美，鞭挞假恶丑，用先进的文化给外来务工人员以思想的启迪、心灵的净化、品格的升华、精神的鼓舞、理想的引导，不断提高他们的思想道德素质和科学文化素质。

人类的文化需求和文化生活是独有的，农民工现状和处境，形成了他们自己的阶层性的次生性文化需求。由于农民的“差序格局性”、农村的礼俗社会和有机团结阶层的独特性，使得农民工的文化有一种先天的平等性和兼济天下的广阔性，而这些文化特性则是每个阶层都普遍需要的。具体而言，农民工的文化需求主要有：

（1）受尊重的渴望

默默为城市的繁荣作出贡献和巨大牺牲的农民工们经常受到各方面不同程度的歧视。

在制度层面：城乡二元体制下，子女入学、户口迁移、医疗、养老、社会保险、就业政策、失业补助、社会保障等使得农民工在制度上比市民低了一等，没有实现最基本的国民待遇，没有真正享有宪法赋予的公平权利。

在文化层面：农民工受到市民的歧视，而且这种歧视是代际性的，表现在市民歧视农民工，而且潜移默化中其子女也会歧视农民工，农民工的子女也会受到歧视。调查显示，一些农民工子女从农民工子弟学校转到城市普通市民孩子的学校后，因为不适应而不得不重新回到农民工子弟学校。农民工由于会在很多方面对市民的就业形成竞争，因而受到市民文化的排斥。

在经济层面：农民工和城市工人同工不同酬，同工不同权；工厂中的“好的工作”多优先给本地工人，把脏乱差、收入低的岗位留给农民工。

在政治层面：政治权利是一个成年人享有的基本权利，是成年人国家公民权利的体现。农民工享有的政治权利很少，使用频率极低，基层政治参与度极低。无论是党政基层岗位还是高层岗位，很少发现农民工的身影。

我们知道，新中国成立以来，中国的农民们为国家的积累和发展作出了巨大的贡献。尤其是改革开放以来，国民经济飞速发展，但是改革毕竟是动了存量的改革，既带来了红利也意味着要付出成本。由于自身的分散性和缺乏话语权，农民一直是改革成本的较大承担者。当改革开放使得国力强盛，把经济蛋糕做大的时候，当到了“工业反哺农业”、“城市反哺农村”、“先富帮后富”的时候，我们却出现了农民工被歧视的现象。我们说，中国的主体是农民，农民工的主体依旧是农民的时候，在这个社会主义国家，在这伟大的国家中，农民工和市民平等，在城市中受到尊重而不是遭人白眼，应该是他们最基本的要求。

（2）农民工文化受尊重

之所以说是农民工文化，是因为农民文化和市民文化各有其地域性，而当深受农村农民文化影响的农民工们来到城市中并偏居一隅时，作为“城乡边缘人”其文化只能成为一种独立于市民文化和农村农民文化之外而又有所联系的“次生”文化。

这主要表现在如下几个方面：农民工文化有乡土情结，对故土有强烈的情感，有认祖归宗的“根”的文化特点，因此也更能体现思乡的感情；重视“老乡感情”，有地域性的特点；强调互相帮助，有人情味；注重群体内部的团结，有互相之间的认同感，互相尊重；向往体面的工作，但仍然能够接受脏活累活；任劳任怨，很少抱怨生活的艰辛；多为生活而奔波，目标只是为挣钱而已。

在管理中日益重视非正式组织的今天，我们也应该对农民工群体的次生文化多一分理解和尊重。

（3）心理状态的满足

农民工的现状处境和未来的前景，与文化传统相结合，必然会反映在他们的心理状态上。

一是反对剥削和压迫。中华民族历来有反对剥削压迫的传统，当农民工身处工钱讨不回，而政府冷漠对待的处境时，自然会产生这样的心理。

二是追求平等，反对歧视，要求身份认同。由于农民工感受到文化身份的连续性断裂，精神依托的漂移，加之市民文化的变迁加快，导致其身份认同的缺失。

三是生活的苦闷和压力等多反方面原因导致文化心理障碍，产生孤独感、自卑感、被剥夺感、精神压抑、愤怒感等。

这些心理状态的满足或改善，需要经济收入的提高，社会地位的提高，社会认可的增加，压力倾诉方式更加多元、更富可得性。

2. 农民工文化生活面临的主要问题

（1）不同年龄状态的心理矛盾

这个问题在农民工二代、三代进城务工的今天尤为突出。从小就接受“花园”、“立交桥”、“红绿灯”、“别墅”等关键词的农民工，向往着城市的美好，面对的却是农村的破败衰落和农业生产的无趣。当农村精英们都离开农村的时候，这群初高中毕业的孩子们，怀揣着梦想来到了城市去闯生活去打拼。

打工岁月伊始，没有结婚的焦虑，没有养老和子女教育的压力，他们不经意间就接受了城市的生活方式，开始了自己的“改造”，开始了“再次社会化”、“市民化”。或许想到最初的梦想，有人会说，“我就是死也要死在城市，我就是像狗一样活着，也要呆在城市里”。

当逐渐体会到打工的辛苦、工资的微薄，受到不断的歧视和打击后，当婚姻大事摆在面前，当结婚生儿育女的年龄邻近的时候，或许有些人会调整自己的渴望接受回农村结婚的现实。或许他们依然坚定当初自己留在城市的信念，但无论如何，他们当下的目标很明显，那就是积累资金，去拼命地挣钱。

但是，岁月不饶人，多年的辛苦使得身体已经投资，青春不再，身体的体能、技巧和反应灵敏度都不能形成竞争优势。当即使想干脏活累活也没人要的时候，当接连数天找不到工作的时候，当他的生活的确“连狗都不如”的时候，或许他会想，还是回去吧，那里有廉价的青山绿水，那里有空气新鲜，有亲朋好友，用积攒下来的钱可以盖一个在当地数一数二的房子，可以有受人尊重的地位，可以有生活的悠闲，可以有娱乐的丰富，可以让子女受更好的教育。

在未来的一段时间内，在不出现大的经济危机的情况下，我国的城市化率会不断地提高。但是，中国的大部分人口将仍然是农民，农民工的主体依旧是农民。可以说，无论是多么难过多么痛苦，绝大部分农民工还是不得不回去的。

农民工的心理矛盾需要我们去化解，新农民工这一代人的心理矛盾，向当前的文化界、传媒和政府提出新的紧迫的文化供给的要求。

（2）代际生存困境循环矛盾

纵观农民工的历史可以发现“赚钱—养家—娶媳妇—生孩子—再赚钱”这样一种循环，是值得每个人深思的。我们不仅要认识到问题的严重性，更要有反思的勇气和能力，去找到问题的根源，从而做出有益的尝试。

（3）农民工话语权的缺失

农民工的善分不善合，表现在形式上，便是缺乏组织性，缺少利益集团，因而也没有自己的代言人，也没有自己的话语权。在两极分化日益严重，利益集团形成并不断壮大的今天，农民工的话语权诉求必须得到满足。

3. 农民工精神文化需求发展趋势

从舟山群岛新区的农民工的实际情况看，农民工精神文化需求呈现出新趋向。

由于具有分散性、流动性的特点，加上他们收入低、工作辛劳、日常生活环境恶劣，以及相关企业文化匮乏等因素，使农民工的组织化程度很低，很少组织或参与各种文化活动。他们人在异乡，没有熟悉的环境与熟人的交流，加上文化素质不高，使得不少男性农民工在工作之余沉迷于打牌、赌博、看低俗录像片等活动，而女性农民工则是洗衣，带孩子、聊天、逛街。这种单调乏味的生活方式极易造成心理上的孤独与无助，精神上的空虚和极端。调查发现，农民工对丰富多彩、健康向上的精神文化生活抱着无比之渴望，在对业余文化生活的渴求中，60% 选择看书，43% 选择看电视、电影、演出等，而对技能培训和就业辅导的需求达到了 34%。

随着农民工进入城市的历史加长，随着他们的物质积累逐年增长，以及他们的思想观念、风俗文化、教育程度等与城市文化不断发生磨擦和冲撞，农民工的精神文化需求也在逐步发生着不可忽视的新变化。一是由单一型向多元型转变，即农民工精神文化需求由以往单一的娱乐休闲内容，逐步发展到现在的多元化内容，不光需求娱乐休闲、文体健身，还需求宣传教育、学习培训和咨询援助等。二是由旁观型向参与型转变，农民工不再满足于旁观者的角色，而是主动靠近，积极参与，大胆表现。三是由灌输型向学习型转变。面对眼前城市文化的形式和内容，他们这时不再被动接受，而是主动学习和创新，努力形成属于自己的文化群落和文化特色。四是由休闲型向思想型转变。可以说，高层次的精神文化需求也一点点在农民工群体中成长起来。农民工欣赏和参与文化的水平在逐步提高和优化。

四、舟山群岛新区城乡公共服务均等化需求

（一）教育公共服务均等化需求

1. 舟山城乡教育现状比较

由于舟山地处海岛，除了本岛等几个较大的岛以外，其他岛的道路交通不便，又很偏远，很少有人愿意到这样的地方从事教育工作。而且，已有的教师也在想方设法走出去，基础教育水平相对较低，城乡之间的差距明显。

我国正处于城镇化快速发展的时期，义务教育对提高城乡居民素质、促进现代化建设，具有全局性、基础性和先导性作用。当前，我国城乡义务教育差距较大，对城乡均衡发展产生了深远的影响，推进城乡义务教育均等化已刻不容缓。从舟山市的实际情况看，城乡之间在基础教育方面的差距虽然有所降低，但是存在的差距仍然很大。

我国正处于发展与改革的重要时期、社会转型期、矛盾凸显期、工业化与快速城镇化时期，社会稳定与和谐至关重要。然而，在城乡二元体制的长期作用下，目前农村义务教育发展相对滞后，农村在义务教育服务设施条件与服务能力上，与城镇存在着巨大差距，目前这一差距仍在不断扩大，已成为社会稳定和谐与科学发展的重大隐患之一。因此，以加大农村义务教育投入、加快推进城乡义务教育均等化为突破口，推进城乡统筹发展与经济社会协调发展，确保快速城镇化进程中的社会稳定与包容性发展，十分必要。

2. 舟山市城乡义务教育非均等的主要原因

（1）教育经费投入不均等

一直以来，我国的义务教育都是以政府投入为主体，而在各项投入指标中，经费投入指标是最能直接反映义务教育服务供给是否均等的绝对指标。教育经费指标包含收支指标。收入指标表明社会整体对教育的重视程度，支出指标表明国家及地方政府对教育的重视程度。教育经费收入来源于预算内教育事业拨款、教育附加费收入、事业性收入、社会捐赠等，其中预算内教育经费是最主要来源。考虑到数据的可比性，采用生均教育经费这个相对指标能更真实地反映城乡差距。因此，笔者选取生均教育经费收入、生均预算内教育经费收入、生均教育经费支出、生均预算内教育经费支出来进行实证分析。在具体计算过程中，普通小学和普通初中分开计算。

表2-1　舟山市城乡义务教育生均教育经费收入　　单位：元

年份	生均教育经费				生均预算内教育经费收入			
	农村小学	城市小学	农村初中	城市初中	农村小学	城市小学	农村初中	城市初中
2001	1251.22	1079.75	1357.50	1247.59	1320.72	415.75	873.34	762.78
2002	1392.09	1243.30	1625.12	1941.65	1084.86	746.08	1206.76	1053.55
2004	1759.09	2049.35	1754.51	2217.16	1458.21	1298.98	1319.98	1409.85
2009	4358.21	2537.17	5231.02	2481.19	3896.05	1385.05	4566.47	1315.87
2010	6775.15	3989.31	8349.20	3790.88	6299.75	2693.22	7251.29	2715.87

从表 2-1 可以看出，舟山市生均教育经费收入和生均预算内教育经费收入，城乡小学和初中都呈逐年增长趋势。2005 年以前，城乡学校均增长较平缓，城市学校总量略高于农村学校总量，但差距不大。2006 年实行农村义务教育免费政策后，城乡学校生均教育经费收入差距迅速拉大，且城乡初中差距要大于城乡小学差距。

从表 2-2 可以看出，舟山市生均教育经费支出和生均预算内教育经费支出，城乡小学和初中也都呈逐年增长趋势，但增长较平缓；城市学校总量略高于农村学校总量，但差距不大。城乡初中生均教育经费支出差距大于城乡小学教育经费支出差距，但城乡初中生均预算内教育经费支出差距小于城乡小学生均预算内教育经费支出差距。

表 2-2　舟山市城乡义务教育生均教育经费支出　　单位：元

年份	生均教育经费				生均预算内教育经费收入			
	农村小学	城市小学	农村初中	城市初中	农村小学	城市小学	农村初中	城市初中
2001	877.49	1134.25	1023.66	1552.15	649.05	758.53	695.45	879.06
2002	1258.77	1687.45	1387.98	2176.36	938.89	1109.87	965.45	1178.85
2004	1645.70	2239.42	1675.34	2338.90	814.76	2099.84	1248.32	1474.86
2009	3520.87	3624.98	3205.76	3988.67	3850.65	2753.98	2593.47	2877.64
2010	5173.30	4350.76	5165.56	5875.43	4348.65	4298.31	4432.09	4688.91

通过以上分析可以看出：第一，舟山市普通初中和普通小学的生均教育经费支出的非均等化程度，整体上呈现逐渐缩小的趋势。这表明随着舟山市对农村义务教育投入的增加，城乡义务教育非均等化的现象得到了改善。今后，当地政府应继续加大对农村义务教育的资金投入和政策优惠力度，缩小城乡义务教育差距。第二，生均教育经费收入的非均等化差距在实行农村义务教育免费政策后逐渐扩大。农村义务教育学生学杂费的免除，减少了农村义务教育的事业性收入，随着城镇化进程的推进，越来越多的农村学生涌向城市学校就读，这部分学生除了要缴纳学杂费外，还要缴纳高昂的择校费，这进一步扩大了城乡义务教育经费收入的差距。

（2）财政投入不均等

基建支出投入不均等。教育基建支出是指用于教育基础设施建设的支出，主要来源于政府财政预算内教育基建支出。考虑到数据的可比性，笔者采用生均教育基建支出和生均预算内教育基建支出指标进行实证分析。在具体计算过程中，普通小学和普通初中分开计算。从表 2-3 可以看出，舟山市城乡义务教育基建支出总量呈现出以下几个特点：第一，无论小学还是初中，城市学校的生均基建支出要远高于农村学校，且初中间的差距比小学大。第二，生均预算内基建支出，城市初中一直高于农村初中，城市小学在2006年以前高于农村小学，此后低于农村小学。第三，生均预算内基建支出占生均基建支出的比重呈逐年上升趋势。通过以上分析可以看出：一是舟山市不断加大义务教育基建支出的投入量，特别是预算内基建支出的比重逐年增长。二是城乡初中教育的基建支出差距较稳定，而城乡小学则表现出较大的波动性。这表明相对而言，地方政府对农村初中教育的重视程度要高于小学。三是2006年实行农村义务教育免费政策后，城乡义务教育基建支出的差距缩小。

表2–3　舟山市城乡义务教育基建支出　　单位：元

年份	生均教育经费				生均预算内教育经费收入			
	农村小学	城市小学	农村初中	城市初中	农村小学	城市小学	农村初中	城市初中
2001	11.45	30.23	18.32	71．68	1.82	9.32	2.99	14.54
2002	44.67	62.58	57.53	248.88	18.23	28.64	26.73	36.14
2004	22.97	96.26	36.53	99.85	10.38	53.22	28.82	35.61
2009	25.68	43.24	53.24	103.88	16.07	16.27	35.68	54.23
2010	53.47	138.87	59.88	115.39	48.53	39.68	54.88	69.67

（3）教育设施投入不均等

中小学硬件设施种类主要包括教学楼、学生食堂、学生宿舍、教学设备、实验器材、文体设施、图书馆、图书等。从表2–4可知，舟山市城乡初中和小学在义务教育设施上存在明显差距，主要表现为以下几方面：一是教学设施数量差距大。城市中小学大多进行统一规划，按照国家标准配备各种教学设施，如实验室、实验器材、电脑、多媒体设备、文体器械等，而大部分农村中小学仅有教学楼、学生宿舍、学生食堂、简单的体育设备等基本的硬件设施。2001年，舟山市义务教育学校专用设备年末固定资产总值，城市初中是农村初中的2.5倍，城市小学是农村小学的1.5倍。二是农村图书资源欠缺。与城市学校相比，农村学校没有图书馆和阅览室，图书资源匮乏且陈旧，加上农民一般不愿意花钱购买图书，使得农村孩子能接触到的图书只有课本，知识面非常狭窄。

表2–4　2001年舟山市城乡义务教育教育设施拥有量

地区	年末校舍面积（千平方米）		年末固定资产总值（千元）			年末图书册数（千册）
	合计	危房	合计	房屋和建筑物	专用设备	合计
农村小学	12828	89	3779940	3276941	172135	26879
城市小学	8129	33	3554849	2601250	289146	20961
农村初中	4981	34	1784860	1412620	115445	9414
城市初中	6679	62	3006756	2208708	283783	15537

（4）师资力量配置不均等

舟山市城乡初中学校的生师比差距不大，农村略大于城市，如表 2-5 所示。城乡小学的生师比差距也不大，农村略小于城市，且近年来这种趋势也越来越明显。这主要是因为受民工潮的影响，越来越多的农村义务教育阶段学生随父母转入城市学习，导致农村学生数量不断减少。而城市学校由于学生数量多、校际竞争激烈，不断引进新教师。这种变化导致城乡义务教育学校生师比的差距并不是很明显。从中可以看出，改善农村义务教育的重点不在于增加教师数量，而应该调整师资队伍，改善教学条件，提高教学质量。

表 2-5　舟山市城乡义务教育生师比

年份	初中生师比			小学生师比		
	农村	城镇	农村 / 城镇	农村	城镇	农村 / 城镇
1991	16.02	15.35	1.05	23.23	21.59	1.03
1992	15.90	15.37	1.04	23.04	21.41	1.03
1993	16.23	15.64	1.05	22.73	21.47	1.02
1994	16.77	16.17	1.05	23.29	21.66	1.03
1995	16.94	15.88	1.08	17.74	33.57	1.02
1996	16.35	16.89	0.98	21.73	23.96	0.97
1997	17.46	18.05	0.98	21.89	23.87	0.97
1998	19.25	19.31	1.01	22.08	23.13	0.97
1999	20.81	20.36	1.03	22.13	22.10	0.97
2000	20.91	20.10	1.05	21.51	21.46	1.01
2001	20.02	20.22	1.00	20.16	19.24	0.97
2002	20.19	20.11	1.01	18.87	19.58	0.95
2003	21.13	18.79	1.13	19.65	18.92	1.02
2004	19.99	18.52	1.09	18.09	18.32	0.98
2005	19.77	18.54	1.08	16.67	18.25	0.96
2006	19.60	18.19	1.09	15.80	18.24	0.87
2007	18.48	17.55	1.06	15.18	18.66	0.84
2008	16.98	16.64	1.03	15.08	18.76	0.81
2009	16.15	15.64	1.04	14.46	18.67	0.78
2010	15.33	15.33	1.01	13.64	18.10	0.76

优质教师城乡分布差距大。乡村师资在城镇化进程中不仅没有得到优化，还出现了优质师资严重流失的现象。一是经济欠发达地区的教师大量流向经济发达的城市，

二是农村内教师大量流向城镇。随着城镇化进程加快，人口和生源向城镇集中，城镇学校对教师的需求不断加大，各地均不同程度地采取农村教师进城考试的办法，从农村学校选拔业务较精、教学水平较高的骨干教师到城镇学校任教。

教师队伍整体素质城乡差距大。农村教师队伍整体素质不高。舟山市中小学教师大致可分为两类：一类为民办转正人员和20世纪七八十年代顶职补员人员。这些教师学历层次较低，虽然不少教师通过转正后通过了大规模的学历补偿教育和在职培训，但知识功底还是较欠缺，再加上年龄偏大，教学理念和教学方法跟不上时代的要求，所以教育教学的效果不很尽如人意。另一类是改革开放以后师范院校的毕业生。他们整体素质参差不齐，业务水平有待提高。而城市教师队伍大多由师范类院校优秀毕业生、从农村学校选拔的骨干教师、具有职称的优秀教师组成，年龄结构多元化，整体素质高，且激烈的竞争会促使他们不断地提升自己的教学水平。

3. 美国经验与启示

美国马萨诸塞州于1852年通过《义务就学法》，率先在美国教育史上掀开义务教育篇章。该法案规定，8～14岁儿童每年至少上课12周，违者罚款。之后，其他各州纷纷效仿。到1918年，美国当时的48个州全面实施了义务教育，实现了义务教育阶段入学机会均等。就普及义务教育时间而言，若以1852年为美国普及义务教育的开端，美国比英国（1870年）早18年，比法国（1882年）早30年；若以完成普及义务教育所用的时间看，美国用了66年（1852－1918年），而英法等欧洲国家则用了80年左右。

第二次世界大战后，美国将义务教育改革的重点转移到促进义务教育均衡发展上。当时，农村学校发展面临规模小、交通不便和校舍落后等困难，经费利用效率低、办学成本高等问题比较突出；农村教师待遇差，流动性大，1954年农村教师的人均工资只相当于城市教师人均工资的75%；农村学校获得的教育资源明显少于城市学校，农村地区公立学校教育质量问题尤为突出。农村社区学生的学业成绩普遍不高，大学升学率为37.4%，明显低于城市的42.8%，且多为社区学院和一般大学。究其原因，美国农村地区地域广袤、偏僻，人口稀少，少数民族聚集；传统产业比重大、高新技术产业比重低，增长速度缓慢；社会和政府关注缺位，投入不足；经济总量和利润率较低，工作岗位和就业机会偏少，经济收入水平相对较低，对教育的经济支持力度较弱，成为导致美国农村地区教育质量长期偏低的症结所在。第二次世界大战后，美国政府一直致力于改善这一状况，尤其在义务教育财政体制方面进行了有益探索。

从美国农村义务教育财政体制的演变过程看，19世纪80年代以前，美国农村教育的主要管理责任在地方学区。第二次世界大战之后，美国农村以学区投资为主的义务教育财政体制发生了很大变化，其趋势是联邦政府和州政府加大了对地方学区财政拨款的力度。1979 年以后，这一趋势进一步发展，州政府对学区义务教育的财政支持开始超过地方征收的财产税，成为农村义务教育的最大财源。美国目前农村义务教育财政体制是经过最近 20 年的进一步调整之后形成的。农村义务教育经费由联邦政府、州政府和地方共同分担，而且随着上级政府对地方教育的干预越来越多，州政府逐渐成为第一投入主体。由此可见，现美国农村义务教育财政体制属于相对集中的模式。除各级政府的直接投入外，美国州政府还通过财政转移支付制度，促进教育资源在学区间均等分配，以达到教育资源公平配置和教育均等化发展。

在均等化过程中，美国虽然没有专门针对农村地区义务教育的法律保障，但在联邦和州的法律中都有专门条款，保障经济相对贫困的农村地区的义务教育获得相对于全国的均等发展。第二次世界大战之后，为适应经济、政治、社会和文化教育等快速稳定发展的需要，联邦制定了许多法律以推动义务教育的发展，主要有 1958 年的《国防教育法》、1964 年的《民权法》、1965 年的《中小学教育法》和《初等和中等教育法》等；2000 年 12 月，克林顿政府签署通过了“农村教育成就项目”(REAP)；2002 年 1 月，布什总统对 REAP 进行了重新授权，力图通过专项拨款实现其对农村学区教育发展的影响和教育政策的引导，为农村社区教育机会均等提供更强有力的资金支持和法律保障。REAP 是美国历史上第一个专门针对农村教育实施的拨款法案，为消除城乡义务教育发展的不均等起到了重要作用。

从美国城乡义务教育均等化实践中可以得出以下结论：首先，经济发展，工业化、城市化的不断推进以及财力的充裕为均等化的实现提供了充足的物质保障；其次，各级政府的权责明确，多级政府共同分担，并以州政府为主；最后，健全完善的法律保障机制为均等化的实现提供了充足的制度保障。此外，根据对美国均等化的实现过程分析，其供给机制突出体现了供给事权的逐步上移，最初由地方承担，后来逐步上移至州政府，并形成了目前以州政府为主的模式。

4. 城乡义务教育均等化的对策建议

如前所述，美国是世界上实现城乡义务均等化最早的国家之一，有些经验值得借鉴。基于此，把舟山市城乡义务教育非均等状况和美国经验相比较，实现城乡义务教育均等化可以采取以下措施：

一是实施义务教育“教育券”制度。教育券是指国家为保障法定的义务教育阶段内的每一名适龄儿童享受最基本的受教育权利，给予每名应受教育者获得教育经费的凭证。这“凭证”可以全国通用，学生可以用教育券支付学校的基本费用，学校用教育券到国家教育管理部门兑换经费。这样就可以保证教育经费公平地分配给每个学生，并可随受教育者一起流动，使学生在择校或转校时其受教育的权利和待遇不受影响。

针对舟山市现实中义务教育发展不均衡状况，在推行教育券制度时要分地区实现公平、效率原则。在经济情况较好的地区，义务教育经费较充足，主要利用教育券来提高办学效率，兼顾公平；而在经济贫困的地区，义务教育经费不足，则应着重利用教育券促进教育公平的广泛实现，然后才是办学效率的提高。现阶段，舟山市可将对农村地区的“两免一补”资金和可以量化的其他教育投入，以“助学凭证”的方式直接发放到农村地区每个学生手中，同时根据学生状况不同发给不同面值的教育券，其标准应充分考虑到该生就学地区的经济发展水平与生活水平。要继续增加农村义务教育的财政投入，完善政府间财政转移支付制度和相关税收政策，创新政府提供方式，并加强教育经费的财务管理，建立信息披露制度和绩效考评制度。

二是实行“以省为主、中央为辅”的义务教育投入机制。在当前以县为主的义务教育投入体制下，受经济发展水平的限制，农村与城市的义务教育经费投入呈现出较大的差距。若将供给责任上移，实行以省为主、中央补贴为辅的义务教育投入机制，并根据客观情况合理制定各类中小学的补助标准，确保农村义务教育经费足额及时到位，不仅能有效缩小城乡差距，而且有利于省政府统筹义务教育的发展，有效解决本省内农民工子女义务教育问题。最好是由国家制定义务教育生均财政拨款最低标准，对达不到标准的县乡，由中央和省级财政自上而下地通过建立规范化的转移支付或专项补助制度给予财政支持，以此强化中央和省级政府对全国义务教育的宏观调控。

三是加强城市学校与农村学校的合作。可以通过经济情况较好地区“帮扶”落后地区，统筹安排两地的农村教育建设，使得两地教育资源优化配置，实现更大区域内义务教育的均等化。省属中小学与农村中小学结成对子，开展对口支援；经济较发达地区办学水平较高的城镇中小学与农村中小学建立长期稳定的帮扶共建关系；各乡镇统筹开展本区域内的城乡中小学对口支援工作。通过这三个层面的帮扶政策，实现城乡学校之间的设施共享、资金扶持，将城市优质学校的资源优势辐射到农村教育薄弱的学校，以城市学校带动农村学校的发展。还可以通过谋求地方政府的合并来实现更大区域内义务教育的均等化。

四是完善义务教育师资校际交流制度。实施义务教育学校教师校际交流，是促进师资均衡配置、推进义务教育均衡发展的重要举措，重点是要完善义务教育学校教师“以县为主”管理体制，将区教师人事关系收归县管，统一区义务教育学校教师工资待遇制度、编制标准、岗位结构比例、招考聘用、考核办法、退休教师管理和服务，逐步缩小区城乡之间、校际之间师资配置的差距。

五是加强农村教师队伍管理。加强农村教师队伍管理，提高农村教师整体素质，是缩小城乡义务教育差距最直接最有力的保证。可以从以下几方面采取措施：一是大力保障与提高农村教师待遇。首先要确保义务教育法有关教师工资水平不低于同一地区公务员工资水平的规定得到严格执行。其次，由中央财政通过转移支付建立专项资金或由省级财政承担农村教师收入待遇方式，保障与提高农村教师待遇，实现城乡教师收入待遇的统一发放，从而在更大程度上促进农村教师队伍的稳定。二是设立农村教师奖励基金，对长期在农村从教、表现优秀的教师予以奖励。可由中央和省级政府投入专项经费，设立农村教师岗位补贴制度，对在农村中小学工作达到一定年限的教师，采取奖励工资、额外晋级等方式给予鼓励。三是进一步落实农村教师医疗保险和住房公积金等社会保障机制，按时足额缴纳农村教师各种社保基金，切实保障教师的合法权益。四是加强农村教师培训，积极组织农村教师参加各种教学研讨会、交流会、培训会、教学考察等，为农村教师提供吸收新知识、创新教学方法、提高自身教学水平的机会。

（二）社会保障公共服务均等化需求

1. 基本问题概述

社会保障作为基本公共服务的一项内容，城乡之间在保障项目、覆盖范围、保障水平和筹资方式等方面存在较大差距。近年来，随着统筹城乡发展战略的实施，国家对农村社会保障的投入逐年增加，城乡社会保障支出呈现逐步缩小的趋势，但差距仍然十分明显。实现城乡社会保障服务均等化，既是体现"以人为本"和弥补市场公共品"供给失灵"的重要制度安排，也是缓和当今城乡矛盾的现实需要和当代世界文明国家社会政策的一个趋势。

均等是指无差别或者差别虽然存在但不至于悬殊过大，在质和量两个方面维持基本的均势状态。城乡社会保障均等化是指城乡居民在享受国家和社会提供的社会保证在质和量方面的基本均势状态，不因居住在农村而使所享受的基本社会保障服务显著低于城市居民。舟山市经过改革开放以来的发展，城乡社会保障差距已经有所缩小，然而由于当前城乡分割中的社会保障服务处于非均衡的"碎片化"状态，二元的社会和经济结构导致城乡资源配置的二元分化，新凸显的社会问题已对政府政策造成羁绊。政府作为政策制定主体和公共服务权威型提供者，在建构城乡社会均等化保障体系上应该遵循服务性、社会利益的增进与平衡、科学发展中的效率与公平、政策价值分析的冲突和统一等政策理念，进行政策建构行为的优化，做出合理的政策选择。

要使城乡居民在享受基本社会保障服务方面能够享受水平基本相当的服务，一是要使城乡居民均有机会获得社会保障的收入或服务支持，即城乡居民都应该被社会保障所覆盖；二是城乡居民享受社会保障服务的结果均等，即所获得的社会保障支出在数量和质量上大体相等。当前，城乡居民享受社会保障服务的机会和结果并不均等，城乡社会保障制度的保障模式上存在巨大的差异，现在城乡社会保障制度通过再分配反而加大了城乡经济的不公平，而城乡社会保障非均等对政府政策的制定和执行又造成羁绊。这就是城乡社会保障均等化的现实诉求。

2. 现行城乡分割中的社会保障“碎片化”状态——非均衡性分析

从总体上看，中国城乡非均衡性社会保障制度的形成及其模式变迁、管理体制、基金筹集与保障水平的巨大差异，与之相伴的社会保障制度结构严重失衡，都是与中国的二元社会、经济和政治制度的变迁相一致的。这种“非均衡”的社会保障结构不但难以发挥其应有的保障功能，反而进一步加剧了社会结构的二元性，形成一种“城乡二元社会保障体系”，呈现出覆盖面上的“碎片化”状态和质量上的“非均衡”。

（1）城乡二元经济结构决定城乡社会保障资源分配的二元对立

城乡二元社会保障体系的形成是适应工业化的要求而建立的。从发达国家的经验看，工业化是城市化和社会结构转型的基本动力，也是社会保障体系演变的主要原因。我国城市社会保障受以城市工业发展为重心的经济指导思想的影响，得到了较多的社会保障资源分配，建立起了较为完整的面向城镇居民的社会保障体系。而农村社会保障受制于农村土地制度、农村生产方式及生产关系的影响，没有得到实质性的改变。尽管从社会保障项目上看，与城镇相比，农村只缺少失业保险、工伤保险和生育保险。但在实际运行中，社会保障制度出现了“城乡分割”的二元结构特征：城镇社会保障覆盖面广，保障水平高，社会化程度高；而农村社会保障覆盖面窄，保障水平低，社会化水平低。

（2）城乡二元社会结构的户籍羁绊导致流动人口社会保障的失效

我国的二元社会结构是二元社会保障体系形成的直接原因。以严格限制人口自由流动为特征的二元户籍制度的建立，逐渐形成了城镇和农村二元的社会结构。人为对农业和非农业人口的划分，使社会保障体系安排分割化，为采用两种不同水平的社会保障制度提供了根据。在某种程度上，它又影响和阻碍了以公平为精髓的现代社会保障体系的发展和完善。城乡保障水平的巨大反差有违社会保障的本质。

随着我国经济的发展，许多农村劳动力开始向城市流动。目前，我国对通过非正常途径流入城镇的劳动力在社会保障方面尚没有正规的保障制度。户籍制度和劳动人事制度的羁绊，城乡居民间在社会保障上无法实行“付费—收益组合”的自主选择，造成农村人口在选择社会保障服务的时候完全失去自由迁徙的权利，造成“以足投票”的失效。农民工的社会保障问题一直得不到妥善的政策安置。

随着社会的发展，乡村生活结构和生存方式发生了重大变化，“三农”社会保障呈现出新的薄弱现状。第一，失地农民的征地补偿与利益分享机制未健全和建立起来，部分失地农民“种田无地、就业无岗、社保无份”，生活在城市的边缘，在就业、子女就学、社会保障等方面也享受不到有关政策。第二，随着独生子女政策的实行和农村老龄化社会的到来，农民养老问题呈现新的困难。第三，进城务工农民的社会保障无法落实。全国社会保障体系是一个完整的体系，虽然因为城乡的差别可能导致某些保障项目、范围和水平等方面的差异，但目前城镇明显优于农村的社会保障体系和农村保障体系的残缺，使农村保障体系与城镇接轨更加困难。

（3）城乡社会保障非均等对政府政策的羁绊

对于社会保障薄弱的广大农村地区若得不到政策上的倾斜和关注，难以改善公共服务的恶性差距，将会产生严重的离心倾向。而对于社会保障相对充裕的城市，由于发展是无止境的，城市社会保障需求也不会终止，因此有可能造成差距的进一步扩大。在这种情况下，城市可能拒不执行或者变相解释政府政策，使政策扭曲，不仅损害政策的权威性，政策的效应也会大大流失。

3. 城乡社会保障均等化的依据

（1）政治政策依据——服务型政府建设中的权威与公信力塑造

中国的传统伦理文化崇尚“不患寡而患不均”，收入差距的极度不平等在道义上是不能接受的。而且我们政府的合法性是建立在社会主义原则之上的，社会保障作为基本的公共服务是政府通过制度的形式加以规定并直接操作，城乡社会保障的恶性差距，必然引起人们对制度的怀疑，从而对政府的政策权威和公信力维护造成负面影响。政策权威的树立和公信力的打造是服务型政府建设的前提。在这个意义上，城乡社会保障均等化具有实现社会公正与维护国家统一的政治社会功能，增强社会凝聚力。

（2）经济政策依据——科学发展中的效率与公平

在公共选择理论中，集体经济决策包括“配置决策”和“分配决策”。配置决策是关于如何利用现有资源解决集体面临的公共问题，因而实质上是效率问题，属于合作博弈或正和博弈的类型，适用于全体一致规则；分配决策是关于如何将一部分人的收入和财产转移到另一部分人手中的问题，它实质上是致力于实现社会公平，因而属于冲突博弈或零和博弈类型，适用于全体非一致原则。经济发展战略或者政策属于配置决策的范畴，而社会保障均等化则属于分配决策。配置决策上的效率取向和分配决策中的公平目标是可以并存的，而且在现实生活中很难将两者截然分开，如社会保障配置决策的行为结果必然衍生分配效应，而国家的分配政策也会影响社会再生产下一个循环的配置问题。这意味着城乡社会保障均等化，可以实现城乡科学统筹发展中公平和效率的统一。

社会保障经济政策的效率意义体现在两个方面：一是根据边际效用递减规律和帕

累托最优原则，向社会保障薄弱的农村地区增加社会保障资源的供给，其产生的效用较之于投向城市大。因为对于公共服务水平较高的城市，过多的财政资源往往可能投向竞争性领域（非政府职能范围）或者管理松弛（资源浪费）甚至腐败（非规则允许）的领域，而对于公共服务水平较低的农村，投入资源会增进该地区并相应增加整个社会的福利，从而减少政府财政的远期负担。二是城乡社会保障均等化有助于促进城乡统一市场的形成，减少政府宏观运作的障碍，促进宏观效益的最大化。

公共服务领域的分配公平是社会主义政治公平的基础、前提和表现，主要体现在妥善处理社会不同利益主体之间的社会关系和在资源配置中的地位问题上。通过某种补偿或再分配方式，应该保证社会的所有成员都处于一种平等的地位。个人的社会境遇既是个人的，也是社会的，国家和社会应该为改善个人的社会境遇予以保障。国家有责任为社会弱势群体提供享受劳动权、受教育权等机会，直接为社会弱势群体提供某些基本需要，帮助他们走出困境，摆脱弱势地位。社会保障是一种再分配制度，从它诞生的那天起，就以维护经济公正或至少是某种程度的公正为目标。社会保障是国家依法建立的国民生活保障和社会稳定系统，具有经济福利性，因社会弱势群体而产生，主要任务是解决社会弱势群体的生存问题。要坚持公平、公正原则，防止弱势群体的形成，改善弱势群体的生存状况，促进社会的和谐和持续发展。

（3）社会政策依据——和谐发展中的利益增进与平衡

微量、小幅度震荡是社会有序化的自发机制，而自觉协调是能动地促进社会有序化的调节手段。从社会政策运行看，增进和平衡我国城乡居民在社会保障中的利益，对在我国社会发展与稳定、以人为本和可持续发展中的代际公正，具有重要的地位和作用。

人类社会发展是指包括经济发展在内的社会全面进步，是不断提高社会成员生活质量和全面发展其个性的过程。要实现社会的全面可持续发展，不能靠损害一部分人的利益为代价。从社会发展的角度看，农村社会保障薄弱是社会发展过程中的必然产物。社会发展必须要考虑到农村的发展，考虑到农民的利益。从社会公正原则的角度看，农村社会保障状况能不能够得到改善，也是衡量社会发展和进步的重要指标。

社会保障制度因“人”而建立，也因“人”而发展。作为现代公民的一项基本权利，社会保障一方面解决人的生存问题，另一方面为人的发展保驾护航。社会保障作为国民财富再分配的手段，它所体现的以人为本的价值，首先是一种人权价值。在马克思看来，人权是人的各种权利（包括经济的、政治的、社会的、文化的、人身的权利）的有机统一，其中生存与发展权是人权之本。社会保障则是保障人权的基本手段。社会保障通过社会保险、社会救济保证社会成员最基本的生活需求，使贫困阶层免于生存危机，保证社会成员的基本生存。社会保障体系通过各种社会福利与设施来满足社会成员的生活服务、教育、保健等方面的需求，使社会成员的生活质量、自身素质等各方面有所提高，保证了人民的发展权。另外，社会保障具有社会性福利的性质，起着社会安全网的功能与价值。现代社会保障制度体系将所有的社会成员都纳入了其保护范围之内，不分部门和行业，不分就业单位的性质，不分是否有职业，也不分城市和乡村的，只要他们基本的生存出现了问题，就符合享受社会保障的条件，就应当得到基本生存物质保证。正是这种刚性的起点化的保障性，建立起了一种以“人”为本的社会安全网机制。

社会保障是一种长期的涉及几代人利益、涉及一个国家经济发展与社会进步的社会政策。社会保障及其制度安排，正是对社会弱者在生存需要和生存安全的一种经济补偿和保障机制。不同代人之间的再分配，即将上代人的社会保障基金积累用于支付下代人的社会保障待遇，或者将下一代人缴纳的社会保障基金用于支付上代人的社会保障待遇，这种代际间间接支持的做法，不但让两代人都节省了精力，而且还促进了社会的繁荣，让全社会都可以公平获益。随着计划生育的实施、我国农村社会的结构转型，我国农村人口的年龄结构已经进入了老龄型。此外，由于传统利益关系的调整与突破，收入差距的逐步拉大，农村养老负担越来越重，代际公正问题日渐凸显。只有把城市和农村的养老、失业、医疗、工伤和意外事故等方面都做好了，社会保障这张网才能做到密而不漏，才能在一种更大范围内共生，创造更多社会财富，提高社会福利水平，让更多人受惠。

4. 政府在建构城乡社会保障均等化中的政策选择

（1）政治政策：加强服务型政府建设，提升公平和谐政策理念

鉴于当前社会不公平问题的扩展态势，政府关注的焦点应当从过去的过分强调效率优先转向更加强调社会公平上来，工作重点应更多地体现在公共服务尤其是社会保障均等化方面。农村社会保障的性质在于它的政府强制性和非盈利性，它体现的是农村社会成员在政府保障下的平等保障权利，目的是使每个农村社会成员都能分享经济发展、社会进步的实际利益，达到安民富国。从城乡社会保障体系中，从协调方式的角度看，政府再分配政策涉及政府在各个社会阶级（层）或团体中进行有意识的财富、收入、财产或权利的转移分配。要积极探索在转移分配中对农村社会保障的倾斜，不断完善农村社会保障政策措施、运作机制和操作规程，使之制度化、规范化，最终法律化，将落后的社会保障体系建设纳入战略建设的轨道上来。在公共政策的制定过程中要充分发挥政府的职能，将公平观贯彻到政策的制定和执行中去。

（2）经济政策：推进县乡财政管理体制改革，建立和完善农村社会保障财政制度

基本公共服务均等化问题的实质是公共财政的问题，其核心和关键是如何实现公共财政资源的公平分配。要实现城乡社会保障一体化，当前最为关键的是要改变社会保障“重城镇、轻农村”的财政投入机制。县乡财政管理体制作为县乡财政分配的基本制度，是县级政府用以调节和处理县乡之间各种分配关系和财政管理责任与权限的重要手段。一是要合理划分各级政府社会保障服务的职责，并加强其公共服务能力建设。要体现财力支出向公共服务倾斜，向基层倾斜，切实增强乡镇政府履行职责和提供社会保障服务的能力。二是要建立上级政府对县乡基层政府的转移支付的长效机制。各级党委、政府要充分认识建立完善农村社会保障体系的重要性、必要性和紧迫性，增强社会责任感，加大城乡统筹的工作力度，增加财政转移支付比重，将农村社会保障对农民的各项补助和工作政绩纳入财政预算。

要缩小城乡社会保障支出差距，从财政投入的角度而言，需要增强以下三个方面的投入：第一，政府要切实担负起建设农村社会养老保险的重任，扎实推进新型农村社会养老保险的试点工作。由于农村社会养老保险制度以个人缴费为主、集体补助和政府支持为辅，导致农村社会养老保险覆盖面窄、水平低。因此，要在新型农村社会养老保险制度的基础上，国家财政全额支付最低标准基础养老金，地方财政增加对个人账户的补贴，使新型农村社会养老保险真正惠及广大农民，弥补农村社会保障结构性缺陷。第二，进一步加大新型农业合作医疗的财政补贴力度，提高参保农民的缴费额度，尤其是提高大病统筹所需资金的筹资额度。第三，加快城乡居民最低生活保障制度一体化建设，中央财政要进一步加大对农村低保转移支付力度，体现城乡平等。

（3）社会政策：多元共拓资金筹措渠道，编织社会保障多层防护网

社会政策是指政府用来处理狭义的社会问题所采取的行动或行为规范。它以社会问题为对象，目的是提高人民生活，增进社会利益，谋求社会秩序平衡发展。在促进城乡社会保障均等化问题上，要遵循多元筹措资金，编制社会保障多层防护网的社会政策。

社会保障一般分为三类：一是社会保险，包括工伤保险、养老保险、医疗保险等内容，资金来源于雇主和雇员的缴费；二是社会援助（社会救助），指国家和社会采取非供款制和无偿救助方式，向社会弱势群体提供款物接济和扶助，帮助他们摆脱生存危机，这是政府的责任或义务；三是社会福利，指国家和社会化的福利。由于社会保障的性质和分类有所不同，要求在城乡社会保障均等化中，充分利用现有的各种资源，拓宽筹措社会保障资金的渠道，建立政府、市场、公民个人相互支持的资金网络。要按照“党委领导、政府负责、社会参与”的社会管理体制改革方向，着眼城乡统筹发展，

着力提高城乡居民生活质量，深入推进社会保障社会化，强化社会保障机构设施功能，建立健全社会服务网络，逐步形成政府主导、民政部门具体牵头、相关部门协作配合、民间组织积极参与、市场化社会保障服务供给，涵盖养老、医疗、卫生、教育、住房、生活照料和特殊困难帮扶等内容，覆盖城乡全体居民，惠及外来人员，有效满足不同群体社会保障需求的新体系。

当然，农村社会保障是一项涉及面广、政策性强、难度较大的工作，在社会保障薄弱的农村地区，更应该建立长效的资金筹措渠道，充分发挥第三部门组织的作用。坚持互助共济的性质和公开公平、便民利民的原则，完善相关政策措施和运行机制，适当增加财政补助标准，建立稳定的筹资机制，规范运作操作程序，并根据农村经济发展水平和农民群众的意愿，正确选择社会保障的形式及内容，不断扩大覆盖面，逐步完善社会保障体系。

（三）公共交通服务均等化需求

1. 背景情况

舟山是典型的海岛地区，岛屿众多，有居民居住的岛屿多达100多个，其中一些海岛地处偏远，交通十分不便。发展乡村和海岛公共交通任务十分艰巨但是十分必要。目前，舟山市公共交通设施主要集中在本岛和六横、金塘、朱家尖等几个较大的海岛和册子、长峙等一些距离本岛较近的海岛。近年来，为解决公共交通问题，舟山市采取了以下措施：

一是加快推进项目建设。抓紧与发改部门做好对接确定年度投资计划，在严把安全质量关的前提下加快推进在建项目，积极配合六横跨海大桥建设指挥部做好相关前期准备工作，力争尽早开工建设秀山大桥、长峙码头、蜈蚣峙客运站等项目。

二是着力加强规划研究。进一步调整完善《综合交通规划》，为规划报批作好充分准备。做深做细《浙江舟山群岛新区环杭州湾大通道战略规划研究》，重点确保完成岱山大桥建设的必要性和紧迫性课题研究工作。

三是大力推进公交发展。完成《舟山公共交通规划》编制及报批工作，抓紧做好快速公交一号线的线路调整完善、信息化建设、票价确定等工作，抓紧研究城乡公交一体化发展方案，不断提升城乡公交服务质量。

四是切实加强行业管理。在巩固第一阶段工作成果基础上深入推进出租车行业规范建设，集中力量持续加强打黑专项整治工作，积极引导驾培行业规范有序健康发展，认真做好主要干线公路马路市场整治工作，切实加快审批速度提升行政效能。

五是高度重视安全生产工作。重点抓好创建“海上运输安全管理示范区”试点成果推广工作，不断提高交通运输行业安全生产管理科学化、制度化、规范化水平，全力确保全市交通运输安全生产形势持续稳定。在全市加快实施城乡公交一体化发展战略，为舟山实现新一轮跨越增添新的活力。

2. 现实需要

舟山客运市场原来实行的是城乡分割的二元体制，其中的城市公共交通从1988年开始起步，至今已有20多年历史。舟山市之所以提出加快城乡公交一体化发展的战略，就是要整合全市公共交通资源，完善公交市场运营机制，构筑功能完备的公交网络，形成高效、畅达、舒适、便捷的公交服务体系，不断推进城乡公交的现代化，最大限度地满足社会发展和市民的出行需要。这项决策顺应形势，符合实际，代表了人民群众的根本利益，对推动舟山交通客运事业的发展，促进舟山现代化强市建设具有十分重要的战略意义。

首先，城乡公交一体化是经济社会发展的客观要求。党的十六届三中全会就曾明确要求，要把统筹城乡经济社会协调发展，作为新时期打破城乡二元结构，缩短城乡差距，实现城乡一体化的“金钥匙”。舟山市委、市政府将上级精神与本地实际相结合，早在几年前就提出城市化战略，就是要按照“城市现代化、农村城镇化、城乡一体化”的要求，构建“大交通”等五大优势，力争早日把舟山建设成为经济繁荣、生活富裕、科教发达、环境优美、法制健全、社会文明，县级市中城市规模最大、人气最旺、品位最高的现代化中等城市。2005年7月初，舟山市委十届九次全会又再次明确，要深刻认识新阶段发展的新特点和新时期发展的新任务，牢固确立城乡一体理念，构建城乡统筹发展体系，致力于城乡一体化建设。今天，舟山经济与社会建设要在现有平台上实现新的飞跃，同样离不开交通行业“先行官”作用的发挥。可见，加快实现舟山城乡公交一体化发展，既符合党中央关于城乡统筹发展的战略决策，又符合新形势下舟山经济与社会实现新一轮发展与跨越的客观要求。

其次，城乡公交一体化是交通客运事业发展的必然趋势。舟山地处长江三角洲上海经济圈，区位优势明显。随着沿江高速、苏嘉杭高速、苏通大桥等一批重大基础设施开工和建成，舟山将成为苏南交通的重要节点，必将极大地促进经济对外交流，在提高自身辐射能力的同时，更加有力地接受来自上海等重要经济中心的辐射。改革开放以来，舟山的交通客运事业有了较大发展，成绩值得肯定。到目前，全市共有24条城市公交线路、23条城乡公交线路。但是，长期以来，舟山公交事业在取得成绩的同时，也暴露出一些问题和不足。一是原有农村客运市场“散、小、弱、差”，已不能适应当前消费者在服务质量上的需求和城市化进程推进的需要，阻碍了运输生产力的发展。二是采用单车承包的公共交通经营方式虽然曾经解决了一时的资金紧张的问题,促进了公交事业阶段性发展。但是发展到今天,这一经营机制已不再适应新的发展,不利于将公交客运市场做大、做强。三是城市公交与农村班车客运两者之间管理体制、缴纳规费、经营方式的不同,形成了不公平竞争,加上城区面积不断扩张,两者矛盾日益突出。实行城乡公交一体化,有利于优化资源配置,完善集约化机制,建立公交客运市场进退机制,努力建立一个与我市经济社会发展、交通网络建设相适应,符合舟山对外开放要求的交通枢纽。通过对公交资源的优化,奠定公交体系“人、车、路、站”和谐发展的基础。

再次,城乡公交一体化符合人民群众的根本利益。“公交”,顾名思义是公众共同的交通。公交企业只有通过为人民群众提供满意的交通服务,才能实现自身经济与社会效益的最大化。以往舟山城乡公交由于管理体制二元化,规费缴纳、经营方式各不相同,不公平竞争的矛盾日益突出,人民群众对公共交通服务数量与质量上的批评时有所闻。城乡公交一体化的实施,更加有利于舟山城市功能的战略性调整、城市形态的科学化演变。城乡资源的优势组合,必将降低城乡往返的费用,提高公交车出行率,促进城乡交流,方便乡镇的居民进城采购、游玩,也更便于城区的居民去乡间旅游消费,使城乡群众充分享受公交的满意服务,大大提升对公交出行的满意度和信赖度,使人不分城乡,居不论南北,都能充分享受现代文明生活,创造平等统一的新型城乡关系。

此外,城乡公交一体化是规范客运市场的有效措施。由于舟山城乡以往的公交客运体制二元化,各是一家,各自局部运作,致使客运市场分散、客运企业弱小、客运能力不强、服务水平不高、综合效益偏差等弊端一直存在,难以适应城市化建设的新要求,不利于除弊扬利,也不利于自身的发展壮大,最终限制了自身整体功能的发挥。实行城乡公交一体化运作,改革完善现有客运管理模式,整合城乡交通资源,完善运行机制,实现城乡公交相互衔接、资源共享、布局合理、方便快捷、畅通有序,协调发展,统一规费、票价、站务操作和车辆乘员核定,健全完善统一的调度运行机制和诚信经营考核机制,有利于公交企业“集约化经营、员工化管理”,也有利于打击和制止“黑车”非法营运,规范和做大做强客运市场秩序,提升公交竞争力,打响“公交”品牌。

3. 目标与设想

舟山城乡公交一体化的总体目标是:集中力量在三年内,全面完成公车公营改造,调整完善公交线路网络,提高公交出行的便捷性、舒适性,使公交出行逐步成为市民的首选方式,将公交出行率从目前的 6.3% 提高到 15%。主要做法有四点:

第一,深化公交管理体制和经营机制改革。一是在管理体制上,打破城乡分割,实行资源共享,将城市公交和城乡客运合为一体,概念上总称城乡公交,税费上政策趋同，由市交通局作为行业主管部门，实行统一领导、统一规划、统一建设、统一管理。二是在经营机制上，将原来的承包经营改革为公车公营。明确常运公共交通公司为全市公交客运的经营主体，实行“集约化经营，员工化管理，公司化运作”的公车公营模式，使公交线路、运力资源得到合理配置，提高营运效率与服务质量，实行规范化经营。交通局作为行业主管部门，代表政府对改制企业中的国有股履行监督职能，按照公开、公平、公正的原则，运用法律、经济、行政等手段，逐步引导建立规范、有序、适度竞争的公交客运市场秩序。从而，彻底改变单车承包经营模式，切实解决“散、小、多、乱、差”的单车承包租赁这种落后的经营机制。

第二，合理布局公交线网和场站。按照《舟山市公共客运交通规划》的要求，构建“线路功能明确，等级结构优化，与城市化进度和道路建设相适应”的公交线网体系。以市域城镇体系为基础，按照客流规律、群众需求、道路状况，调整完善公交线路网络，调整舟山现有的公交线网密度，形成以主城区为中心的辐射状公交线路网。完成线网调整，从现有的24条增加到35条，其中3条为旅游路线，1条为通港专线，5条为夜班车线路；完成对公交干线、支线、辐射线的全面调整，在本市各重要经济区域、中心镇、公交主站场之间增辟快速公交线，增加公交班次，调整站台的密度，做到每隔300~600米设一站台，使公交站点覆盖率达到90%；增加班车的密度，提高公交准点率，做到每5~8分钟有一班车，方便群众乘坐。同时要加快公交枢纽站场的建设，将公交站场设施纳入城镇建设范围，公交首末站、枢纽站等设施由所在地人民政府负责建设。公交停车场、保养场由公交企业投资建设。政府通过优供土地、减免相关费用、落实税收优惠政策等方式，支持公交站场建设。对站场等公交运行的基础设施，逐步推行站运分离、资源共享、有偿使用的方案。公交企业在营运时，要严格按交通部门核准的线路有偿使用站场设施。对现有不适应城市规划要求的公交停车场、保养场，可通过置换等方式盘活存量资产。

第三，加强公交线路的运力投放管理。一方面要加强公交线路经营权管理，建立规范有序、适度竞争的市场机制，维护公共交通秩序，确保公交事业健康发展。明确企业从事公交线路经营，必须取得线路经营权。原公交线路经营权由交通部门在实施城乡公交一体化改造过程中收回，采用招标、拍卖等方式，以服务质量承诺的方式重新向公交企业公开出让。公交企业取得线路经营权后，要按经营实际需要向交通部门提出运力投放申请，交通部门依据公交发展规划和线路经营权出让协议，对经核准的公共汽车发放道路运输证。另一方面是要优化公交车辆结构，将原来能耗高、污染多的车辆更新为能耗低、污染少、性能可靠的绿色环保公交车型，保护道路交通环境。中巴车从城区公交车线路上全部退出，全部换成中档以上的豪华型空调车，部分乡镇线路受道路条件限制暂时保留的部分中巴车不再进入市区。据了解，为使公共交通公交公营改造工作顺利推进，舟山有关部门已经投入专款4000多万元，新购置豪华型空调大巴车136辆。三年内舟山城乡的公交车辆将增加到500辆。

第四，全面提高公交行业与企业的经营服务水平。一要强化公交行业的内部管理，认真修订“五定”、“四统一”等公车公营规范，逐步建立健全公交企业社会评价体系，完善服务质量考核制度，将考核和评议结果作为保留或取消线路经营权的主要依据。要通过劳动力市场公开招聘驾乘人员，强化职业培训，提高从业人员职业道德素质和专业技术。要引入竞争机制，促进行业整体经营服务质量的提高，形成多元投入、适度竞争、公平经营的新格局。要广泛开展文明行业创建活动，全面加强公交行业窗口建设，不断推进全市公交服务行业的优质化、规范化建设。二要规范公交企业的内部管理。要公布投诉电话，设立投诉箱，向社会公开承诺服务质量，接受群众通过电话、网络、信件等多种方式进行服务质量投诉、监督。要遵循奖惩并用、激励为主的原则，建立健全岗位考核制，完善奖惩激励机制，坚持奖勤罚懒，奖优罚劣，通过日常考核和开展“新风车”评选、星级管理评选等加强运营管理，规范公交企业的经营。对公交司乘人员要实行积分考核，凡年内累计超过规定分数的，给予停岗处理，进行待岗培训，并且在经济上给予一定的惩罚。三要实行公交一体化、数字化、智能化的调度管理。利用卫星定位系统及通信设备，帮助主管部门与营运企业提供规划出行路线、导航、信息查询、话务指挥，随时掌握公交车行驶路线、位置、速度，以及控制车辆上的电脑、油路、电路、车门、灯光等，提供先进、便捷的服务，提高管理效率，同时方便乘客及时了解本线路车辆离到站的情况，缩短乘客与公交系统的“距离”。

4. 未来举措

回顾实践，虽然舟山推行城乡公交一体化战略的时间不长，部分工作已经完成，有些工作尚在实施，有的工作需在今后三年内才能全面完成，但是在前一阶段的工作中已经取得一定的初步收获和体会。

其一，必须树立公交优先发展的理念。公共交通是城市交通的基础，是城市现代化的重要标志，必须加快发展、优先发展。在思想上，要树立一城一交，“大交通、大公交”的理念，将城市公共交通作为政府的公共资源，按照市场化运作理念，适度开放公交市场、合理配置资源。要牢固确立公交优先发展的理念，在城市规划、建设、管理过程中认真贯彻落实公交优先发展战略。公共交通规划应纳入城市总体规划，并要具有一定的超前性。城市规划应预留公交站场用地，并优先考虑公交车行驶、设站、衔接、换乘等需要。规划确定的公交站场用地，任何单位和个人不得擅自占用或改变其用途。建设等部门要优先改造影响公交车通行的路段和道路交叉口，对现有公交站台有计划地进行港湾式改造，有条件的道路应设置公交专用车道，路口交通信号系统应保证公交车优先通过，城市绿化及其他设施应有利于公交车的安全通行。财政部门的预算和专项资金安排应体现出对公交行业建设、管理和发展的支持导向，每年将安排预算，作为公交发展专项补贴，主要用于站场建设、弥补公交企业的政策性亏损，并且继续对公交给予一定的政策扶持和资金补贴。

其二，必须加大对公交发展的扶持力度。推进城乡公交一体化同样离不开社会各界的关注与扶持。为确保这项工作的顺利实施，市政府专门发文出台了《关于加快全市城乡公交一体化发展的实施意见》，批转了市交通局关于《舟山市公共交通公车公营改造工作实施方案》，成立了加快城乡公交一体化工作领导小组，市领导多次亲自出席领导小组会议，研究确定实施方案，下达工作目标、任务。为把市委市政府的决策落到实处，市交通局专门成立了工作班子，先后完成了城乡公交现状调查摸底和公交一体化改造实施方案的制定与报批工作，通过招投标组织完成了 308 块公交线路站牌的施工、99 座农村候车厅的改建和 10 对候车厅的新建工程，使农村班车通达率达到 97.8%。在完成城市的公车公营改造的同时，会同市劳动和社会保障局部门进行了驾驶员公开招录工作；会同市有关保险公司进行了新购的 136 辆公交车辆的保险招投标工作；会同市公安局、城管执法局依据有关法规，联合作出了《关于保障公共交通车辆行使畅通的规定》向全市公告，开展了以“压事故、保安全、促畅通”为主题的工作，联合开展了交通安全整治工作。市机关其他部门及各镇（场）、开发区等也分别对城乡公交一体化方案的实施给予了积极的配合与支持，从而有力地保证和促进了城乡公交一体化战略的顺利实施。

其三，必须以“群众满意”为根本出发点。为了确保城乡公交一体化工作的群众满意度，交通部门在具体实施过程中，十分注重以人为本。针对在公交车公营改造中提前终止经营承包合同的实际，对承包经营者给予了适当的补偿，对具备条件的，统一进入劳动力市场，经过培训考核合格后，由客运企业优先聘为合同制职工。为了确保方案的切实可行，市分管领导与交通局领导就带领有关人员对全市城乡公共交通的现状及需求进行了认真的摸底调研。东南大学专家应邀为舟山城区所制定的公交线路近期规划形成后，市交通局通过报刊、网络和召开市民代表座谈会等方式，广泛听取群众的建议和意见。

（四）就业创业公共服务均等化需求

1. 舟山农（渔）村劳动力转移就业情况

舟山农（渔）村人口现有 40.82 万人，与 2000 年相比，城镇人口增加了 15.19 万人，乡村人口减少了 3.22 万人，城镇化率（城镇人口占全部常住人口的比重）提高了

7.56个百分点。随着我市经济和社会发展水平的不断提高，舟山群岛“中心城市现代化、本岛城乡一体化、主要大岛城镇化”新型城镇化进程的加快推进，我市城镇人口较快增长，城镇化建设取得了一定的成效。但数据显示，我市城镇化率10年来提高的幅度低于全省12.95%的水平值。

2. 存在的问题

近年来，为了促进农（渔）村富余劳动力向非农产业转移，把劳动力优势转化为经济优势，有效增加农民收入，舟山市委高度重视农村劳动力转移就业工作，重视建立健全农村劳动力转移就业服务体系。主要表现在：

健全组织，加强管理。加强农村劳动力转移就业的组织协调工作，加强宣传贯彻国家有关法律、法规，研究制定相关政策、法规，组织技能培训和鉴定，建立农村劳动力信息系统，管理农村劳动力中介和跨区域交流以及协调解决农村劳动力转移过程中的各种矛盾和问题。市、县（区）、乡镇也都相应成立了劳动力转移就业服务和管理组织或机构。

建立农村劳动力市场和就业服务机构。据统计，全市现有直接和间接为农民工服务的各类职业介绍机构70多个、乡镇劳动服务站20多家，初步形成了以市级劳务办事机构为龙头，以各级劳动保障部门为依托，以乡镇、街道和社区劳务保障机构为龙尾的“一条龙”就业服务体系。从信息收集、筛选、发布到组织招收、培训、输送再到跟踪服务与管理，基本保证了农村劳务输出的顺利进行。

加强农村劳动力转移就业培训。据统计，全市现有中等以上职业教育培训机构10多个，拥有教职工1千多人，在校学生达万人，另外还有大量专门从事短期职业教育的培训机构。据不完全统计，全市从事农村劳动力转移培训各类教育培训机构共有12个，其中公办的8个，占65.6%；民办的4个，占34.4%。2004年，我市启动实施了农村劳动力转移培训阳光工程，先后制定下发了《舟山市农民工培训规划》和《舟山市关于加强农村劳动力转移培训工作的意见》。市、县、乡三级多次召开会议进行宣传发动，认真安排部署，并层层建立领导小组和办事机构，组织实施工作。筹措了400多万元资金（含国家财政下拨170万元）用于农民参加培训的学费补贴。按照面向社会，公开、公平、公正的原则，认定培训基地9所，组织6所培训机构，围绕市场需求，按照定向培训、农民自愿的原则，开展电子、电工、电焊、服装、制造等30多个专业的培训，共完成职业技能培训任务2万余人，转移就业1.7万人。阳光工程的实施，还调动了技工学校、就业训练机构等各类培训机构的积极性。2012年，全市各类培训机构培训农村劳动力4万人左右。

虽然我市在建立农村劳动力转移就业服务体系方面做了一些工作，但总体上看，农村劳动力转移就业服务体系建设还存在许多亟待解决的突出问题。

一是农村劳动力转移就业的管理体系还不健全，全市农村劳动力转移就业的长效管理机制尚未建立起来，绝大部分县、乡的相关工作尚有待进一步加强。

二是农村劳动力市场和中介组织发育迟缓，基础设施很差，信息服务网络不健全，信息质量不高、渠道不畅，服务跟不上；全市劳动力市场有待进一步规范，绝大多数县劳动力市场和人才市场建设场地面积严重不足，从业人员的素质有待提高；县、乡公共就业服务信息网络化建设严重滞后，职业介绍形式和技术手段落后，不能及时、准确地采集、传播和分析信息，不能向政府机构和社会发布劳动力供求和预测信息，农村富余劳动力转业、打工很盲目。

三是就业培训机构不适应农村劳动力转移就业的迫切需要。一方面培训机构规模小、师资少。全市还没有建立专业的农民技工学校，其他职业技能培训机构大都规模较小，培训能力较低；全市从事农村劳动力转移培训的培训机构平均拥有教师数量为31.7 人，而民办机构仅为 6.7 人。另一方面培训机构的基础设施条件差。技工学校的基础设施建设严重滞后，多数技工学校是 20 世纪 50 年代设立的，面积小，基础差，很多学校的教学楼、宿舍楼、实习工厂厂房年久失修，有的已属危房。现有技工学校教学设备严重不足，且陈旧落后，更新速度慢，周期过长，严重影响农民工操作技能训练和新技术、新工艺、新技能的培养。

四是农村劳动力转移就业的配套政策和措施跟不上形势的需要，存在如社会保障、维权、户籍管理、子女入学 、住房等问题。

3. 关于农（渔）村劳动力转移就业服务体系建设的建议

农村富余劳动力转移就业问题是关系到能否顺利实现全面小康的重大战略问题，建立健全农村劳动力转移就业服务体系是促进农村劳动力转移就业的重大战略举措。要继续高度重视建立健全农村劳动力转移就业服务体系，重点抓好两个方面的工作：一是加强培训机构建设，加大培训力度，提高外出务工人员素质。认真实施好农村劳动力转移就业培训“阳光工程”，要建立农民工培训学校，组织大规模的短期培训，同时进一步整合、改造现有农村劳动力转移培训各类教育培训机构。争取通过 3 年的努力，使经过职业技能培训的外出务工人员比例达到 50% 以上。二是加强农村劳动力市场和劳务输出信息服务网络建设，进一步提高劳务输出的组织化程度。要建立劳务输出管理机构和专门的劳动力市场，有条件的乡镇要建立劳务中介服务机构，逐步建成劳务输出的信息和服务网络，摸清农村劳动力的基本状况和就业愿望。同时加强劳务输出外派机构的管理，搜集有效的用工信息，为农民外出务工提供系统服务。

农村劳动力转移就业服务体系建设需要大量的资金投入，单靠地方的财力短期内无法实现。因此，建议国家有关部门对我市农村劳动力转移就业服务体系建设给予大力支持和帮助。一是支持加强农村劳动力转移就业培训机构基础设施建设。通过国家资金的投入，引导地方和社会资金更多地投入就业培训机构基础设施建设，新建和改建一批就业培训机构，以适应农村劳动力转移就业的迫切需要。二是支持加强农村劳动力市场和劳务输出信息服务网络基础设施建设。建议国家设立专项资金，支持各地特别是农村劳动力大省，在大中城市、县、乡建立专门的农村劳动力市场和劳务中介服务机构，支持劳务输出外派机构建设，支持农村劳动力转移就业信息平台建设，逐步形成市、县、乡、村四级劳务输出的信息和服务网络。

第三章　舟山群岛新区公共服务的瓶颈

一、舟山群岛新区公共服务创新能力不足

在舟山群岛新区建设过程中，公共服务的创新是必不可少的。舟山如何推行公共服务创新，关系着舟山新区建设的成败，所以在研究这个问题的过程中，我们必须吸取前人的经验教训，结合舟山本地的实际情况，考虑当地各种对于公共服务创新建设的影响因素，提出相关的解决方法，为研究舟山本地的公共服务创新能力添砖加瓦。

政府公共服务创新能力在近些年越来越受到国内外的关注，这与国家建设服务型政府有着密切的关系。现阶段在建设舟山群岛新区过程中，不能仅仅依靠国家政策的扶持，但同时也必须提高自身的公共服务以吸引更多的外资引进、人才引入。在这过程中，仅仅靠传统公共服务是明显不够的，必须站在原有的基础上进行公共服务创新，提高舟山政府的公共服务创新能力，以达到满足公众需求、建设发展舟山新区的目的。

（一）公共服务能力创新基本问题的分析

1. 概念的界定

“公共服务创新是一种以提高公共服务质量，更大程度地实现以公共利益为追求的创造性活动。公共服务创新既是行政改革的核心内容，科学发展观的重要体现，又是各级政府创新实践深入推进的保证，公共服务发展的内在要求。”[1]

早在 20 个世纪 80 年代到 90 年代，公共服务创新这个概念就已经成为了欧美等一些西方国家推行社会改革的核心内容。在 2004 年，时任总理温家宝在《在省部级主要领导干部树立和落实科学发展观高级研究班上的讲话》中，第一次提出了“服务型政府”这个概念。2005 年 3 月，温家宝又在《政府工作报告》中再次强调要“努力建设服务型政府”。对于建设服务型政府，相对于西方国家而言，我国较晚。在我国几

[1] 王雪珍，政府公共服务创新能力探析 [J]，湖南行政学院学报，2011 (1) .

千年的发展历程当中，管制型的政府历史漫长，这导致我国政府的服务意识不深，而与之相联系的服务创新能力也就较为薄弱。在转型到服务型政府这段时期当中，如何建设服务型政府成为了我国社会及经济建设的核心主题之一，而提升政府的服务创新能力也成为了完善社会主义市场经济体制及构建社会主义和谐社会的重中之重。作为一个拥有 14 亿人口的人口大国，我国建设服务型政府必须依赖地方政府服务创新能力的建设和完善，因为地方政府服务创新系统是全国政府服务创新系统中不可或缺的构成单元和发展基础。

2. 公共服务创新的必要性

（1）公共服务创新是公共服务发展的内在要求

我国已经进入“以国际水准来看人均 GDP 突破 3000 美元”这个社会发展的重要时期。社会需求结构随着公民对于公共服务的需求快速增长，也在不断地发生变化。人们的消费结构已从衣食为主渐渐向教育、医疗、保健等消费支出比例不断上升的阶段转变。而在公共服务无可置疑地成为当今社会重要组成的同时，公共服务质量和水平却明显无法赶上这种需求。

长期以来，政府的主要精力放在经济建设上，在教育、医疗等关系民生的公共服务领域中的投入较少，已无法满足人民的需要。2009 年以来，中央财政用在与人民群众生活直接相关的教育、医疗卫生、社会保障和就业、保障性住房、文化方面的民生支出有了大幅增长，但是和西方发达国家相比还是有很大差距。在我国的公共服务需求日益增长的同时，公共服务资源也还远远不够。在这种情况下，医疗、教育、社会保障等公共服务领域出现了政府错位和缺位的现象，造成了社会发展无法赶上经济发展的问题。所以，在公共服务需求快速增长和利益关系不断发生变化的情况下，客观上要求我们必须进行公共服务创新，提高现有的公共服务质量和水平。

（2）公共服务创新是行政改革的核心内容

20 世纪 70 年代以来，为适应经济社会发展的新形势，摆脱财政上的困境，化解社会民众对政府的信任危机，西方各国政府陆续开始了以追求“三 E”(Economy, Efficiency, Effectiveness) 即经济、效率、效益为目标的政府改革运动。从新西兰到英国，从美国到法国，从加拿大到澳大利亚，西方国家不同程度地进行了公共行政改革，其普遍性、广泛性、全面性可谓前所未有。尽管各国政府改革提出的行动方案和口号都不相同，如“下一步行动方案”、“公民宪章运动”、“竞争求质量”、“政府再造”、“公共服务计划”等，但主要内容都是围绕如何通过理念、机制、体制、方式等方面的创新，提高政府为社会公众提供公共服务的能力和水平。可以说，公共服务创新是各国政府改革的核心内容。

（3）公共服务创新是建设和谐社会的必然要求

我国行政改革的基本目标自从2005年温家宝总理在政府工作报告之中提出“建设服务型政府”以来，就渐渐侧重于建设服务型政府。建设服务型政府的根本目的是为公众提供优质的公共服务，进一步提高公共服务能力和水平，再通过对公共服务观念、体制、机制等的创新，实现学有所教、劳有所得、病有所医、老有所养、住有所居。所以说，公共服务创新是我国行政改革中以服务型政府建设为基本目标的核心内容，更是构建和谐社会的必然要求。

3. 影响公共服务创新能力的因素

经济实力增强和消费结构升级、社会公共服务需求快速增长，我国正在进入公共服务需求快速发展的新阶段。为了适应经济社会发展的需求，各级政府越来越重视人民群众的公共需求，在自己的地域范围内进行着前所未有的改革与创新，努力增加公共产品的数量，不断提高公共服务的水平，初步形成了文化、教育、科技、卫生、社会保障、农村公共服务等全方位公共服务体系，公共服务总量有较大的增长。但总的来看，政府公共服务创新能力还比较薄弱，还存在许多亟待解决的突出问题。

（1）行政文化层因素

文化在不同的社会生活领域会体现出不同的内容和表现的形式，这是由于文化是一种复杂的社会现象。文化在行政活动领域所表现出的就是行政文化。行政文化在政府当中，对于个人拥有强大的影响力，是一种价值观和信念。中国五千年的封建君主统治历史背景下，传统行政文化表现为长期自我循环的小农经济与高度集中的体制，暗含专制、封闭、保守等落后行政特点，带有明显的传统权威主义，具体表现就是官员的独断、官老爷、非公仆的思想和官本位现象。怎样才能称之为服务型政府？服务型政府就是服务于民的政府。而要更好地服务于民，那么就需要不断地更新自身的方式方法，也就是所说的创新。行政文化也可以分为精神层面和行为层面的要素，其中，精神层要素所体现是行政文化的价值取向，而行为层要素的具体表现是行政文化当中的行为规范。

“价值取向是指导政府内在机构运转与外部职责实现的基本理念，体现政府是为谁服务。服务型政府的价值取向是以提供公共服务为核心的理念，并将此理念内化为政府内部人员的心理和态度，作为每个人判断自己工作的心理标准，以调整个人的工作行为。”[1] 政府要将价值取向作为政府改造的基本原则，对其自身实行的理念进行重新审视，也以这种方式对政府自身的公共服务行为进行持续的创新，起到提高公共服

[1] 周霞，祁宝忠，何健文，地方政府服务创新能力影响因素研究，2011

务能力的关键作用。服务型政府建构的理念应该表现为合法性、法治性、回应性、责任性、透明性、有效性、参与性、稳定性、公正性、廉洁性。

政府机关风气和机关人员的作风，就是行政规范在政府当中的具体表现。目前，政府机关风气和作风还存在比较多的问题，与建设服务型政府的目标差距较大。这些问题的主要表现在政府机关当中没有做人民公仆的自觉，对工作没有进取心，在工作当中没有把纪律放在首位等。而要解决这些问题的主要方法，就是要在政府机关中形成一种廉洁奉公的精神追求，以改善机关内部的风气。而在这个过程当中就必须对创新进行肯定。认同创新，就是说组织内部要对创新人员的行为和取得的成果予以认可、赞同。要在政府内部形成对创新鼓励、认可的新氛围，这样才有可能提升政府部门对公共服务创新的能力。要容忍创新过程当中出现的失误。创新的本身就是一种存在高风险的行为，在创新过程当中会遇到挫折的概率是相当大的。如果在这个过程中，政府内部成员之间没有一颗能够容忍错误的心，也不允许创新者在创新过程当中拥有犯错的机会，那么对于创新是很不利的。

（2）行政组织层因素

行政组织层因素包括内部人力资源因素和制度安排这两方面的因素。内部人力资源就是将任何组织中的要素都归结为两类：人化因素和物化因素。物化因素往往需是通过人化因素才能起到它的作用。所以，人化因素是组织中更为活跃的因素。对于行政组织而言，人化因素的活跃性更为明显。人化因素在整个流程当中始终贯穿于行政组织服务创新。根据流程从上至下的顺序，放在最上面的就是政府主要领导的素质和能力，领导的能力决定很大一部分的部门能力。领导的能力对于整个部门的重要性是不言而喻的。但并不是说有一个好的领导就能有一个优秀的部门，上行下效固然很好，但是就怕上有政策下有对策。如果领导的工作理念不能由普通人员贯彻，那么再好的领导也不能成功地构建一个优秀的部门。其次就是一个部门的学习能力。时代在进步，各种各样的知识都在更新，各种各样的方式方法也都在创新。一成不变，绝不可能成为一个创新型的优秀政府部门。最后着重要提的就是成员间的团队合作。世间万物总是一环扣一环，再艰巨的任务，只要由一个合作意识优秀的团队执行，最后也能完美地完成。而由一个毫无组织纪律、成员之间毫无合作的团队进行，最后的结果只能是一团糟。

在没有制度约束的环境下，人的行为就容易陷入混乱之中。制度安排和建设在提高公共服务创新能力的过程中，所起到的是基础和保障的作用。创新制度的建设可以从三个方面——问责监督制度、绩效制度和信息公开制度进行。

应以行政问责为核心，致力于建设责任政府。政府的权力及其运行过程当中，如果没有有效的监督和制约，将会直接导致目前很多城市出现的“路边工程”、“盆景工程”等一系列伪创新行为。在一般无须承担相应的责任的背景下，也同时会导致政府中一些人为了个人或者当中一些小团体的目的和利益，而罔顾人民的需要和当地的实际，不惜利用手中的权力做出一些劳民伤财、浮华无效却能标榜政绩的面子工程。因此，我们必须加强对政府的监督力度，对于一些身在其位却只知道为自身谋取利益，对于下属过失包庇的政府官员，实行用人失察责任追究制、引咎辞职责任制等有效的严厉的惩罚机制。用严厉的措施来提醒政府在执政过程中的政治责任意识，以切实保证政府以及政府行政人员能够做到真正的忧民之所忧，服务于广大公众，不辜负人民公仆这个称谓。

要以绩效考核为手段建设活力政府。政府对于管辖下的行政人员的绩效考核的过程草草了事、弄虚作假或只知道提升经济增长而几乎不将公共服务创新作为绩效考核中的关键点的现象，也会阻碍政府对于公共服务创新的积极性。绩效考核这项手段已经在多个领域当中被证明是对创新行为有效的管理和促进手段，地方政府在公共服务创新的过程中也应该大胆地使用。

（3）行政环境层因素

任何组织都存在于其特有的环境中，只有当组织不间断地与外界进行各种资料的交互，组织才能够生机勃勃。政府为人民提供公共服务，就必须在这个过程当中对人民和社会所提出的的要求作出回应，这样才能产生双方的互动。只有在这个过程中政府不断主动地与环境互相交换物质和信息，政府才能对公众的所提出的的要求做出更好的回应，满足公众的切实需要。

地方政府作为一个组织，其环境即行政环境。行政环境分为政治环境、法律环境、经济环境、社会文化环境和技术环境。其中政治环境就是国家自身的政治背景、政治文化等。法律环境是指一个国家范围内的法律完善程度，越完善的法律制度对于公共服务创新能力的促进作用也就越明显。经济环境是指一个地区自身的发展水平，及其吸引外来资金的能力，当然也和国家所施行的经济体制有关。社会文化环境与一个地区自身的本土文化相关，当然也和大背景下自身所处的国家文化环境相关。技术环境决定于国内的科技发展水平，也与引进国外技术相关，与此同时也和本地人才和科研环境有关，在行政环境的重要性中占了很大的比重。

（二）舟山群岛新区公共服务创新的必要性与障碍因素

1. 舟山公共服务创新的必要性

（1）舟山群岛新区建设的需要

舟山群岛新区的建设由国家政策支持。要将舟山建设成一个与上海、深圳类似的一线城市。但是，一个城市仅仅靠国家政策的倾斜就想发展那是远远不够的。舟山本地存在着发展的潜力，但是潜力必须被发掘出来才能真正成为经济腾飞的基础。而要发掘这份潜力，就必须依靠内部力量和外部力量的共同作用。而要整合这些力量，就必须在公共服务上下功夫。只有政府满足公众对于政府的需求，公众才能倾力为建设群岛新区献上自己的力量。尤其要指出的是，能不能对更多的人才、资源进行有效的吸引是十分关键的着力点。要在原有的完善的公共服务基础上寻求更多的创新，从而让舟山成为一块磁性巨大的吸金石，将更多的资源纳入到舟山群岛新区的建设当中。

（2）国家对于舟山海洋经济发展的需要

舟山这个起于海洋发展同样也依靠海洋的城市，作为海洋经济腾飞的试点是国家的重大战略部署。国家政策的优惠为舟山的发展带来了难得的发展机遇。而如何把握这个机遇需要舟山自身的努力。所以，舟山公共服务创新必然也是让我国海洋经济腾飞的重要创新之举。

2. 舟山公共服务创新能力的障碍因素

（1）舟山本土文化因素

舟山是一个海岛城市，舟山的气候并不适合大部分蔬菜或者水果的种植，于是打渔业也就成了本地居民的主业之一。以渔为业，船即为家，收成好一天就能回到家中，收成不好就要将船开出远些才能打到鱼。很多本地的居民，由于祖辈世代打鱼，一成不变，所以舟山是一座很有本土自豪感的城市。但是舟山也存在固步自封的不足。打鱼并不是只供给自己使用，多下来的就得拿到市场去。舟山这座城市因打鱼与海产贸易而精明智慧。舟山自古以来以打鱼为业，所以他们有着自己的信仰，其中也夹杂着对“天命”的迷信。信天信命的结果之一是懒散，觉得努力并不重要，一切都已命中注定。

（2）舟山人才缺乏因素

舟山作为一个海岛城市，这是它的优势，又是它的劣势，所谓成也萧何败也萧何。因为舟山有着海岛城市的优势，所以才能在近些年各国将目光投向海洋经济之时脱颖而出，由国家政策扶植成立舟山海岛新区，着力于海洋经济的发展。但与此同时，舟山作为一个海岛城市，交通不便利、气候环境影响农作物的成长而造成的一系列问题，也导致舟山本地外来务工人员没有内陆城市来的那么多。人才缺乏的问题属于行政组织层因素，舟山人才的缺乏包括高级人才缺乏和普通人才缺乏。

（3）舟山的政策导向因素

舟山海岛新区的建设，得到了中央在政策上的极大支持。在这方面，舟山占着很大的优势。政策导向能同时带给舟山政治环境、法律环境及经济环境，肯定会吸引更多的投资者到舟山群岛上来。

二、舟山群岛新区流动人口的公共服务存在问题

随着舟山群岛新区的的开发，越来越多外来流动人口选择舟山作为他们流入的主要目的地。研究舟山市流动人口的现状及特点和舟山市流动人口公共服务需求与供给，揭示舟山市流动人口公共服务存在的诸如服务机制不够健全、服务措施有待加强、公共财政投入少等问题，是解决舟山群岛新区流动人口服务问题的前提。

（一）舟山市流动人口的现状及特点

随着舟山群岛新区的的开发，越来越多外来流动人口选择舟山作为他们流入的主要目的地。根据舟山市公安局 2009 年 6 月 30 日时点数统计，全市暂住人口（指在本地暂住 3 天以上的外来流动人口）为 327675 人（定海 113963 人、普陀 147156 人、岱山 55360 人、嵊泗 11196 人）。其中市外暂住人口约 29.5 万人，占 90% 左右；本市跨县（区）约 1.3 万人，跨乡镇约 2.1 万人。2012 年统计结果表明，舟山市外来流动人口约为 50 万人。

1. 总量大并且增长速度快

受经济发展的影响，舟山市外来流动人口增长很快，目前已经占到舟山市原有市民的三分之一以上。建设舟山群岛新区，这对于发展中的舟山来说是一个质的飞跃。越来越多的人看到了这一点，使舟山流动人口数量不断飞速地增长。

2. 性别比例不合理，受教育程度低

抽样调查显示，流动人口中男性、青壮年仍是主流群体，并表现为低文化、无专业技能等主要特征。示意图 3.1。

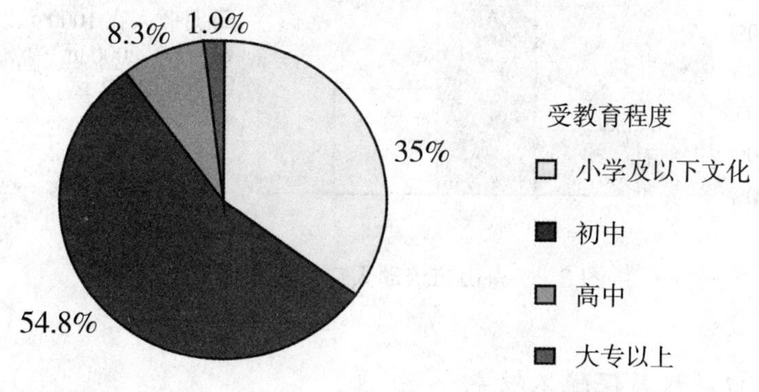

图 3.1　2010 年舟山 16 岁以上流动人口的受教育程度

3. 流动变化性较大

（1）临时居住点变化快

许多流动人口都具有这一特性。人都有这种习性，刚到一个陌生的环境中，首先解决的是居住的地方，许多流动人口就随意找个地方先住下，等找到工作或者稳定下来后再另找一个比较舒适的住处。

（2）务工点变换频繁

这是流动人口的基本特性，他们受工作变化、房租、拆迁等因素的影响，会频繁更换他们的工作，直到找到他们认为比较满意的工作。

根据抽样调查分析，来舟山市的盲目流动人群所占比例有所下降。在舟山市居住时间相对较久的 1000 名被调查的市外流动人口中，2 次以上来舟山的占 64.3%，同比上升 9.9%；居住时间 1 年以上的占 42.9%，其中 3 年以上的占 16.8%，同比分别上升 2.1% 和 0.4%。同时，携家眷来舟山的流动人口比重相对增加，占总量的 47.7%，同比上升了 11%，其中携带小孩的占总量的 34.4%，同比上升 1.4%，有不少携带了 3 名以上 16 周岁以下未成年人。

（3）流动人口收入偏低，生活压力较大

抽样调查显示，来舟山市的外来流动人口中已找到工作的占 86.3%，如图 3.2 所示，其中月收入在 1000 元以下的占 15.8%，1000~2000 元的占 58.9%，2000 元以上的占 25.4%，同比略有上升。但是调查发现，居住、就业和子女就学仍然是影响流动人口选择暂住地和就业地的主导因素。被调查对象中，认为在舟山就业相对困难的有 35.4%，生活成本相对较高的占 20.9%，子女就学相对较难的占 13.1%。

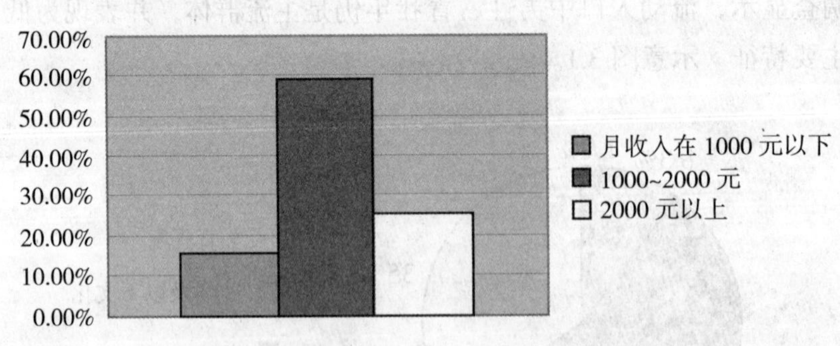

图 3.2　舟山市流动人口月收入情况

（4）流动人口的权益保障不够充分

除了上述问题之外，流动人口的政治权益和文化权益也难以得到充分尊重。首先，流动人口的基本政治权利——选举和被选举权无法很好地实现。因为现行的《选举法》中仍按照户籍人口和户籍所在地来确定人大代表的选举与被选举名额，流动人口因为户籍不在当地而丧失了应该享有的公民的基本政治权利。其次，流动人口的参与监督和管理国家及社会的权利容易被忽视。如决定重大事项的职工大会，以流动人口为主要成员的临时工无权参加，不能享有应有的民主权利。在一些地方，流动人口的身份证还时常被用工单位扣压，丧失了自由流动的权利。在文化权益方面，绝大多数用人单位不愿意为流动人口提供岗位培训的机会，更不愿为流动人口进行再就业培训，这限制了流动人口在城市的进一步发展。由于流动人口自身的素质和经济条件及时间上的限制，他们缺少时间、精力、机会参与城市的文化活动，精神生活相对贫乏。同时，由于学籍所在地的限制，使一些流动人口的子女失学或只能在非正规学校接受教育，教学质量很难得到保证。

（二）舟山市流动人口公共服务需求与供给分析

流动人口的增加首先对舟山市的吸纳能力提出了严峻的挑战。随着流动人口数量的不断增加，增加了流动人口的就业压力，外来流动人口的教育程度普遍比较低，加上舟山群岛新区的发展需要高学位人才，这对于低学位的外来人口来说无疑是一大就业压力，这大大增加了舟山市的公共服务需求。

2012 年，携家眷来舟山的流动人口比重相对增加，占总量的 47.7%，同比上升了 11%，其中携带小孩的占总量的 34.4%，同比上升 1.4%，有不少携带了 3 名以上 16 周岁以下未成年人。这些未成年人需要就学，而舟山市针对外来流动人口子女而设的学校有限，随着流动人口子女的不断增加，这对舟山市的外来人口子女就学承载力提出了严峻的考验。

流动人口来舟山工作，不能享受他原本有的一些社会保障，比如说社会保险、医疗保险，还有维护自身权力。外来流动人口的文化程度普遍不高，在自己的权力遭受侵害后，不知道该怎么去维护自身权力，有些只能是忍气吞声，有些则采取一些过激的行为。这些都会影响舟山的发展，也显示出舟山市在社会保障方面有待加强。

针对以上出现的一些问题，舟山市根据《浙江省流动人口居住登记条例》等有关规定，制定《舟山市流动人口居住登记暂行办法》。该办法从公共服务的劳动就业、社会保障、子女就学、医疗和计生服务、维权服务、文化生活、居住生活等几个主要方面做了详细的规定。

例如医疗和计生服务，可就近获得基本医疗服务，享受国家基本药物制度。可根据本地各类基本医疗保障制度参加条件，参加并享受基本医疗保障待遇。患有结核病、艾滋病等重点传染病的流动人口，根据相关政策减免检查和治疗费用，其子女享受居住地免疫规划基础疫苗免费接种。可在自愿的基础上由社区卫生服务机构建立流动人口健康档案，获得基本公共卫生服务，申请加入“舟山群岛新居民健康银行”，重点疾病患者可获得重点疾病社区管理服务。可依法免费获得避孕药具，免费享受国家规定的其他基本项目的计划生育技术服务、计划生育科普知识宣传教育和优生优育咨询指导。成年育龄妇女可按规定免费办理《流动人口婚育证明》，已婚育龄夫妻可免费办理一孩生育服务登记，享受现居住地生育关怀，按我市优生促进工程相关规定免费获得孕前健康检查和孕前优生检测服务。

《舟山市流动人口居住登记暂行办法》是参照《浙江省流动人口居住登记条例》综合考虑我市经济和社会公共服务实际承受能力而制定的，这是我市出台的第一个关于流动人口居住登记的暂行办法。该办法重点对流动人口在我市申领“临时居住证”和“居住证”的条件及领取“临时居住证”和“居住证”后享受的政治权利、户口迁移、劳动就业、社会保险、子女就学、医疗及计生服务、临时救助等方面的权益进行了明确规范，使流动人口在我市享受的各项权益有了政策上的保障。

但是必须看到，它虽然在一定程度上缓解了这种供不应求的紧张局面，但并没有完全解决问题，还需要进一步改革和创新。

（三）舟山市流动人口公共服务存在的主要问题

1. 服务机制不够健全

服务机制不够健全是指流动人口问题综合治理难以真正落实，有关部门相互协调难。按照当前流动人口管理的有关规定，流动人口问题的综合治理，主要由党委、政府领导，公安、劳动、计划生育、工商、城建等部门共同参与，既明确分工又相互协作，共同加强对流动人口的综合治理。但在实际管理工作中，作为流动人口管理协调工作机构的流动人口管理工作领导小组办公室（流管办）大多设在公安部门，难以真正有效协调部门之间的管理政策和具体管理工作。部门之间各自为战、各管一面的传统行政管理模式事实上仍未打破，综合治理难以真正落实。如劳动、公安和计划生育部门等各自负责流动人口就业、治安和计划生育管理，各自独立采集管理专业信息且信息难以沟通。部分人口基本信息重复采集，既加大了工作量又降低了管理工作效率，综合治理的整体优势未能充分体现。

目前，舟山市在流动人口服务管理体系这方面并未形成常规性、全局性的管理结构，并且齐抓共管、综合治理的工作机制也未能真正地建立起来。计生、教育、公安、建设、劳动和社会保障、工会、共青团、妇联等，仍然处于单打独斗、疲于应付的被动局面，外来流动人口服务管理信息不畅、服务管理不力的状况没有得到根本性的好转。

2. 服务措施有待加强

首先，由于流动人口管理工作量大，信息采集量大，加之各部门特别是劳动、工商、城建部门各自为政，使大量具体管理工作和管理措施难以落实。突出表现为：劳动部门劳动合同签订的监管措施落实不够，流动就业人员的就业信息难以同其他部门沟通共享；城建部门对出租房屋的登记管理不严密使非法出租现象严重，更难以将有关情况信息向公安部门提供。流动人口信息分别为不同部门所掌握且相互之间难以沟通共享，导致管理效率低下。

其次，治安责任制难以落实。“谁主管，谁负责；谁容留，谁负责；谁雇佣，谁负责”的流动人口治安管理原则，将对流动人口治安管理负有重要职责的民警、出租房主和雇主的治安责任紧密联系在一起。但在实际管理工作中，由于民警对流动人口的就业和居住情况不了解，难以监督出租房主和雇主治安责任的落实。

再次，群众性治安防范组织和协管人员不落实。流动人口的治安管理，必须依靠群众性治安防范组织如治保会、单位内保组织以及协管员的参与，共同组成一个遍布社区的管理网络，延伸民警管理的“眼”和“手”，提高管理效率。但在当前社会经济形势下，企事业单位所有制的多元化、个人价值观的多元化以及流动人口管理经费的不足，使流动人口协管工作难以落到实处，制约着流动人口管理效能的提高。

3. 服务管理力量有待进一步提升

近年来，根据舟山市外来流动人口服务管理的实践以及外地流动人口服务管理的先进经验来看，建立一支强大的流动人口专业服务管理队伍是做好流动人口服务管理的一个重要环节。这些年来，在各级党委、政府的大力支持和关怀下，治安辅助力量和暂住人口专职协管员队伍在不断壮大，但目前全市专职暂住人口协管员与外来流动人口的比例仍然约为 1：700，远远低于全省规定 1：500 的标准。

同时，暂住人口专管员存在着工资待遇低、风险大等问题，导致离岗离职情况较为突出，队伍长期存在不稳定状况，影响了日常工作，从而大大削弱了流动人口服务管理的针对性和实效性。

不仅福利待遇不尽人意，还有暂住人口专管员的培训也缺少专业化。暂住人口专管员缺少必要的专业化，当遇到较复杂的问题，处理起来就比较费时。这大大降低了政府部门的办事效率，与舟山市的发展速度不太相符。

4. 公共财政投入少

目前，对外来流动人口服务管理，舟山市没有固定的专项经费，各部门都是通过各自的途径解决经费。解决办法五花八门：除靠内部节俭点外，大部分来自当地政府拨一点点款，辖区企业赞助一点，村委会、居委会筹集一点，凑成了专项经费，外来流动人口服务管理经费来源非常的不稳定。与各方面的关系好一点，经费就有着落；如果关系不好，就可能存在断粮的危险。经费不到位，会导致服务队伍不稳定，就很难开展顺利正常的服务管理工作。

三、舟山群岛新区社会保障公共服务存在的问题

“社会保障”源于英文 social security, 本意为“社会安全”。在不同的国家和不同的时期，“社会保障”曾有不尽相同的解释，但它的基本内容、性质、目的、宗旨却大体相同。党的十七大报告提出“加快建立覆盖城乡居民的社会保障体系”，“要以社会保险、社会救助、社会福利为基础，加快完善社会保障体系”。社会保障体系是社会的“安全网”，对社会稳定和发展有着重要的意义。

（一）社会保障公共服务的内容

社会保障制度是社会经济政治发展到一定阶段的产物，是社会化生产、市场经济正常运行的客观需要。其根本目的是为了更好地化解社会发展所产生的各种社会矛盾，使人们能够生活得更加和谐。

社会保障是国家或政府以国民收入再分配为手段，对暂时或永久丧失劳动能力，或因其他原因导致生存危机的社会成员提供物质救助，确保其基本生活需求的一项制度安排。社会保障一般是由社会保险、社会福利、社会救济、优抚安置等部分组成。其中，社会保险是社会保障体系的核心内容。

1. 社会保险

社会保险是国家依法建立的面向劳动者的一项社会保障制度，它由政府、单位和个人三方共同筹资，目标是保证劳动者在因年老、生育、疾病、死亡、失业、工伤等风险暂时或者永久地失去了劳动能力从而失去了收入来源时，能够从国家或者社会获得物质帮助，以此来解除劳动者们的后顾之忧。社会保险具有强制性、共济性和普遍性等特征，主要包括养老保险、失业保险、医疗保险、工伤保险和生育保险等项目。

2. 社会救济

社会救助是指国家和社会依据法律规定，面向不能维持最低生活水平的低收入家

庭提供经济帮助的一项社会保障制度。它是现代社会保障体系中具有基础地位的一个重要子系统。社会救济是基础的、最低层次的社会保障，其目的目标是帮助贫困人群维持最低生活水平，其标准低于社会保险的要求。社会救济的经费来源主要是政府财政支出和社会捐赠。

3. 社会福利

广义的社会福利实际上是广义的社会保障的同义语，是国家和社会对全体社会成员提供的全部物质和文化生活的保障和福利，除前述社会保险、社会救助外，还包括其他旨在改善与提高国民生活质量的物质福利，以及全部公共的文化、教育、卫生、体育设施和服务。狭义的社会福利，作为社会保障的从属概念，是与社会保险、社会救助并列的概念，是社会保障体系中日益重要的子系统。

（二）社会保障公共服务供给主体

1. 政府

在公共服务各供给主体中，政府是责无旁贷的主导者和协调者。政府在公共服务供给主体中居于主导地位是确定的，但同时需要与其他供给主体配合并接受监督。其具体职责体现在以下方面：

（1）公共安全型和基本民生型公共服务的提供者

公共安全型和基本民生型这两类公共服务，或者是关系国计民生，强烈体现公共权力和政治目标；或者是属于市场无力供给或供给不足的纯公共服务。这两类公共服务无法由营利性组织或第三部门有效供给，只能由政府机构直接提供和生产。因此，必须强化政府机构内部的监管，以保障公正、降低成本、提高效率。

（2）基础公益型和公共事业型公共服务的提供者

这两类公共服务投资风险大，投资回收期长，营利性组织和第三部门不愿介入。目前，这两类公共服务多数还是由政府机构亲自提供和生产，且这类公共服务的公益性和与百姓生活密切相关的特征也决定了政府负有不可推卸的责任。这类公共服务项目繁多，日常运营等工作需要耗费大量的人力物力，完全由政府机构操持会力不从心且效率低下。因此，政府机构可专心扮演提供者的角色，而将生产移交给其他供给主体，既可减轻自身负担又能提高效率。

（3）其他供给主体的引导者和监管者

在多元化供给主体格局中，各供给主体是建立在政府机构居于主导地位之上的多元化，政府发挥着宏观把握与引导的功能。对于公共事业型和选择型公共服务，由于其具有一定的可经营性，政府应引导和鼓励营利性组织供给并明确其行为责任；同时，由于这些公共服务事关日常生产生活，而营利性组织的趋利倾向会威胁到社会公平的实现，因此政府应对其进行有效监管，以确保不偏离公共利益这个目标。

（4）制度供给者

政府机构最为重要的公共服务使命，就是建立健全公共服务领域的法律法规体系和政策体系，创造良好的制度环境。目前，我国公共服务存在的问题很大程度上源于体制机制不健全。这就需要政府机构通过制定和调整相关政策、创新体制机制，为公共服务的发展提供动力和创新所需的制度条件，从而推进公共服务健康发展。

2. 营利性组织

营利性组织是指经工商行政管理机构核准登记注册的，以营利为目的、自主经营、独立核算、自负盈亏的具有独立法人资格的组织，包括各类企业和公司。营利性组织供给公共服务有着政府机构所不具备的优势：首先，营利性组织参与公共服务供给能够在公共服务领域形成竞争性市场，从而避免垄断所带来的低效率或高收费，有利于公众获得质优价廉的公共服务。其次，营利性组织参与供给公共服务可以解决公共服务资金不足的问题，不仅可以增加公共服务的供给总量，而且它对市场的敏感性使其能够紧盯社会公共服务需求的变化情况，灵活地为公众提供他们真正需要的公共服务。营利性组织供给公共服务的优点主要源于市场机制在其中发挥了重要的作用。但也正因为如此，营利性组织供给公共服务可能带来很多问题，如：营利性组织的趋利本质有可能影响公共服务质量；不合理的收费可能导致公民享受不到本该享受的公共服务，严重影响社会公平；制度上的漏洞有可能导致寻租现象比较严重等。但这些问题并不影响营利性组织可以成为公共服务供给主体的重要组成部分。作为公共服务的供给主体之一，营利性组织在公共服务供给中发挥着积极的作用，具体如下：

（1）基础公益型公共服务的生产者

基础公益型公共服务投资风险大，投资回收期长，且普遍存在“搭便车”现象，从而打消了营利性组织和第三部门提供这类公共服务的积极性；但若完全由政府机构生产又会导致效率低、效果差。在这种情况下，可以将公共服务的提供者与生产者分离，政府机构以拨款或付费等形式充当提供者，由营利性组织或第三部门负责生产，从而减轻政府负担，提高效率和效益。

（2）公共事业型和选择型公共服务的提供者和生产者

公共事业型公共服务一般具有如下特点：自然垄断性比较强；初始投资额比较大；具有规模经济性；带有一定的私人性；收费是可行的；与百姓生活密切相关。因此，这类公共服务比较理想的供给主体是政府管制下的国有企业，由政府出资、国有企业生产，向消费者收取合理的费用以补偿支出。提供服务是其首要目的，盈利是其次的。但是，我国的国有企业行政化作风明显，政府对国有企业干预过多，因效率低下、服务不到位、收费不透明等缺陷而饱受诟病。鉴于此，创新此类公共服务的供给主体势所难免。首先，要将国有企业的身份由生产者转变为提供者和生产者，政府放松对国有企业的干预，让国有企业自己根据市场情况做出决策；其次，放开那些规模经济特征不明显、进入障碍较低的公共服务项目，使其他营利性组织也成为提供者和生产者，引入竞争机制，降低生产成本，提高公共服务的质量。选择型公共服务的非排他性和非竞争性程度比较低，性质比较接近私人物品，因此可以按照市场竞争的规则，由营利性组织进行提供和生产，实行用者付费。

（3）第三部门

第三部门 (The third sector) 这一概念于 20 世纪 70 年代末开始在西方形成并流行，目前对其界定尚无统一的定论。本文认为，第三部门从范围上讲是指不属于第一部门（政府机构）和第二部门（营利性组织）的其他所有组织的集合，包括志愿性社团、慈善机构、基金会、协会、社区组织等。在发达国家，20 世纪 30 年代经济大萧条引发的市场危机和 70 年代后凯恩斯主义及福利国家的危机，促使了第三部门这一与传统模式相异的全新组织形式的出现，其作用在于调节市场和政府失灵。中国的第三部门与发达国家有所不同，其发展与市场和政府不是对立的，而是互为促进的。第三部门具有如下特点：民间自治性，即在组织机构上与政府分离，自主设计组织章程，自主遴选和更换领导机构和人员，能够控制自己的活动；非营利性，即不以营利为目的，第三部门可以收费，但其水平低于市场价格；志愿性，即第三部门的管理和活动由会员自愿参与；公益性，即第三部门以社会公益为目的、以服务公众为宗旨。

政府机构和营利性组织作为供给主体都存在着一些仅靠自我完善无法避免的缺陷，而第三部门能够在一定程度上弥补这两个主体的缺陷。

第一，第三部门可合理利用社会资源且以公益为导向，能够在市场失灵的领域填补政府在公共服务中的某些空白，有助于减轻政府负担，有效促进社会公平。

第二，第三部门具有极大的灵活性，有利于满足公众多元化、个性化的公共服务需求，从而与政府标准化、统一化的公共服务供给形成有效互补。

第三，第三部门贴近基层，信息在传递过程中的扭曲和失真程度比较低，更容易了解到公民的真实需求，有助于提高公共服务的效率。

第四，第三部门能够在一定程度上影响政府的公共决策，拓宽公民的需求表达渠道，提高公共政策的有效性和针对性。

虽然第三部门能够较好地弥补政府机构和营利性组织供给公共服务的弊端，但由于我国的特殊国情，第三部门自身还存在很多缺陷。

一是受制于政府，自治不足。目前中国的第三部门由于历史原因，从人员到资金来源都有很浓厚的官方色彩，整体弱小且缺乏自主性，属于依附式发展，有“准政府机构”之嫌。

二是缺乏稳定的经费来源。由于第三部门的非营利性特征，企业的捐助便成为第三部门一个重要的资金来源，但中国的企业多数对慈善事业并不热心，第三部门为了吸引企业的资金有时会做出有违公益之举。

三是动力不足。第三部门供给公共服务的动力源于对社会的关切和回报社会的自觉。也正是其自发性、自觉性和非强制性的特点，导致第三部门供给公共服务的动力不足，不能担当起持续、稳定、充足地供给公共服务的重任。

四是法律法规不健全。第三部门内部的家长式作风、近年来频频曝光的腐败现象和丑闻，在一定程度上正是自律与监督机制缺失造成的恶果。

由于公共事业型和选择型公共服务具有一定的盈利性，与第三部门的非营利性特征相违背，因此第三部门不宜过多涉入这两类公共服务，其主要职责是作为政府机构的补充，充当部分公共安全型、基本民生型和基础公益性公共服务的生产者或者提供者和生产者。如前文所述，公共安全型、基本民生型和基础公益性这三类公共服务与国计民生休戚相关，政府责无旁贷；但若政府事无巨细皆亲力亲为，又会带来一系列问题。在营利性组织不愿或无力介入的情况下，由政府提供、第三部门生产便成为一个很好的解决方案。当然，若第三部门有足够的财力，可以既作为提供者又作为生产者，便能减轻政府的负担。事实上，有些小型的公共服务如个案扶贫救助等由第三部门供给更加高效。需要指出的是，由第三部门承载政府机构转移出来的部分公共服务职责，是为了在那些营利性组织不愿提供而政府管不好的领域以更低的成本提供更好的服务。但这不能成为政府推卸责任的理由。目前来说，我国的第三部门在公共服务供给主体中处于弱势地位，所起到的作用比较有限。但随着第三部门的不断发展与完善，它将在公共服务供给中发挥越来越重要的作用。

（三）社会保障公共服务对象

社会保险的对象是最重要的社会群体——劳动者。

社会救助的对象有三类：一是无依无靠，没有劳动能力又没有生活来源的人，主要包括孤儿、残疾人以及没有参加社会保险且无子女的老人。二是有收入来源，但生活水平低于法定最低标准的人。三是有劳动能力，有收入来源，但由于意外的自然灾害或社会灾害，而使生活一时无法维持的人。

社会福利保障对象是全员化的。社会福利的覆盖范围不像社会保险仅限于劳动者，也不像社会救助只限于特殊的弱势的社会群体，而是全社会成员，被称为“按人头”

的社会保障制度。

在国家社会经济发展进程中，社会保障通常发挥着稳定、调节、促进、互助等多重作用。现代社会保障制度的基本特征，主要表现在它的公平性、社会性、福利性、法制规范性、多样性及发展性等方面。

社会保障的公平性特征，主要表现为三个方面：一是保障范围的公平性，二是保障待遇的公平性，三是保障过程的公平性。社会保障的公平性特征，并非以不讲效率为条件。从微观上讲，社会保障追求社会公平，其本身也是要讲求效率的。只有最大限度地提高社会保障资源的效率，才能更好地实现社会公平并促使社会进步。

社会保障之所以有别于家庭保障与职业福利，是因为它不是封闭运行而是面向整个社会开放，并通过社会化机制加以实施的制度安排。因此，社会化是现代社会保障制度的重要特征。主要体现在：社会保障制度的开放性；筹资社会化；服务社会化；管理与监督社会化。

社会保障制度福利性的特征，就相对社会成员即于个人而言，其特征就是在社会保障方面支出要小于在社会保障方面的收入。总之，凡是所得的大于所费的就具有了福利性。因此社会保障制度福利性的特征，体现的是社会成员在社会保障方面的交易成本低于所获得的保障待遇。

（四）社会保障公共服务本质

社会保障本质就是通过对国民收入进行再分配，对社会弱势群体进行补偿。这既是制度公正的内在要求，也是实现社会分配正义的必然选择。

社会保障维护并创造着公平的竞争环境，促进着经济社会的正常发展，不断增进着国民福利，并且能够为其他相关政策的实施提供配套，不断推进人的社会化与现代化，树立个体的社会主体角色。社会保障能够创造就业机会，改良社会产业结构。社会保障以人为本，彰显人道主义，是人类文明发展进步的重要成果与推动力量。人的生存与发展既是社会保障的目标，也是理解社会保障本质的关键。

现代社会保障制度强调的是以人为本，其伦理基础是人道主义和公平价值理念。健全的社会保障体系不仅能够解除人们的后顾之忧、保障人们的基本生活，而且实践着缩小社会不公平和维护社会公平等多方面的功能，直接体现了对弱者的重视与照顾以及人文关怀的精神，直接促进人的全面发展，甚至解放了人类自身，是人由家庭人转化为社会人的必要条件。它最终必然促进整个社会的和谐健康发展。任何社会保障项目的建立，都是受益者福利的直接提升，而健全的社会保障体系则带来社会福利的普遍提升。社会保障是一项基本的社会制度，它作为整个社会结构中的一个系统或一个构成部分，既需要其他政策体系等为之配套，也可以为其他政策体系的实施提供配套。

（五）舟山社会保障公共服务的历史发展与现状

舟山市的社会保障是一点一点地建立起来的。自改革开放以来，舟山的社会保障制度得以加快发展。主要经历了三个阶段。

从20世纪80年代中期到1993年，是社会保障制度的初步改革阶段。这一时期，舟山开始进行城市经济体制改革，核心是增强企业特别是全民所有制大中型企业的活力。在这种改革背景下，社会保障制度改革的指导思想定位在服从企业改革需要上，把社会保障改革作为企业改革的配套措施来进行。尤其需要指出的是，这一阶段初步建立了失业保险制度。

从1993年到1997年，是社会保障制度的全面改革阶段。这一时期，舟山按照党的十四大确立的我国经济体制改革的目标要求，把建立社会保障制度作为社会主义市场经济基本框架的组成部分之一，明确了我国社会保障体系的基本内容，提出了建立社会统筹与个人账户相结合的多层次养老保险和医疗保险制度，以及政事分开、统一管理的社会保障管理体制。改革的重点是实现社会保障的制度创新，建立一套适应社会主义市场经济要求的社会保障制度。

从1998年至今，是社会保障制度的不断完善阶段。按照党的十六大以来提出的坚持以人为本，贯彻落实科学发展观的要求，以2004年十届全国人大二次会议通过的宪法修正案，正式将建设同经济发展水平相适应的社会保障制度写入了宪法，明确了社会保障制度已成为国家发展必要的基本制度安排。这一时期，国家仍然继续主导着社会保障改革并承担着直接的、重要的责任，同时，也明确了构成社会的各个方面(如企业、机关、事业单位、慈善公益团体等)及社会成员个人共同分担的社会保障责任，包括社会保险、社会救助、社会福利在内的整个社会保障制度的规范性建设和管理，以及服务的社会化取得了显著的进展。多年来，社会保障制度改革取得了巨大成就，社会保障制度不断发展和完善，为促进改革、发展、稳定的大局，为加快建立社会主义市场经济体制，发挥了不可替代的作用。[1]

舟山的社会保障制度随着中国市场经济转型和在经济全球化影响下，经历了重大的制度转型与制度改革。但在过去20年里，改革受到新自由主义的影响，过分地依附于提高经济效率与促进经济增长的目标，从而对社会的公平与再分配等社会目标重视不够到位，并且在现有的制度设计上，对于农村的劳动力转移等重大社会过程有明

---

[1] 汪洁．完善社会保障构建和谐城市[A]. 天津市社会科学界第四届学术年会．天津市社会科学界第四届学术年会论文集[C]. 天津：天津市社会科学界联合会，2012:86.

显的估计不足，从而显露出严重的缺陷。

“社会保障是国家抵御公民社会风险的制度体系，由社会保障制度安排和服务体系构成。政治民主是动机，即实现公民受益权，克服贫困和改善民生；国家理财是手段，即按照个人生命和财务周期筹集和使用资金，发挥其公平分配、促进消费和风险管理的战略作用；社会和谐是结果，即完善产权规制、缩小贫富差距，实现经济平稳较快发展目标。服务型政府是坚持客户导向的，具有宏观调控、市场监督、社会建设和公共服务能力的政府，其决策、执行和监督三大功能分离，征税、执法和服务三类组织要均衡发展。目前，我国政府公共服务执行机构和农村公共服务基础设施比较薄弱，这是服务型政府建设的增量部分，应当从完善城乡社会保障公共服务体系做起，打造政府的社会保障执行机构（简称“社保机构”），强化政府的社会保障执行能力。”[1]

近年来，舟山市与残疾人有关的社会保障在整个公共服务体系中加大了行使的力度，加快推进残疾人社会保障体系和服务体系建设，进一步改善残疾人状况，促进残疾人平等参与社会生活、共享改革发展成果。“十一五”期间，舟山市不断加强以改善民生为重点的社会建设，各项民生指标任务顺利完成。城乡居民生活水平大幅度提高，建立了城乡居民社会养老保险制度，完善企业职工基本养老保险制度，构筑了城镇职工、城镇居民、新农合三大医疗保障体系，养老和医疗保障在制度上实现城乡全覆盖，基本建立了资源整合、层次清楚、种类齐全、标准规范的社会救助制度。城乡居民住房条件逐步改善，根据人普办资料，人均住房面积 10 年间增加了 4.05 平方米。

基层社会保障公共服务机构是做好城乡居民社保工作的重要依托。各级党委、政府和有关部门应高度重视基层社会保障公共服务机构建设，进一步增强抓好基层社会保障公共服务机构建设的紧迫感和责任感，充分发挥基层社会保障公共服务机构在社会保障方面的服务能。第一，加强基层社会保障公共服务机构建设，是落实科学发展观、践行执政为民最直接的手段。落实科学发展观，构建和谐社会必须解决人民群众最关心、最直接、最现实的利益问题。而社会保障工作就是以人为本的直接体现，也是构建和谐社会的坚实基础。基层社会保障平台服务的对象是千家万户，解决的都是与老百姓切身利益关联最紧密的热点问题。因此，加强基层社会保障公共服务机构建设，就能将党和政府的惠民政策及时落实到广大老百姓家中。第二，加强基层社会保障公共服务机构建设，是市场经济发展的必然要求。当前，随着社会主义市场经济体制的日益完善，社会保障工作重心向基层延伸是大势所趋。加强基层社会保障公共服务机构建设，政府才能一抓到底，才能真正满足老百姓对社会保障各项服务的需要。因此，加强基层社会保障公共服务机构建设是市场经济和社会发展对社会保障工作提

[1] 杨燕绥，曹峰 . 社会保障公共服务体系建设解析 [J]. 行政管理改革 , 2010（07）: 47.

出的客观要求。第三，加强基层社会保障公共服务机构建设，是突破事业发展瓶颈，推动事业深入发展的客观需要。基层服务平台贴近群众，覆盖面广，是进行社会保障政策宣传咨询和开展公共服务的重要载体。随着统筹城乡社会保障工作的进一步推进，特别是城镇居民基本医疗保险、新型农村合作医疗、新型农村社会养老保险等几项工作的迅速展开，基层社会保障公共服务体系不适应工作需要的矛盾越来越突出，已经成为制约社会保障事业城乡统筹发展的一大瓶颈。加强基层社会保障公共服务机构建设，是改善社会保障公共服务条件，提升服务能力，为人民群众提供更加高效、便捷、优质服务的迫切需要，也是转变政府职能、改进工作作风、提高工作效率的有效举措，对于推进社会保障事业加快发展、科学发展、又好又快发展具有重要意义。[1]

（六）舟山社会保障公共服务存在的问题及原因

1. 资金短缺

社会保障制度要正常地运行，舟山所需要的资金缺口还是比较大。近几年来，参加了社会统筹的企业每年离退休人员就会新增 200 多万人，养老金支出数额就会越来越大。

在过去计划经济体制下，社会保障是没有足够的资金积累的。同时，因养老保险的覆盖面窄，一些企业经营的状况不好，导致了养老保险费的收缴率低，没有实现全国统筹，地方间的基金不能调剂使用，致使养老保险基金出现支付缺口。我国的社会保障体制结构规范性质不强，资金的管理分散，并且缺乏有效的监督与制约机制，以致挤占、挪用甚至挥霍浪费现象时有发生。此外，由于对保险基金没有纳入财政的统一管理，省级地区间的社保基金调剂受到了很大限制。另外，用于基本养老、基本医疗、失业补助等社会保险项目的社会保障资金还是在以“费”的形式征收，它的强制力不够，再加上群众的基础薄弱，很难取得被征收的单位和个人的有力配合和支持。在中央政府和地方政府之间、企业和政府之间，对社会保障的责任划分也不够明确和了解。我国现在的社会保障管理体系极其分散，职能相互交叉，这样很容易在筹资过程中发生矛盾和造成各部门之间对责任的相互推诿。

2. 流动人口缺乏安全感

农民工是一个特殊的劳动群体，在我国经济转型时期他们是流动人口的主体。“根据国家统计局的数据显示，2005 年我国约有 9900 万农民跨地区流动，还有 1.36 亿乡

[1] 饶风 . 对城乡社会保障公共服务均等化的认识 [J]. 中国劳动 , 2010（8）: 15-16.

镇企业职工，全国农民工总数约为 2 亿人。近 10 年我国城镇就业人员的平均收入增加了一倍，而农民工的平均收入几乎没有增长。”[1] 在城乡二元社会结构的条件下，进城打工的人员会受到户籍、身份等因素的限制，合法权益就无法得到有效的保障。由于在社会保障方面与城镇居民的差距更大，农民工在职业伤害、疾病医疗、失业保险和老年保障等方面缺乏应有的社会保障，相当一部分的农民工在实际上没有享受到城市的社会保障。

3. 障碍多、基础薄

社会保障制度应该覆盖全体公民。社会保障制度对任何一个公民都有制度意义，制度没有排他性，每个公民都能“享用”社会保障制度。从我国的现状看，社会保障基金来源主要是企业支付，少量部分由国家补充，个人交纳较少，不能很好地体现国家、集体和个人共同负责的原则。实际上，政府建立的基本保障变成了全部保险。这与我国生产力发展水平低、人口多、底子薄，国家总体财政经济实力尚不雄厚的国情不相适应。大部分私营个体老板及职工不参加社会保险，有的基层职员还自愿放弃企业本可以为他们上的社会保险。我国各地区的自然资源、天然环境各不相同，经济基础也不一样，管理水平和人才条件也存在着一定差异，这些都决定着一个地区的经济发展水平，进而也决定着一个地区的资金筹措能力。从当前的制度和操作上来看，在企事业单位工作的员工是否参加社会保险还不是员工个人的自主行为，而是由企事业单位领导决定的，与企事业单位领导的行为方式和单位经营状况有着密切的关系。此外，也有相当多的单位利用政策或制度的空档，虽然工作上需要某一长期使用的员工，但就是不与此员工签订劳动合同，自然也不用为此职工上社会保险。也有不少国有企业的领导想按时为其正式职工上社会保险，但由于企业困难得连职工工资都发不了，自然也无能力为职工交社会保险费了。

4. 相关立法滞后

我国目前缺乏对于社会保障建立合理的法制规范，迄今为止都是依靠行政机关的政策或者指示来推动整个社会保障制度体系的改革。这种状况不仅会无法使新的社会保障制度真正地走向定型发展，而且会由于政策的多变性或者过度灵活而损害了新制度应有的稳定性。目前的社会保障的立法不可能一下子就很完善，但至少应包含规范社会保险及其他社会保障系统的性质、企业与个人应当承担的义务、国家或政府在其

---

[1] 汪洁 . 完善社会保障构建和谐城市 [A]. 天津市社会科学界第四届学术年会 . 天津市社会科学界第四届学术年会论文集 [C]. 天津 : 天津市社会科学界联合会 ,2012:88.

中的责任，以及明确的权益等。

社会保障制度的一个基本目的在于解除社会成员的后顾之忧，因此必须是确定的能够连续实施的制度安排。通过立法，将社会保障制度以法律的形式固定下来，这些制度也就具有了可以连续实施的生命力。

立法先行是一项基本的原则，任何一项社会保障制度的建立和改革，通常都是以立法机关制定或修订相关的法律、法规为先导，再以管理部门制定的相应的实施细则做为条件，最后才能具体组织并实施社会保障项目。社会保障是涉及亿万国民的切身利益的社会保障公共事业，如果没有立法的规范和明确的硬约束性，就不可能得到有效的推进和实施。与之同样重要的还有，社会保障制度的安排牵涉到政府、企业与个人之间的责任分担和不同社会群体或者利益集团的利益调整。

社会保障的运行是一个巨大的社会工程，包括缴费、给付和基金运作等。对于依法负有缴费义务的主体，必须严格依照法律规定缴纳，各项社会保险费不得拒缴或欠缴。与此相对应，社会保障经办机构也必须按法定标准及时地将各项社会保障待遇发放到受益者手里，不得延误或随意减少。对社会保险基金的运作，主要是要求对社会保险基金在安全的前提下进行投资和管理，任何单位和个人不得挪用。这一要求必须通过法律规定严格的法律责任并强化监管来实现。只有在法制化的环境下，社会保障制度才能有效地运行。

四、舟山群岛新区社区公共服务的发展与问题

近年来，社区作为公共服务的平台，日益受到政府及社会各组织的重视。而随着舟山群岛新区的提出，经济快速发展的同时，社会问题愈加趋于复杂化。作为社会问题载体的社区，在取得明显进展的同时亦面临着巨大的挑战。本文就社区公共服务进行了阐述，并对舟山社区公共服务存在的问题进行原因分析，提出完善社区公共服务体系的思路。

社区公共服务既是适应经济社会发展的需要，也是为了满足社会成员日益增长的服务需求。伴随着市场经济的发展和城镇化进程的加快，社区服务在经济社会发展中的地位越来越重要，因而逐渐成为各种社会矛盾的交汇点、各类社会群体的聚集点和各项方针政策的落脚点。社区群众对社区服务提出的需求越来越多，要求也越来越高，尤其是面对城镇流动人口、退休职工，以及下岗失业人员，社区公共服务的压力不断加大。加速完善社区公共服务体系，已成为满足社区成员的社区服务需求和促进社会和谐发展的紧迫任务。舟山群岛新区的提出与建设，加速了舟山经济的发展，隐藏的问题也逐渐暴露出来。为了更好地建设新区，舟山必须发展与完善社区公共服务。

（一）社区公共服务的基本内涵

1. 概念的界定

"公共服务"与经济学上的"公共物品"，是同一系列的概念，含义大致相同。区别在于产品是有形的，而服务是无形的。因此我们可以通过"公共物品"来了解"公共服务"这一概念。美国著名经济学家萨缪尔森提出："公共产品是这样一种产品，无论每个人是否愿意购买它们，它们带来的好处不可分割地散布到整个社区"。[1] 世界银行《1997 年世界发展报告》中将公共物品定义为："公共物品是指非竞争性的和非排他性的货物。"[2] 因此，公共服务是指公共服务的提供者通过一定的组织和形式向社会成员提供非排他性的和非竞争性的物品和服务，以满足社会成员生活和工作上的各种需求。

社区公共服务，简而言之，就是以社区公众为对象的社会公共服务。它是指在以人为本的理念的指导下，现代社会为了满足社区的公共需要而提供的社会公共服务，及社区本身为满足自身需要而自己安排的共有服务。

2. 社区公共服务的范围

社区公共服务的提供者主要是政府，但也不能忽视社区自身开展的自我服务社区公共服务的对象，即全体社区居民。社区公共服务的方式以群众广泛参与自我互助服务活动方式。社区公共服务的目的是解决社区的社会问题。

社区公共服务的内容包括就业、社会保障、救助、卫生和计划生育、文化、体育、安全等。

3. 社区公共服务的特点

首先，社区公共服务不只是社会自发性和志愿性的服务活动，它具有组织性。社区公共服务是在政府的领导下进行的，具体的执行者是社区组织。

其次，社区公共服务具有群众性。社区服务并不是仅仅由少数人参与的为其他人提供服务的社会活动，而是以社区全体居民的参与为基础，以自助与互助方式相结合的社会公益活动。因此要大力调动社区广大居民和各单位的积极性。

再次，社区公共服务不是一般社会性服务产业，它不同于经营性产业，是一种福利性产业，但允许社区公共服务在一定程度上发展经营性服务，用以弥补福利服务的不足。

---

[1] [美] 萨缪尔森萨，诺德豪斯 .《经济学（十四版）》[M], 胡代光等译 , 北京 : 经济出版社 ,1996.

[2] 杨贵华 . 社区公共服务发展与专业社会工作的介入 [J]. 东南学术 , 2011（1）.

4. 社区公共服务的必要性

20 世纪 90 年代以来，社区公共服务已成为社会公共服务的主要内容之一，在社会转型与人民生活的改善中发挥着越来越重要的作用。随着人民生活水平的提高和人口老龄化的发展，居民的消费结构呈多样化趋势，社区居民对社区公共服务的需求急剧增加，这就要求必须扩大社区公共服务的范围。构建社区公共服务体系迫在眉睫。

第一，社区公共服务是我国政权建设的需要，是推进基层民主的必然要求。不断提高人民的生活水平体现了我国政府的社会主义性质，体现了全心全意为人民服务的宗旨，是我国政府建设的出发点和落脚点。社区公共服务的发展涉及政府职能的转变、行政体制改革等问题，这要求我们必须逐步实现社区居民的自我管理、自我服务和自我监督，在社区逐渐成为社会成员利益的共同体后，社区公共服务的强化就可以最大力度地增强社区的凝聚力，提高居民的认同感和归属感。这就为推进基层民主夯实了坚实的群众基础和思想基础。

第二，社区公共服务是是社会服务发展的需要，是社区公民对社区公共服务需求不断增多的必然结果。在社会主义市场经济条件下，城市化进程迅速推进，城市社会结构发生了很大变化，计划生育制度的实施，使家庭对社会服务的需求大幅度提高。加上我国步入老龄化社会，需要加大发展各项社会福利和社会服务事业的力度。改革开放以来，经济迅速发展，人民生活水平提高，消费结构趋于多元化，在基本需求得到满足后，人们开始追求更好的生活，希望能满足日益多样的需求。而政府提供的公共物品的质量和效率，目前还难以满足公众的需求，也存在着损害公共利益的寻租现象。而社区贴近民众，能克服政府行为所存在的弊端，由政府和社区组织共同提供的社区公共服务，能更好地满足社区居民对社区公共服务的需求。

第三，社区公共服务是市场经济背景下我国改革开放的需要。近年来，社会主义市场经济体制不断发展和完善，它要求政府转变职能，企业转换经营机制，要求我国必须走“小政府，大社会”的道路，就必须把服务性、生活性内容放到社区，搞好社区公共服务，优化市场环境。从另一方面来讲，社区公共服务业的发展可以吸收大量人员就业，减轻就业压力，从而有利于深化改革。

第四，社区公共服务是基层社会管理体制不断发展的必然要求。新中国成立后，我国对社会的管理主要以单位制为主，基层社区管理为辅。改革开放后，经济所有制结构发生了变化，非公有制经济迅速发展，社会主义市场经济体系逐步建立与完善，国有企业的改制使得“单位制”的运行基础不再存在。

城市化进程的推进，必然使基层社会管理体制要过渡到真正的社区制，以“以人为本”为理念，面向居民，以服务为中心，强调居民参与的积极性，促进社区成员的全面发展，维护社区成员的利益。这就要求转变街道办事处和居委会的职能，扩大社区公共服务的范围，建立完善的社区公共服务体系。

舟山群岛新区必须不断推进城市社区建设，加强基层民主的扎根发展，转变政府职能，建设公共服务型政府。舟山经济的快速发展，使民众在满足了物质方面的基础上，转而追求精神领域方面的享受，对服务的要求越来越高，也越来越多元化，社区公共服务的建设迫在眉睫。

（二）舟山市社区公共服务的现状及障碍

1. 舟山市社区公共服务的现状

舟山群岛新区的建设，经济快速发展，促使社区服务向社会生活更为广泛的领域拓展和延伸，这对促进经济的发展、维护社会的安定和人民生活质量的提高，具有重要的意义。

特别是自全市推行社区服务“网络化管理、组团式服务”工作以来，各新区以此为契机，结合自身实际，遵循“严格要求抓好基础，突出重点抓队伍，以人为本抓服务，强化机制抓保障”的工作指导方针，努力把工作做深、做细、做实，取得了显著的成效。

社区管理网格化的创新工作，管理模式由原来的传统的粗放型管理变成现在精细型的网格化管理，在居民服务方式上，则由分散型的工作模式变为一站式的工作模式，极大地提高了办事效率，为社区的可持续性和有效运行提供了保障。

目前，舟山社区公共服务的项目和内容已基本涵盖了广大居民物质生活和精神生活的各个领域，服务内容也由10多项发展到200多项，覆盖儿童、妇女、老年人、残疾人和优抚对象等各类群体，社区文化、社区环境、社区保障等服务项目普遍展开，社区居民需求得到了不同程度的满足。尤其是伴随着市场经济体制的建立，部分社区公共服务企业开始为社区内居民和单位提供送餐、物业管理等后勤社区化服务，开辟了社区公共服务业发展的新领域。

舟山各城区、街道和社区以社区公共服务为载体，认真做好社区就业岗位开发、社区再就业服务和城市居民最低生活保障工作，并积极拓宽社区就业门路，引导和帮助更多下岗失业人员在社区公共服务领域实现再就业，加快了社区公共服务业的发展。

2. 舟山社区公共服务存在的障碍

社区公共服务的发展，使得公共设施更加完善，有效的就业政策增加了就业岗位、缓解了就业压力，医疗卫生队伍逐渐扩大，社保福利事业也大幅度提高，各方面都在短时间内取得了很大的成就。但是由于舟山处于起步阶段，从长期来看，还有很多因素制约着其发展，也还存在着不少问题，主要体现在以下几个方面：

首先，社区公共服务的管理形式仍沿用旧的行政体制，并没有真正厘清社区与政府的关系。政府职能的转变尚在进行的过程中，尚未在具体的实践中得到有效的落实，在政府和社区的关系上处理得不是很到位，缺少了一个组织所必须的决策权和管理权，政府工作的“一竿子插到底”，社区承担了大量政府的工作，政府化倾向严重，导致社区工作者的工作“本末倒置”，导致了管理状况不佳，出现效率低下、执行难等困境。并且，社区内部各部门还缺乏一定的联系，存在着一定的摩擦和冲突，没有形成良好的协调机制。

其次，效率低、机制不灵活、服务手段较少、回应居民需求的能力弱。舟山与全国一样，老龄人群所占的比例越来越大，也就是说需要社会直接照顾的人所占的比例越来越多。然而，我国的社区公共服务覆盖面不全，服务项目仅为社会需求的 20% 左右，公民日益增长的公共服务需求同公共服务供给之间不平衡。造成这种状况的原因主要有以下几方面：

一是供给主体单一，发展的资金不足。目前舟山的服务提供者主要是以政府为主，忽略了社区本身和社会组织开展的活动。因此，对社区公共服务资金的投入很大一部分应来自政府。但相关数据表明，我国总体上比发达国家的资金投入低于 20% 以上，更何况刚刚起步发展的舟山。

二是家庭收入的有限。调查表明，舟山居民的家庭收入分布很不平衡，有很大一部分居民基本上处于收支相抵的生活状态，无力实现花钱买轻松的潇洒生活理想，许多居民在面对有偿服务时只能望而却步。

三是各项社会福利和社会服务事业的投入力度不足。社区公共服务是一项公益性事业，应该坚持其自身所特有的福利性，但政府对福利事业还不够重视，加之社会资本的制约，使社会福利事业的发展缓慢而艰巨。为了更好地发展社区公共服务，政府要注重社会福利事业的发展，加大投资力度，建立健全完善的社会保障体系。

四是社区公共服务队伍整体素质低下，社会居民参与意识薄弱。由于相对落后的经济政治文化，社区公民的民主意识不高，参政议政能力不强，社区归属感不足。公共服务理念的欠缺，使得社区自治的正常运作缺乏必要的支持力量。目前，舟山市的社区服务中心大多由街道或居委会进行管理。经过这些年的发展，舟山市已建立了一支包括专职、兼职在内的社区公共服务队伍。但从总体上看，这支队伍目前还处在粗放式的、追求数量和外延扩张的发展阶段。就目前而言，直接从事社区公共服务工作的专职人员主要是家庭妇女、下岗失业人员、有劳动能力的残疾人和离退休人员等。他们中受过高等教育的人较少，且并没有接受过比较系统专业的社区公共服务工作的训练。从另一个层面上来说，社区高层人员的自身修养较低，将影响决策的提出与实施。因此，培养一支专业化、职业化的社区公共服务工作者队伍已刻不容缓。

五是各方利益冲突不断。从本质上来说，社区服务问题可以说是一个典型的政治问题，涉及方方面面的利益。政府、社会组织、社区民众，代表了不同团体的利益，利益的冲突必然会带来各种社区问题，影响社区公共服务的发展。社区公共服务政策制定者的利益冲突，也是影响社区公共服务发展的重大因素之一。

五、舟山群岛新区环境公共服务存在的问题

环境公共服务有其特殊的特征和内容，保护环境是基本公共服务。在研究公共服务体系的基础上，通过分析舟山市环境公共服务的现状、需求、存在的各种问题，对于正确认识和解决相关问题十分必要，对舟山积极发展环境保护具有重要意义。

环境公共服务的完善和改革作为舟山公共服务体系中的一个重要环节，需要我们进一步深入了解并且随时修正。如何避免公共服务时政府与企业的冲突，消除落后观念；如何进一步促进政府与其他各方主体的合作，发挥各自的优势，实现共同保障服务品质，是舟山市政府环境公共服务的一大难题。我国乃至舟山环境公共服务才刚刚起步，并没有形成得到广泛认同的范式。因此，研究其模式，探讨其发挥协调作用的可行性机制，尝试为舟山地方政府提供新思路，不仅在理论上丰富和充实了舟山环境公共服务的内涵，在实践上也对促进舟山地区公共服务协调可持续发展有着重要意义。

（一）环境公共服务的内涵

环境保护是基本公共服务的重要组成部分。人们生存和发展的基本载体是环境，环境状况与人的健康息息相关，良好的环境质量是满足人们生存的基本需要之一。基本的环境质量、不损害群众健康的环境质量是一种公共产品，是一条底线，是政府应当提供的基本公共服务。但是，目前我国严峻的环境形势与环境基本公共服务均等化的追求不相适应，灰霾、镉污染、铅污染等层出不穷的突发环境事件，已成为影响社会安定团结的重要因素，环境问题已经成为影响民生的突出因素之一。按照公共产品理论，公共产品是私人产品的对称，是指具有消费或使用上的非竞争性和受益上的非排他性的产品。而环境质量符合纯公共产品的非竞争性、非排他性的基本特征，是一种典型的公共产品。

1. 环境公共服务的定义

宇宙衍生地球，地球繁衍人类。宇宙无限，地球环境却有边界，它为人类生产活动所提供的各种生产要素——可分割的自然资源和不可分割的环境公共服务，是有限

并难以替代的。环境公共服务是政府以满足社会环境需求为目的，为全体社会成员提供环境物品和环境服务的公共活动。目前学界对环境公共服务的性质、目标并没有形成完整的学术认知，也没有完整揭示环境公共服务的公共事务属性，因此环境公共服务这一新型概念的定义有着相当广阔的释义空间。

环境服务业是环境保护中的一个重要组成部分。一般认为，环境服务业的发展水平在一定程度上反映了一个国家整个环保产业市场的发育状况。

2. 环境公共服务的内容和特征

环境公共服务本质上是一种公共资源的分配，它通过提供公共福利设施满足公众的环境需求。环境公共服务主要包括以下四方面的内容：一是与环境保护、污染防治相关的服务，包括大气污染防治、水污染治理、土壤污染防治等；二是环境卫生服务，包括城市环境基础设施建设中的供排水管网建设和污水处理设施建设等；三是环境信息与技术服务，包括环境咨询、环境技术开发、环境宣传与教育、环境信息的预测与公布；四是环境管理和监督，包括污染治理设施运营的管理、环境监测、环境审核等。环境公共服务有五大特性：

一是环境公共服务的公共性。城市空气污染防治、城市噪声与振动污染防治、生态保护等环境服务的受益者是全体公众。

二是环境公共服务的消费竞争性。并不是全部环境公共服务都具有相同的非竞争性，对于某些环境公共服务而言，增加边际人数的环境成本并不为零。只有在达到一定临界点之前，增加的人数才不会妨碍原有的公共环境服务。

三是环境公共服务的强区域性。环境公共服务中很重要的一部分是城市环境基础设施，主要包括垃圾处理系统、给排水管网系统、公园绿化等。这些环境公共服务具有一次性资金投入大、建设成本高、固定资产使用生命周期长的特点。

四是环境公共服务的稀缺性。环境公共服务能够为个体带来健康和经济上的好处，政府所提供的各种有利于个人的好处和服务，如保护健康所提供的公共好处（在经济学意义上），以及保护公共健康的标准（清洁的空气和没有受到污染的水源等），是公民有权利得到的。作为依赖于公共财政支持的环境公共服务，由于政府财政能力的有限就会导致环境公共服务的有限性。政府为谁提供公共环境服务是一个政治公平性问题，而能够提供哪些环境公共服务则是经济能力问题。因此，环境公共服务与其他依赖政府财政的公共服务一样具有稀缺性。

五是环境公共服务的自然垄断性。公共环境产品和服务作为公众生活的必需品难以被替代，并且只能由已经建成的环境设施提供。

公共环境服务基本特征决定了公共环境服务在区域间的分布可能是不平衡和不均

等的，也可能是匮乏的；决定了不同区域间、不同群体间事实上存在着对公共环境服务的竞争。

3. 环境公共服务的分类

对环境公共服务进行合理分类，能够优化各种类型和层次的环境服务在整个公共服务结构中的分布。应根据公众环境需求科学界定公共环境服务内容，着重保障公民基本环境权利，暂时搁置现阶段政府供给能力难以满足的公共环境服务诉求，以实现环境公共服务需求与供给的平衡。

按照公众对公共环境服务需求层次，可以分为生存性和舒适性的环境公共服务。个体对环境公共服务的需求具有层次性，生存性环境公共服务是个体健康生活不可或缺的、与生存权联系在一起的环境物品供给。公众对环境服务需求的紧迫性和必要性并非完全一样，在供给能力有限的情况下，政府应当优先提供生存性环境服务，同时公共环境服务的内容和层次应当随着社会经济的发展而不断丰富和扩展，从生存性环境服务向舒适性环境服务提升。按照公共性的强弱，可以分为纯公共性和准公共性的环境服务，如：绿化等完全具有非排他性和非竞争性的环境物品供给，是纯公共性的环境服务；污水处理等只具有非排他性而不具有非竞争性的环境物品供给，则属于准公共性的环境服务。这种分类的意义在于准公共性的环境服务更适合市场化，而纯公共性的环境服务由于存在收费困难而难以吸引社会资本进入。按照政府职责可以分为基本的和非基本的公共环境服务。基本环境公共服务是指政府根据社会条件进行良好生活所必须提供的环境物品供给。基本环境公共服务必然包含生存性环境服务，但也可以包括部分舒适性环境服务。

4. 保护环境是基本公共服务

环境保护是基本公共服务的重要组成部分，是一种典型的公共产品。政府需要根据需求与可能结合、责任与能力匹配的原则，合理确定环境基本公共服务的范围。

环境保护纳入基本公共服务体系，符合我国基本国情和需求发展的层次性规律。国外普遍根据综合实力和人们基本公共服务需求，来确定适合本国实际的基本公共服务均等化项目和范围。加拿大把教育、医疗卫生和社会服务作为联邦政府基本公共服务均等化的主要项目。在印度尼西亚把初等教育和公路设施列为政府财政均等化的内容。另外，即使同一国家，其不同历史阶段也是不一样的。如美国在“进步时代”以前，食品、药品并没有纳入公共服务的范围。“进步时代”以后，食品和药品标准成为政府公共服务的重要内容。公共服务的内容是随时间和国情不断改变的。随着国情的不断改变，环境保护也被逐步纳入。

我国的公共服务已从医疗卫生等领域逐步递进到住房保障、环境基本公共服务的阶段。《关于构建社会主义和谐社会若干重大问题的决定》明确把教育、卫生、文化、就业再就业、社会保障、生态环境、公共基础设施、社会治安等直接与民生问题密切相关的公共服务，列为基本公共服务。《中华人民共和国国民经济和社会发展第十二个五年规划纲要》明确“十二五”时期基本公共服务的范围为公共教育、就业服务、社会保障、医疗卫生、人口计生、住房保障、公共文化、基础设施、环境保护 9 个方面。

环境基本公共服务是建立在一定社会共识基础上由政府提供的，在一定发展阶段保障公众生存和发展等基本环境权益的最核心、最基础的公共服务。根据需求与可能结合、责任与能力匹配的原则，应既尽力而为又量力而行。现阶段环境基本公共服务应该包括：县县具备污水处理、垃圾处置等环境基础设施，消除环境污染的环境基础性服务；县县具备对环境质量变化进行监测评估以及对造成水、大气等环境质量变化的污染行为进行监管，保障公众清洁水权、清洁空气权及宁静权等生存的基本民生性服务；健全环境事故应急机制，防范环境突发事故的环境安全性服务；保障公众环境知情和参与国家环境监督的环境信息服务。需要指出的是，环境基本公共服务不仅仅指物化的产品或服务，还包括制度安排、法律、宏观经济政策等。

（二）舟山环境公共服务的现状与需求分析

当前，舟山市正处于全面建设群岛新区的关键时期。加快推进基本公共服务，是贯彻落实科学发展观，打造“国际性、现代化、群岛型的港口宜居城市”，促进“四海”建设的内在要求，对缩小城乡岛际发展差距、保进经济社会协调发展等具有重大意义。对于一个群岛城市来说，它的环境比一般城市更加脆弱，对于环境保护的要求也更加严格，因此作为基本公共服务一部分的环境公共服务对于舟山来说尤其重要。目前中国大多数地区的环境公共服务重点在于环境卫生服务，舟山也不列外。它在环境卫生服务这一基本公共服务有着巨大需求。环境保护、环境信息与技术服务，和环境管理与监督这三大板块目前并没有相对完善的体系，无法与其需求全面接壤。作为一个刚刚发展起来并且正在快速发展的城市，舟山的经济增长无疑是重中之重。在这样的情况下，政府应该把精力和财力，根据可能投入到环境公共服务这一服务型行政中来。

1. 舟山市环境公共服务的现状

严格来说，中国是一个临海国家。由于历史及诸多原因，除却首都北京和上海、深圳等经济特区，中国早先的发展规划中并不包括舟山群岛。相比北京、上海等内陆城市，舟山的环境公共服务起步较晚而且有一个特点，那就是它必须附带群岛海洋地势环境。对一个旅游资源充足的地区来说，舟山的环境公共服务不仅仅包括城市，还包括岛域、海域。

舟山得天独厚的地理环境在给舟山带来无限经济利益和未来的同时，也为舟山的环境公共服务提高了难度。我国陆地的环境公共服务尚在起步阶段，而舟山必须同时考虑岛域以及海域的公共服务，相较陆地，后两者对环境的要求更高，技术难度更大，管理体制更严。因此，在环境保护、污染防治相关的服务，环境管理与监督，环境卫生服务，环境信息与技术服务四个环境公共服务中，舟山市目前侧重于前两个板块的服务。

总体来说，舟山市环境公共服务的焦点与中国其余地区有所差别。舟山需要找到一套行之有效的适应其地理气候环境以及经济发展状况的环境公共服务方法，从而依照舟山特色，促进舟山发展，提高环境公共服务的质量。

2. 舟山市环境公共服务的成就

现阶段，舟山市基本公共卫生服务项目包括保证城乡居民享有基本卫生服务，保证城乡重点人群享有重点服务和保证城乡居民享有基本的卫生安全保障等三大类内容。在省基本公共卫生服务项目内容的基础上，舟山市在每一大类上增加一项内容，共分 15 项 18 个类别。其中公共卫生信息收集与报告、环境卫生协管、卫生监督协查等，分别对环境公共卫生服务的对象、内容、流程、要求、考核指标及服务记录表单等做出了相关具体规定，考核指标标准根据舟山市每年度的基本公共卫生服务项目绩效考核指标而定，各项服务记录表单也纳入居民健康档案统一管理。

在 2010 年舟山市卫生局发布的《舟山市基本公共卫生服务规范（试行）》文件中，公共卫生信息收集与报告服务规范、环境卫生协管服务规范、卫生监督协查服务规范等，至 2013 年已经得到广大市民认同接受，并且逐步改善日渐成熟。

在该规范中的服务对象内容中又有以下具体明细：配合开展农村饮用水水质监测，协助做好农村粪便无害化处理，配合有关部门做好除“四害”工作和村居、社区环境综合整治工作。舟山的这一规范为环境观和监督服务的发展奠定了基础，为今后其他范围其他重点的这一板块的工作提供了示范。

3. 舟山市环境公共服务的需求

舟山市政府为谁提供环境公共服务是一个政治公平性问题，而能够提供哪些环境公共服务则是经济能力问题。环境公共服务与其他依赖政府财政的公共服务一样，具有稀缺性环境容量的有限性与不断增长的人口和污染之间存在的矛盾。当环境容量的供给难以满足社会发展对环境容量不断增加的需求时，污染问题就会出现。

舟山作为群岛新区，经济的快速发展是它的目标之一，因此财政在针对某些项目时难免会有所侧重。而作为依赖公共财政支持的环境公共服务，政府财政能力直接影响着环境公共服务的质量和发展。舟山市居民日益加大的对环境公共服务的需求和有限性的环境公共服务已不可避免地出现脱节：需求大，服务少。

群岛环境以及海洋环境所导致的脆弱生态，对环境的要求比任何地方都要高得多。海洋环境是不可复制的，一旦服务不到位或者不够或者出错，所导致的后果将不可挽回。舟山的环境公共服务给予实验的机会很少，它可以慢慢摸索但承受不起一次又一次的出错。舟山的环境公共服务不是铅笔字可以错了擦掉重来，它是毛笔字错了就废了，需要付出巨大的代价。

要像我国西部地区重要生态功能区那样建立高标准的环境公共服务体系，这是舟山群岛新区在建设中必须必须履行的义务和担当的责任。

（三）舟山环境公共服务存在的问题

政府需要制度，民众需要意识，实行需要资金和技术。目前，舟山市政府关于环境公共服务的制度尚未完全确立，还处于摸索阶段。虽然舟山在环境公共服务上正在逐步努力建设也取得了一定成效，但是距离期望仍旧相差甚远，到现在为止环境公共服务还不尽如人意，仍然存在诸多问题亟待解决。其主要体现在：

1. 思想认识问题

我国政府一贯都是为人民服务的政府，在人民的意识中一切问题都可以请政府解决。这就导致政府在人民印象中成为了万能政府，而政府自己也管了许多不该管的事情，本应由企业以及人民自己解决的事情也加在了政府的身上。然而，随着社会的发展，“全包全管”在现实中已经行不通，管得越多导致政府机构越多，最后造成职能重叠、权利交错，以致于政府在提供公共服务的时候，相互推诿、手续繁琐，结果往往无法满足公众对于公共服务的需要，使得公共服务成为空谈。

舟山经济发展起步较晚，为了赶上其他地区经济发展的脚步，舟山在很大程度上以环境为代价来拉动经济的发展，在一定程度上对环境的污染和破坏视而不见，认为只要经济发展、人民生活水平提高了，再来保护环境实行环境公共服务也未尝不可。

注重技术，轻视管理；注重硬件投入，轻视政务。有些人认为只要采取先进的技术，购买现代化的设备，就能提高管理水平和服务水平，而不重视自身职能的转变、工作方式的改进、服务理念的创新，对硬件的管理和使用都有所忽视；认为服务型政府的建设必须投入大量的资金，必须要使用现代化的办公设备，而对百姓切身利益的政务却重视不够，这无形中增加了服务的成本，造成资金的浪费。

舟山的公共服务基础尚且薄弱，更别说是环境公共服务。民众的公共环境保护意识薄弱，没有形成成熟对待公共环境服务的理念，并且公共服务的监督意识较差，不能也找不到合理途径反映自身及周边环境公共服务的需要，对于政府所提供的环境公共服务抱着一种可有可无的无所谓态度，在没有威胁到自身利益的时候不管不顾，没有大环境下“公共”的意识。薄弱的社会基础容易养成舟山政府环境公共服务的惰性，从而阻碍环境公共服务的实施和完善。

2. 公共环境服务中的政府责任缺失

市场经济能够对资源配置起一般性和基础性作用，但是对于环境服务等公共物品会出现“市场失灵”现象。因此，建设环境基础设施，合理配置环境资源，提供稳定可靠的环境产品和环境服务，保证公众健康和环境质量安全是政府的法定职责。目前舟山市政府在提供环境公共服务方面缺乏责任意识和相应的制度性规范，责任缺失的政府难以不断提升环境公共产品的质量与公共服务的水平。政府环境责任不完善势必引发政府的信任危机和权力危机，诱发政府行为的错位、越位和缺位，使政府环境公共政策的制定偏离法治化轨道，环境行政权力偏离公共利益，进而降低政府的合法性，危及社会整体环境利益的供给，提高公共产品的提供成本，危及环境法治进程的整体推进。

3. 公共环境服务区域之间不均等

环境服务的公共性要求政府首先应当提供的是清洁的空气、水源，必要的垃圾处理设施，对可能发生的环境污染的检测和防治等基本环境服务。至少政府应当使公众生活在一个免受污染的环境中，这是最低限度的公共环境服务，也是基本环境公共服务；而后才能追求较高的绿化率和公园人均占有率，实现更高标准的环境公共服务。但是在提高地方城市形象的冲动下，环境公共服务存在严重的顺序倒逆现象。环境政策更倾向于将资金投向那些环境设施和环境服务已经较好的地区，造成环境服务过于集中在特定区域和群体中，导致了环境公共服务不均等的社会不公平现象，忽视了基本环境服务的供给，妨碍了将公共资源惠及全社会。应当提高环境公共服务的整体规划性，只有在公众的基本环境公共服务得到充分满足的基础上，才能有计划有步骤地进行更高层次的公共环境物品供给。

4. 公共环境服务监管不到位

公共环境服务市场化的前提条件是那些有可能形成一定产业规模的政府环境供给，只有这样的环境服务才可以被市场化，而这样的环境服务往往与群众生活密切相关。在环境服务市场化中，政府一方面直接出面排除企业的竞争对手，另一方面以政策法规的形式制定收费标准，因此这种收费具有一定的垄断性。对这种由企业出资、政府制定相关政策的混合供应公共环境产品的商业性收费，往往由于政府参与而缺乏有效监管，尤其是所获利益两家分成的做法，无疑削弱了政府的监管动力。不区分成本性收费和营利性收费，出现特殊利益集团借助政府行为实现垄断利润的现象，严重损害了公众利益。

六、舟山群岛新区公共服务民营化存在的问题

公共服务，是当代政府改革和公共行政的核心理念，它涵盖了城乡公共设施建设，发展教育、科技、文化、卫生、体育等方面的公共事业，公共服务以合作为基础，着重强调了政府的服务性和公民的权利。近年来，舟山市也开始在公共服务领域进行民营化的探索，并取得了不错的成绩。但同时我们必须认识到，在民营化改革的实践中还存在诸多问题，这些问题倘若不能得到认真及时的解决，就会影响民营化的有效性，从而产生不良影响。舟山市作为首个以海洋经济为主题的国家级新区，在公共服务民营化的探索中更具其独有的特色。本文以舟山市为例，就其公共服务民营化取得的成就和暴露的问题进行分析，以探求进一步深化公共服务民营化的思路。

公共服务是一类特殊的公共产品，也是一种特殊的社会消费。它的公共性决定了只依靠市场和社会不能保证有效供给，必须由公共权力执行机关的政府来负责供给。这是因为在一些特殊的情况下，市场并不能完全提供社会所需要的商品和服务。市场机制作为一种调节工具，其本身不足以实现所有的经济职能，它在公共物品供给和外部性方面有很大的弊端。因此，这就为政府提供公共服务的可行性提供了理论依据。

现实中，正如公共选择理论认为的那样，“政府官员和政府组织都是理性自私的经济人，他们以追求自身效用最大化为出发点，来追求预算的最大化，并不断地扩张组织规模”。所以，政府并不能通过政策调控实现资源最优配置。随着公共服务供过于求或者供需不足的问题的出现，政府提供公共服务数量、质量的有限性与公共需求的无限性之间的矛盾日益突出。因此，很多国家开始推行公共服务的民营化，以打破多年以来政府的垄断，进而构建政府和民营部门公共服务合作的共赢体系，通过不断的竞争来提升公共服务的质量和效率，实现社会资源配置最佳。通过这样的合作，民营部门打破了政府以往的垄断，公众也有了多种选择，政府不再是公共服务的唯一提供者。归根到底，民营化的实质其实在于“竞争对垄断”。

（一）公用服务事业民营化的动因

1. 降低公共服务的成本

在没有提出公用服务事业民营化概念之前，政府一直是公共服务唯一的提供者。这导致政府无法使资源配置达到最佳，互相推诿、办事效率低、质量不高，政府提供公共服务的成本提高，社会资源遭到极大的浪费，还出现了日益严重的腐化。而由于有自身利益的驱动和外部竞争的压力，企业在提供公共服务的时候会很注意控制成本，使成本和收益的比例保持在一个合理的水平上。据相关研究，公共服务的竞争性外包平均降低 25%~30% 的成本。政府公共服务的民营化既可以在政府和私营服务机构之间，也可以在私营服务机构本身之间形成良性竞争，促使他们提高办事效率，降低公共服务的成本。

2. 提高公共服务的效率和质量

在公共服务的提供上，政府具有先天的优势。正因为这种优势的存在，才会在公共服务领域出现政府垄断问题。在垄断情况下，政府由于不必担心公众是否接受，所以完全没有压力担心自身做的好与坏，也就没有了动力去做得更好。长此以往，就会造成一个严重的结果，就是公众付出的钱和得到服务成反比，即付出更多的钱换来的却是更差的服务。与之截然不同的是，企业是以盈利为宗旨的，顾客就是上帝。消费者选择的范围很大，服务不够满意就可以立马换另外一家，无形中就在企业之间造成了一定的压力性竞争。他们为了吸引消费者，为了适应市场的变化和消费者需求的变化，就会及时做出相应调整去提供最高效率和质量的服务。当然，这也是建立在保证自己有收益的情况下的。虽然这是以自己的盈利为目的，但是却从另一方面提高了公众享受公共服务的质量。除了企业之外，其他的非营利组织诸如民间机构亦如此，相互之间都充满了竞争。

3. 增加公众选择的机会和权力

以往在公共服务领域里，舟山市政府形成了垄断，这就意味着它可以任意决定服务的质量、种类和时间等，可以不必理会舟山市民的反响和需求，即使有做的不好的也不会受到惩罚。究其原因，除了缺乏监管外，更多的是因为在这种情况下，公众没有选择权，没有掌握消费的主动权。解决这一问题的一个有效途径，就是对舟山政府公共服务进行民营化。这是由于在市场竞争机制的作用下，企业和民间机构会积极地加强它们的服务意识和管理水平，以提高自己的市场竞争力，得到公众的认可。在这种情况下，舟山市民便可以自主选择公共服务的对象。通过对舟山政府公共服务的民营化，市民选择的机会和权力有所增加。

4. 吸收民间资本，整合国家资源

近年来，随着舟山市民生活水平的不断提高，市民在公共服务方面的要求也越来越高，具体表现为市民对公共服务的种类和质量上的要求在不断提高。然而，与之矛盾的是舟山市政府在提供公共服务的能力上是有限的，政府财政对公共服务的支出比例也是有限度的，不可能完全满足公众的需求，如果强求，则会降低公共服务的质量，进而影响舟山经济的发展，形成一个恶性循环。在这种情况下，舟山市公共服务的民营化可以解决这个问题，不仅可以吸收民间资本为国家服务，减轻公共服务膨胀的压力，节省国家财政开支，也为民间资本自身提供了投资获利的机会。

5. 产生资源配置示范效应

绝大多数类型的公共服务是不能由市场来调节的，所以政府缺乏竞争的压力。然而进行公共服务民营化，则可以促使政府工作人员不断改进，以提高绩效和质量。

纵观全球，各国政府公共服务民营化的实践证明，公共服务民营化确实能在降低公共服务成本、增加公众选择的范围以及有效合理地配置资源等方面起到了积极的示范作用。

（二）公共服务民营化的分类及民营化的可能性

谈到舟山市公共服务的民营化，首先必须了解民营化的对象。因为很多公共服务的类型和性质是不同的，并不是所有公共服务都可以进行民营化的，所以对公共服务的分类就显得格外重要。以下就公共服务的分类来探讨舟山市公共服务民营化的对象。

1. 公共服务的分类

一是监督管理类。这类公共服务主要是指一些政府机关的基本职能和国家的行政管理职能。例如：制定执行经济政策和法律规章制度、宏观调控、行政协调、资格质量认证、基础科学研究等的公共服务，能为经济的发展创造良好的制度环境和支持。这类公共服务涉及范围大，以国家权力作为后盾不可能也不必要成为舟山市公共服务民营化的对象。

二是纯公共服务。这种公共服务是涉及公共基本利益的公共服务，一般不具备有偿经营、自负盈亏、自我约束、自我发展的能力。例如：义务教育、公共图书馆、环境保护、基础建设等。此类公共服务大多由政府来承办，但也不排斥社会兴办和民营，因为投资主体的多元化带来的竞争能更好地提高服务的质量和效益水平。

三是准公共服务。这类公共服务主要是针对社会个体和特殊群体所提供的，个人受益大于公众受益。因为个人的消费具有竞争性，所以这类公共服务是民营化的主要部分。非义务教育、新闻出版、广播影视和中介性服务机构等，都属于此类公共服务。准公共服务民营化已获得了示范性的成功。近些年民办大学也悄然兴起，舟山本土大学浙江海洋学院东海科学技术学院就是此类院校。2001 年，浙江省对公共服务民营化的探索取得了不少宝贵的经验。对公共服务进行精确的分类，为公共服务民营化创新性地树立了榜样，如:中介服务类事业单位，如会计师事务所、公证处、律师事务所等，与政府职能部门彻底脱钩；生产经营类事业单位，如招待所、服务中心、培训中心等，彻底转为企业并予以改制。对提供公共服务的事业单位，浙江省有关部门在财政管理体制上也进行了相应的改革。

2. 公共服务民营化的可能性

按照政资分开、政事分开、政企分开、政府与市场中介组织分开的原则，改革事业单位管理体制。舟山市的公共服务大多是由政府所隶属的各个事业单位提供的，政事分开关系到舟山公共服务的民营化。民营化有助于公务人员权责的明确、机构的合理设置，更好地发挥公民和社会组织在社会公共事务管理中的作用，更加有效地提供公共产品，另外也能切实地提高舟山公共服务的服务的水平和质量。

民营化的对象一般是指公共服务中纳入民营化的准公共服务部分，包括基础设施建设、公共交通、消防救灾、信息咨询服务等。准公共服务具有市场受益性、竞争性、制度安排的特点。民营化的那些公共服务大多都是具有较高的市场收益率，其需求的密集度也相对较高，而且通过一定的政府制度安排和设计能提高受益者的承担能力。这些是舟山市公共服务民营化的关键因素，直接决定公共服务的供给效益。除此之外，纯公共服务中特定部分也可民营化，如社会保障、环境保护等。

民间闲散资金量多，可投资的空间大。公共事业是一种极具市场前景并且能迅速成长的朝阳产业。就舟山目前的形式而言，社会上能进行投资的项目很少，直接导致企业和个人的投资欲望锐减，从而造成银行里的存款愈来愈多，而真正用于企业投资的贷款越来越少。但是随着舟山新区的构建和发展，舟山市城乡居民生活的日益改善，居民的收入水平和消费水平的提高，相信这种局面很快就会被打破。舟山市公共服务民营化，为舟山本土企业和个人的投资提供了许多良性投资机会。

（三）舟山市公共服务民营化的现状

近几年，舟山市政府在公共服务领域逐步施行民营化的方针政策，舟山市各个区县正逐步开展对公共服务民营化的改革，期间还积累了不少经验，同时也取得了不俗的成效。

第一，增加了建设资金的来源渠道，减轻了舟山政府财政的补贴压力。2012 年 3 月舟山远洋渔业公共服务码头投入使用，极大缓解了本岛北部渔船靠泊及装卸压力，优化整合了舟山本岛北部渔港岸线资源。舟山市公共服务实行民营化在极大减少舟山政府补贴的同时，还能有效扭转舟山公用事业运营的局面，转亏为赢，为舟山政府积聚了大量可用的建设资金。

第二，提升了公共服务的质量。公用垄断企业办事效率低、服务不到位是普遍存在的现象，舟山市公用企业曾经成为舟山市民投诉举报的一个热点。民营化的推行在很大程度上提升了舟山市公共服务的质量。

第三，引进了先进的经营理念和管理经验，激发了市场的竞争活力。2000 年以后，在一些市政公用设施市场开放的行业中，由于外资和民营资本的涌进，舟山原国有企事业单位面临着竞争的压力，长期以来由舟山市政府垄断本地区市政公共服务产品或服务的生产、输送、销售等所有环节的做法已难以维持，市场竞争的局面初步形成，竞争产生效率的现象已经出现。

第四，加速推动了舟山市政府职能的转变。舟山市公共服务民营化不仅改变了舟山市政府长期以来垄断公用事业，将精力用于为社会提供公共服务产品的局面，而且推动了舟山市政府的政策制定、机构改革和职能转变，使政府减少对公用事业的财政支出，将主要精力用于决策，实现舟山政府从统治向治理的转变。

尽管随着舟山的快速发展，舟山的公共服务民营化有了长足的进步，并取得了不错的成绩。但是,这种发展现状仍远滞后于舟山经济发展的要求,难以满足现实的需要。具体来说，主要表现在以下几点：

一是思想观念有待进一步转变。大力发展现代海洋经济，舟山的海洋经济增加值占 GDP 比重达 66.4%，是全国海洋经济比重最高的城市，三次产业比例为 10.0：46.2：43.8，经济结构实现了由单一的传统渔业经济向综合的现代海洋经济转变。然而，舟山的民营经济却存在着“限进”情况，尤其在基础设施、大型制造业、科教文卫、通讯和旅游等社会服务业的投资所占的比例很少，呈现出投资结构不均衡的情况。基础产业与基础设施领域一直是舟山民营经济投资涉足最少、最难以发展扩张、进入最为艰难的领域。

二是市场机制尚不成熟。公共服务民营化的推行要有一个健全、完善的竞争市场。舟山当前的市场机制远未成熟。首先，市场竞争机制不够健全完善。正因为如此才使得舟山市公共服务民营化在实践中遇到各种问题，各种违规操作现象时有发生，影响了舟山市公共服务民营化的有序发展。其次，市场准入的标准和透明度不够。当前民间资本进入舟山公共服务行业所面临的一个主要问题是如何建立一套公平、公正的市场准入机制，确保舟山民间资本能在公平公正的基础上参与竞争。最后，招投标机制不够健全规范。《中华人民共和国招标投标法实施条例》对招标投标的程序、原则、法律责任作出了详细规定，然而舟山市在公共服务招投标项目上存在不少问题，违规违法现象还是存在。

三是监管制度不完善。舟山政府施行公共服务民营化，并不是让政府完全退出公共服务供给的领域。舟山政府在现下构建舟山新区的背景下想要摆脱公共服务供给的责任是不实际，亦是不合理的。萨瓦斯对于公共服务领域出现民营化原因的分析曾指明，现有的和未来的受益者对政府服务的日益增长的需求以及服务生产者对政府服务日益增长的供给，政府在公共服务供给上的不可缺失。建立一个良好的监管制度，加强政府监管不仅是社会公众的要求，也是企业的呼声。然而，舟山现行的监管制度还很不完善：一是未对监管的主体、客体、范围、手段等作出具体规定，这就会造成实际管理过程中的混乱和无序。二是监管人员的素质相对较差。作为监管活动的主体，监管人员还缺乏广告、销售、市场、客户关系、招聘、人事管理、采购等方面的经验，缺乏具备提高效率、有效途径的经验。此外，舟山市在监管队伍的构成方面也存在着问题，不便于监管人员更好地履行监管职能。三是缺乏健全、完善的责任追究制度。目前，舟山的公共服务监管体制中缺乏一套完善的责任追究制度，使公共服务管理过程中存在“责任真空”地带，为腐败现象、各种寻租的出现创造了机会。

四是公共服务民营化缺乏良好的法制环境。舟山市公共服务民营化需要有完善的法律法规保驾护航。然而，现实中舟山市政府还远未将政府在法规与政策层面的作用发挥出来，表现在政策、法规比较滞后，不健全。随着舟山新区建设的到来，舟山政府在制定政策与法规方面的滞后的弊端已慢慢暴露出来，有部分已无法适应当前舟山新区和公共服务民营化的发展，需要及时地进行修善，否则将成为民营化改革的绊脚石，引发民营化改革过程无序和违规现象的产生。二是政策、法规过于宽泛形式化，可操作性差。虽然目前舟山政府出台了一些关于民营化的法规和政策，但是这些法规与政策规定，普遍存在一个通病就是内容不够具体，比较宽泛，不易于操作，这在某种程度上影响到了舟山公用事业民营化的推进。

五是非政府、非赢利的社会公共组织发育缓慢滞后。就全国而言，鉴于改革开放前我国是计划经济体制，社会公共组织的发展缓慢。虽然改革开放后中国有很大发展，但是与西方发达国家相比我们在公共服务民营化方面的发展，还是存在着显著的差距。舟山的情况具体表现为资源不足、自治不足、能力不足和发展不平衡。

六是政府存在信用缺失问题。在舟山市公共服务民营化过程中曾出现过意向变更、破坏投资规则的现象。由于民营化项目合同对舟山政府的约束力不强，投资者处于劣势地位，舟山政府处于优势地位，这样容易对投资者的利益造成损害，打击民营投资者的积极性。旧体制向新体制转型中的不确定性因素以及政府更迭、官员的短期行为，都将成为公共服务民营化的私营企业和民间机构投资者不愿参与的重要原因。此外，政府政策的不稳定，已然成为舟山民营企业进入公共服务的一个障碍。

（四）舟山市公共服务民营化可能带来的问题

1. 国有资产的流失

公共服务民营化的目的是通过引入市场竞争机制来降低公共服务的成本，提高公共服务的质量和效率，增加公众的选择范围，维护公众的利益。但这是在不扩大政府规模的前提下进行的。然而在实践中很多情况下，民营化会超出这个前提造成国有资产的损失，例如在舟山市公共服务民营化推行中，容易简单地以裁减编制、减轻财政负担、谋取利益来迎合民营化潮流。这就产生一些常见的问题，如在出售公共服务机构等民营化形式中，由于政府急于摆脱负担而没有对国有资产进行合理评估而产生损失。这有悖于民营化的宗旨。如若这个问题不引起重视，所产生的后果很可能会导致最应该保值增值的国有资产在民营化中悄悄流失。

2. 特权与贪腐

经济学理论认为：从本质上说，政治家，官僚或国家代理人同私人经济中的个人一样，也是理性的经济人，追求个人利益最大化。利益一旦与权力挂钩就容易产生腐败的土壤。舟山市公共服务民营化在推行过程中，其具体服务项目是与私营企业和民间机构联系起来的。这就容易使不管是政府内部工作人员，还是企业和民间机构的工作人员，利用身上的职权满足自身的贪欲，或为获取不正当利益而做出一些越权违法的行为，如：暗箱操作、官商勾结、相互利用、谋取私利。一方面，负责公共服务民营化具体服务项目的政府官员可能为了谋取个人私利而滥用手中的职权收受贿赂；另一方面，私营企业和民间机构为了获取内部信息利于竞标获得经营权，不惜重金向负责公共服务民营化项目的政府官员行贿，从而使特权和贪污严重化，国家和公众利益蒙受损失。

3. 公共服务等级化

在舟山政府提供公共服务的情况下，大部分市民享受服务的权利和机会都是平等的。而舟山市公共服务民营化，部分公共服务的数量和质量则是由市民个人的付费能力来决定，因此那些经济条件较差、消费能力弱的市民就只能享受质量相对较低等的服务，甚至享受不了某些个别服务（诸如非义务教育、中介性服务机构等具有部分排他性的公共服务），这就导致了公共服务等级化。那些生活困难的人们享受不到这些服务，这就产生了社会不公正的问题。

4. 加重盈利倾向

私营企业和民间机构毕竟是以盈利为目的的，它们为了实现利润最大化，只提供可以获利的部分公共服务，对于那些不能盈利的公共服务，则是取巧规避不予提供。因此，这种情况下私营企业和民间机构所提供的公共服务是有局限性的，无法完全满足市民的需求。例如在义务教育领域，由于国家有义务教育法及其相关的硬性规定，在义务教育阶段内学生的学杂费全免，公办学校所出现的一些问题，私营企业和民间机构一般很少会去资助，而在私立学校等可以营利的地方，他们则会以提供服务为由进行投资获利。

5. 增加管理难度

在民营化过程中，由于信息不对称，私营企业和民间机构自身的观念也参差不齐等各种原因，舟山政府部门不可能全方位地对企业和民间机构进行监控，对它们的管理就有可能出现疏漏。

七、舟山群岛新区公共服务存在的差距

公共服务水平是一个政府执政能力的突出表现，决定于公职人员是否认识到自身岗位的工作职能，树立以人为本的服务理念，是否做一切工作都为体现和维护人民利益，全心全意为人民服务。近年来，舟山市政府加快推进基本公共服务，认真落实科学发展观，打造现代型、国际性、群岛型的现代旅游服务城市，在促进就业、保障社会公平、健康教育、文化建设、社区服务和民工保障等方面已作出突出成就。然而，公共服务水平的提高并不是一朝一夕的。目前，舟山市正处于全面建设小康社会的关键时期，在缩小城乡岛际差距，促进社会和谐发展方面仍有很长的路要走。

（一）舟山市公共服务取得的成就

1. 城乡发展较快

结合舟山的实际情况，大力推进公共服务均等化，加强和创新社会管理，社会发展水平明显提高。推进教育均衡发展，全面免除义务教育阶段学生学杂费，初中、小学学生人均公用经费标准分别提高到 740 元和 560 元，家庭困难学生资助率达到

100%。乡镇中心幼儿园新建、改扩建率达到59.4%。浙江海洋学院实施迁建工程，全面开展硕士研究生教育，浙江海运学院通过教育部高职高专评估。高等教育毛入学率从40.8%提高到60.1%。医疗卫生资源有效整合，舟山医院成功创建三级甲等综合医院，新建、改建县区医院5家、乡镇卫生院25家，城市15分钟、渔农村20分钟“社区卫生服务圈”基本建成。国家基本药物制度和县级公立医院医药价格改革有序推进。优生促进工程全面实施，完成第6次人口普查工作。精神文明创建活动深入开展，四县区均获省级文明县城（城区）称号。实施海洋文化名城战略规划，乡镇综合文化站建设基本完成，公共文化服务网络覆盖城乡。基层群众性文化体育活动、文化下乡活动蓬勃开展，文化艺术创作繁荣，舟山海洋文化艺术中心、新城体育馆等一批公共文体设施建成，累计举办国际性和全国性体育赛事35个。广播电视、新闻出版、档案史志事业取得新发展。社会管理不断创新，“网格化管理、组团式服务”工作和重大事项维稳风险评估机制在全省推广。“五五”普法和依法治市扎实推进，基层民主自治不断加强。深化“铁桶固防”工程，持续实施打黑除恶、网上追逃等专项行动，社会治安防控体系不断完善。流动人口服务管理进一步加强。认真办理群众来信来访，构建了矛盾纠纷大排查大调解机制，健全了法律援助保障体系，社会保持和谐稳定，群众安全感稳居全省前茅，每年被省委、省政府授予平安市称号。强化公共安全体系建设，制订实施无动力船舶、危化品等重点领域应急防控办法，安全生产三项指标年年实现零增长，气象、三防、食品药品安全监管等工作成效明显。国防动员、人民防空和军转安置、优抚、双拥等工作稳步推进，2012年第6次荣获全国双拥模范城市称号。民族、宗教、侨务等事业进一步发展，工青妇等群团组织作用进一步发挥，儿童、老龄、红十字、慈善和残疾人事业取得新成绩。

2. 经济发展迅速，人民生活水平提高

舟山全市实现地区生产总值接近1000亿元，按可比价格计算，年均增长13%，增速列全省第2位；人均地区生产总值达到10493美元，成为继杭州、宁波后全省第3个突破1万美元的地级市。研究与试验发展经费支出占地区生产总值比例从0.87%提高到1.25%。城镇居民人均可支配收入、渔农村居民人均纯收入年均分别增长11.7%和14.8%。城镇登记失业率控制在2.87%。化学需氧量、二氧化硫排放量及万元生产总值能耗下降均完成省下达任务。城乡统筹发展水平、发展方式转变评价、民生指数与民生评价分别居全省第1位、第3位和第4位。尤为可喜的是，我们顺利实现了舟山跨海大桥建成通车，成功争取了国务院批复设立浙江舟山群岛新区，舟山开发开放上升为国家战略，我市胜利跨入了新区时代。我们实施全面登陆战略，大力推进城乡一体化，群岛面貌焕然一新，累计完成基础设施投资883亿元。适应大桥时代新形势，实施三年交通畅通提升工程，城市立交、北向疏港公路一期、蜈蚣峙旅游集散中心等项目建成投用，新增公路总里程 161.3 千米，新开通空中客运航线 5 条、海上客运航线 12 条。本岛北部、本岛至岱山等引水工程和六横海水淡化一期竣工投用，新增海水淡化日生产能力 3.8 万吨，完成了海塘加固、水库改造、河道整治和城市防洪等一批水利工程。220 千伏大陆联网、舟山电厂二期扩建工程顺利建成。钓浪、钓梁一期、东港二期等一批围垦工程相继完工，新增围垦成陆面积 4 万亩，完成耕地垦造 1.53 万亩。新型城市化进程加快，城市化水平达到 64.3%。新城建设初步成型，县区中心城区功能提升，旧城改造稳步推进，新建了一批重大市政工程设施。实施“美丽海岛”建设，六横小城市和一批中心镇、中心村规划建设加快推进，完成 17 个示范村、124 个整治村建设任务，小康社区创建率达到 95.4%。实施“811”环境保护新三年行动计划，重点区域、行业和企业污染整治成效明显，城乡生活污水、垃圾处理率分别达到 82% 和 90%。推进海上牧场建设，持续开展增殖放流，海洋生态环境有效修复，环境空气质量优良率保持在 97% 以上，森林覆盖率达到 50%，成功创建省级环保模范城市、省级园林城市，荣获国家卫生城市、国家节水型城市和国家级生态示范区等称号。

（二）公共服务建设方面的不足

1. 公共服务的地区失衡和城乡失衡

我市地处群岛地区，岛屿众多，部分岛屿偏远，交通不便，基础设施简陋。城乡失衡在某种意义上来讲就是公平与效率的失衡，具体表现为贫富失衡。公平和效率是一对矛盾，二者是此消彼长的关系，也是政府在公共政策制定中很难处理好的问题。鉴于特殊的市情，政府将精力过多地集中在效率上，在一定程度上弱化公平价值取向，导致价值在社会再分配过程中失衡现象严重。而恰好这种社会再分配过程的失衡，直接导致了贫富失衡、城乡失衡。贫富失衡容易导致社会矛盾的激化，如群体性事件、各种社会治安事件、刑事案件均呈上升趋势等，影响个人与社会的和谐。城乡失衡主要体现在城乡居民收入和消费状况上。改革开放以来，农民人均收入和消费增加了不少，但与城镇居民的收入和消费相比，速度要慢得多，并且收入和消费差距明显拉大。一般情况下，农民消费增幅小于城镇居民，主要是因为农民收入的增幅要小于城镇居民收入的增幅。而农民收入的增幅要小于城镇居民收入的增幅就会导致城乡收入差距不断扩大。另外，城乡失衡还体现在公共服务方面。农村居民在公共教育、公共卫生、社会保障、劳动就业等方面与城镇居民相比存在巨大差距。目前，我市城乡居民教育水平差距比较明显，这反映在人口受教育程度上。

2. 公共服务结构不合理

改革开放以来，舟山市公共支出结构由侧重于经济建设向保证经济建设转变的同时，加大社会公共服务投入转变。在财政体制向公共财政体制转型的过程中，由于体制惯性影响，存在着公共支出结构与经济社会发展需要之间的矛盾。为此，在保证社会公平、立足经济发展的基础上，要调整公共支出结构，提高经济发展绩效。一是加快建设支出结构调整，优化生产性服务；二是优化社会文教卫生支出结构，提高社会服务能力；三是压缩行政支出，适当加大安全投入，为经济发展创造良好社会安全环境；四是切实加大环境保护投入，建设环境友好型社会。随着社会主义市场经济体制的不断完善，以及政府调控经济活动的不断成熟，我国经济运行总体处于和谐状态。但是，在某些领域影响社会和谐的矛盾和问题依然存在，城乡、区域、经济社会发展很不平衡，人口资源环境压力加大。就业、社会保障、收入分配、教育、医疗、住房、安全生产、社会治安等关系群众切身利益的问题比较突出。这些不和谐问题的存在表明，我国经济发展亟需进行新的转型。以社会经济的和谐发展取代单纯经济总量的增长，成为新时期社会主义市场经济建设的必然趋势。社会经济的转型虽然是在市场机制的作用下运行，但从我国所处的客观现实看，不能单纯靠市场经济机制，还必须充分发挥政府的宏观调控能，通过调整公共支出结构，树立全面、协调、可持续的发展观，全面统筹地建设社会主义和谐社会，加速经济发展。

3. 社会保障投入机制不健全

我们国家在社会保障方面覆盖率仍然还比较低，很多城镇劳动者在私营企业或者外企打工，也许还没有被包括在这种社会保障体系中。有些农民工、流动的劳动者虽然是被纳入到了社会保障中，但是因为他们的流动性很高，而我们的保障体系又不完善，在地区之间很难进行社会保障的异地转移和接续，这就引发了很大的问题。比如说，有些农民工在深圳打工，过一段时间他离开了，在他走的时候他只能把他个人缴纳的社会保障金领走，企业为他缴纳的这些社会保障金他是带不走的，结果就留给了当地财政。这个在收入分配上也是不公平的，因为劳动者没有得到本属于他们的社会保障金。所以，改善收入分配方面的社会保障体制要健全起来，要实现异地接续，实现全社会的覆盖。

在医疗、教育方面的公共服务也要改善。尽管这几年确实有不少改善，但是还不够，特别是覆盖面还偏小。很多农民工在城市打工，仍然在看病或者子女上学方面面临问题。比如，农民工子女因为没有当地的户口，可能就只能回到原住地去参加考试。由于所学的课程有差异，考试自然会出问题。这在某种程度上剥夺了他们受教育的公平权利。

另外，就住房政策而言也存在着许多不合理的地方。现在各城市都在搞廉租房建设，但效率很低，覆盖面非常小，城镇很多低收入居民依然享受不到这个政策，更不用说来城市打工的农民工了。而这些人恰恰是最需要这种廉租房服务的。公共服务、社会保障其实对收入分配的影响是非常大的，因为公共服务和社会保障没有公平合理地分布到全体老百姓身上，没有给所有的老百姓提供这样一个同等的机会，这实际上造成了收入分配的差别。应该加快推进这方面的改革，尽快让这些人能够享受到这些公共服务，享受到这些公共福利。要不断提高基本公共服务均等化水平，必然需要相应的财力持续投入。据了解，大亚湾3年内除财政投入资金23.55亿元外，还将广泛吸收民间资本投入基本公共服务均等化综合改革。目前，该区已初步确定民间投资项目13个、投资金额2.63亿元，使基本公共服务投资主体实现了多元化。同时，该区每年新增财力的70%以上将投入到与民生相关的基本公共服务领域，基本公共服务支出占公共财政预算支出的比重平均每年将提高2个百分点，形成投入稳定增长的机制。而我市公共服务投入除财政投入以外，基本无民间和私人投入。

4. 公共服务的运行和监督机制不健全

行政主管部门对公共事业组织的“俘获”，主要表现为行政主管部门将公共事业组织作为其巩固和扩大既得利益的工具。从我国公共事业组织的负责人与政府财务监督主体的关系来看，公共事业组织的大部分负责人都来自政府机关，具有官员身份。他们受政府委派，在公共事业组织中开展工作，与政府组织有着千丝万缕的联系。有的公共事业组织的负责人甚至与政府财务监督主体存在着领导与被领导的关系。但是，主管部门的“俘获”往往是以自身“被俘获”为代价的。在主管部门和社团相互“博弈”的过程中，在社团的公关攻势下，主管部门一旦被“俘获”了，其结果必然是监督的疲软。

公共事业组织的财务监督机关是业务主管单位、财政部门、审计机关、人民银行等。这些政府监督部门主体多元并存，形成了一个看似严密的财务监督网络。但从总的监督效果来看，缺位、错位、越位现象均在不同程度上存在。从理论上讲，财务监督主体的多元化，很可能会使政府对公共事业组织的监督陷入不同主体之间相互扯皮、互相推诿的尴尬状况。

对公共事业组织的社会监督主要是指公众监督和新闻舆论监督。而这两种监督都没能发挥应有的作用，新闻舆论报喜不报忧的状况虽有改善，但是新闻视角更多放在了政府和社会上，对公共事业组织这个第三部门并没有投入应有的注意。虽然改革开放以来，我国民主氛围得到了极大的加强，但是公众监督的渠道和力度仍有待进一步加强。

在社会主义市场经济的条件下，已经颁布和实施的有关公共事业组织监督法规滞后，缺少专门的公共事业组织监督法律或法规。公共事业组织会计规范体系也存在问题，只有事业单位才有会计准则和会计制度，而社会团体、民办非企业没有自己的会计准则与会计制度。政府监管部门财务监督工作的目标，过多地集中在单纯查处公共事业组织违法违规的财务收支行为上，而在改进公共事业组织的财务管理工作、完善财务管理工作制度以及防止公共事业组织非营利性质异化上缺乏足够的重视，使得公共事业组织的政府财务监督运行系统不完备。不仅弱化了政府对公共事业组织公共资金运行全过程实施有效财务监督的效能，而且在一定程度上削弱了政府监管部门在公共事业组织财务监督中的作用。

八、舟山公共服务城乡均等化存在的问题

随着经济的不断发展和社会的日益进步，舟山城乡之间在公共服务上的差距逐步拉大。城乡公共服务均等化是我国公共服务体系建设完善的必然趋势和必然要求，其目的是要最大限度地保障城乡各个群体的基本公共服务权益，和满足城乡各个群体的基本公共服务需求。

城乡公共服务均等化是完善公共服务体系的一项重要内容，是建设服务型政府的一项重要举措，也是推动城乡一体化进程的重要动力。由于历史原因与现实条件的制约，我国城乡差距仍然较为明显，城乡基本公共服务供给差距呈扩大化趋势。城乡基本公共服务不均等制约着农村政治、经济、文化的发展，客观上扩大了城乡居民的收入差距。完善城乡公共文化服务均等化具有长远的历史意义和时代意义，对于统筹城乡发展、实现社会公正、维护社会稳定，具有积极作用。

（一）问题的具体表现

近年来，舟山市按照统筹城乡发展的要求，以标志性设施建设为亮点，以基层基础设施建设为重点，加快推进建设市 县（区）乡镇（街道）社区或一定半径范围内的四级公共服务网络。同时，以健全保障机制为基础，着力改善公共服务发展的宏观环境；提高了公共生产和服务能力，着眼惠及全体，逐步完善基本权益保障体系；大力实施惠民工程，取得了一系列的成就，促进了城乡的快速发展。但是如果用城乡公共服务均等化的目标去衡量，舟山公共服务均等化建设仍然有很多不完善的地方。

1. 城乡义务教育失衡

一是表现在城乡教育的投入方面。近年来，舟山市制定了城乡学校结对、教师支

教、送教下乡等一系列促进城乡均等化的可行措施，提升了农村教师队伍的水平。但是，对教育的投入还不够充足，优质教育资源相对短缺，区域之间、城乡之间义务教育发展不均衡的状况仍然比较突出，各学校之间的办学条件、办学水平、教师福利等仍有较大差距。城区学校的择校现象、海岛乡镇学校的生源外流以及优秀教师外流的现象还普遍存在。例如舟山小学 2006 年招收 4 个班级，每个班的学生额高达 60 多个；又如普陀虾峙镇 2006 年适龄入学儿童共计 150 人，流出竟达 47 人。[1]

从师资来看，无论是普通小学还是初级中学，舟山市农村教师数量和学历合格率都低于城市教师水平。

从表 3–1 与表 3–2 可以看出舟山的小学和初中教师的学历分布存在着明显的城乡差异。

表 3–1　2005 年舟山市小学城乡专任教师学历分布统计表 [2]

项目 \ 学校类型	平均	城市小学	农村小学
专任教师中本科及以上学历比例	11.91%	14.04%	9.78%
专任教师中大专学历比例	61.65%	65.55%	57.75%
专任教师中中专学历比例	26.21%	20.41%	32.01%
专任教师中中专以下学历比例	0.23%	0%	0.46%

表 3–2　2005 年舟山市初中城乡专任教师学历分布统计表

项目 \ 学校类型	平均	城市小学	农村小学
专任教师中本科及以上学历比例	0.8%	1.6%	0%
专任教师中大专学历比例	49.22%	54.7%	43.74%
专任教师中中专学历比例	48.23%	43.68%	52.78%
专任教师中中专以下学历比例	1.75%	0.02%	3.48%

2. 城乡医疗卫生资源失衡

长期以来，舟山基层特别是渔农村医疗卫生服务体系是一个薄弱环节，渔农村医疗卫生服务体系建设历史欠帐较多。舟山市在该体系建设上仍存在着一些问题：一是

[1] 民盟舟山市委会 . 关于促进我市城乡义务教育均衡化的几点建议 [R]. 舟山 : 舟山市政协 , 2007(3).

[2] 方奇敏 . 信息技术环境下教师资源城乡一体化研究——以舟山市为例 [D]. 杭州 : 浙江师范大学 , 2006:8–9.

部分政府部门和广大渔农民对渔农村医疗卫生服务体系建设的重要性认识不足；二是渔农村医疗服务水平与群众的需求尚存在距离，特别是小岛群众“看病难”、“看病贵”的现象普遍存在；三是渔农民健康体检工作的制度化、规范化建设有待完善，部分群众对乡镇卫生院的体检结果缺乏信任；四是老弱病残人数比例多、医疗服务需求高的偏远海岛医疗卫生保障的可及性差；五是社区服务中心（卫生院）的职责落实尚欠到位，重医疗轻服务的现象不同程度地存在。另外，渔农村卫生技术人员总体素质不够高，稳定性差；新型渔农村合作医疗筹资工作难度大，筹资机制尚不完善；渔农村公共卫生硬件设施配置不足；乡村医生队伍的建设有待规范，花钱买服务，办事不养人的服务模式在应用中还缺乏经验等。[1]

可见，舟山市城乡医疗卫生资源配置尚不合理，医疗卫生资源过度集中于城市，农村医疗卫生资源严重不足，而且普遍存在医务人员业务水平低、医疗设备差等问题。

3. 城乡社会保障失衡

舟山市作为一个海岛城市，渔业是舟山人的传统产业，渔民及涉渔人员在舟山人口中占了很大的比例，渔区的社会保障问题不容忽视。虽然从大的范围来讲，渔区应归入农村，近几年有关学者和专家也对农村社会保障问题进行深入的探讨，取得了较大的成果。但渔区与农村毕竟存在着巨大的区别，渔民没有土地作为他们的基本生活来源，渔民的基本生产资料——渔船成本高、风险大，因此各地渔区都有一套传统的互保方法。随着社会主义市场经济的发展，原有的做法已远远不能适应渔民对社会保障的需求。

目前，舟山市城市基本形成了统一的、覆盖率较高的以养老、医疗、失业、工伤、生育五大社会保险为主体的社会保障制度，但农渔村社会保障制度建设尚处于起步阶段，农渔村居民保障水平远低于城市居民。农渔村长期以来实行的是以家庭保障为主政府适当辅助的保障制度，农渔村的社会养老保险、医疗保险、最低生活保障及失地农民、农民工保障体系还不健全。渔区社会福利事业逐渐萎缩，“家庭自筹保障”仍是渔民主要的保障模式。渔区村级集体经济贫富不均，部分村早在改革之初就被分光、吃光、卖光，集体组织软弱涣散，再加上国家福利政策偏重于城镇，对渔区投入较少，原有的福利项目和福利设施难以为继。[2]

[1] 农工党舟山市委会 . 关于进一步完善保障机制，加强渔农村公共卫生服务体系建设的建议 [R]. 舟山 : 舟山国际互联网新闻中心 , 2007.

[2] 张晓鸥 , 张 蔚 . 舟山市渔区社会保障的特点及其模式初探 [J]. 中共舟山市委党校党校学报 , 2009(8).

4. 城乡基础设施失衡

由于公共产品供给制度改革滞后，水、电、路、通讯、学校、医院、图书馆等公共基础设施的供给，在城乡之间也存在着较大差距。政府把大量的资金只投向城市基础设施建设，导致农村基础设施建设的问题越来越突出。

一是基础设施建设共享性差。由于舟山地处海岛，受地理位置的限制，使我市基础设施建设难以集中投入，虽然是全面铺开，但建成后共享性差，社会和经济效益难以充分体现。

二是基础设施建设的质与量都明显不足。投入的基础设施投资规模偏小，建设数量与规模远远滞后于经济发展速度，更与临港大产业的发展要求不相适应。基础设施的建设标准过低，现代化水平不高，抵御自然灾害和突发性事件的能力还比较弱，基础设施的保障功能不能得到充分发挥。

三是海岛缺水问题仍很严重。随着经济发展和人民生活水平的提高，当年降雨量处于平水年时，全市供水矛盾就遽然突出，对各业生产和人民生活造成严重影响。近几年，除市区用水和嵊泗泗礁岛由于依靠大陆引水和海水淡化，旱情有所缓解外，其他海岛居民用水压力仍很严重。

四是土地紧张影响了海岛基础设施的建设进度。 海岛基础设施建设特别是道路、市政和港口开发建设用地量大、产出慢。在国家强化土地保护政策的条件下，加快基础设施建设必然占用本就捉襟见肘的用地指标，将影响一定时期内的经济发展速度。

（二）舟山城乡公共服务不均等的原因分析

1. 以户籍制度为基础的城乡二元结构

我国的城乡二元结构，是指在计划经济体制下长期以来形成的城乡对立、城乡分割、城乡劳动力流动隔绝的经济社会二元结构，由此形成了城市和农村两个各自封闭循环的体系和市民与农民两种迥异的不同公民身份。城乡二元经济社会结构是我国现代化进程中最大的体制障碍，也是推进舟山群岛新区建设最大的体制障碍。既是我国的经济社会结构所存在的突出矛盾，也是农村相对贫困和落后的重要原因。

（1）二元户籍制度

1958 年国家颁布的《中华人民共和国户口登记条例》，明确地将城乡居民分为农业户口和非农业户口，形成了控制农村人口进入城市的户籍制度。二元户籍制度将居民分为“农村户口”和“城市户口”两个相互隔离的部分，形成城乡封闭的制度壁垒。不同的户口代表着不同的身份地位和福利待遇，同时也限制了公民对于居住地、劳动地点进行选择的自由，由此形成了两个在权利上有重大差别的社会等级。城乡二元户籍制度，导致我国的城镇化进程滞后于工业化进程。

舟山全市现有人口中渔农民占65.8%。但是，城乡二元体制的存在损害了他们的经济权利和政治权利，使他们与城市居民在户籍、收入、教育、医疗卫生、社会保障、文化、基础设施、民主权利等方面存在一系列的差别，使他们不仅在经济权利而且在政治权利上受到损害。[1]

（2）二元公共服务体系

长期以来，我国实行城市与农村分割的二元公共服务供给制度。城乡基本公共服务不仅在供给总量上存在差别，而且在供给主体、手段、方式、资金来源渠道上也存在诸多差异。城市的基本公共服务主要是由国家通过财政手段予以提供，城市居民在教育、医疗、社会保障、就业、住房等方面均享有优待；而农村的基本公共服务主要是由农民自行解决或通过集体制度外筹集资金解决，国家只提供适当的补助。二元分割的城乡基本公共服务供给体系，严重制约了农村经济的发展，不仅造成农村公共物品与服务供给不足、供需结构失衡，而且直接影响基层政府对农村基本公共服务的投入，不利于广大农村人口享受平等的国民待遇，危及和谐城乡关系的构建及整个社会的进步和发展。城乡二元公共服务体系导致城乡差距不断扩大，增强了二元结构的长期性。[2]

2. 城乡不均等的公共财政体制

在科、教、文、卫、社会保障等方面，国家财政对农村的支出严重不足，城乡财政资源配置差距较大，造成农村基本公共服务供给严重不足。在我国现行财政体制下，作为农村基本公共服务的主要供给主体，地方财政能力特别是县级以下地方财政能力严重不足。县乡财政能力的不足使得地方政府向农村提供基本公共服务的能力受到极大限制，财政提供农村基本公共服务的数量和质量也因而难以得到有效保障，许多基本公共服务供给成本实际上往往由农民自身承担。

（1）国家财政支出偏向城市

新中国成立以后，受国际环境制约，我国实行以工业和城市为中心的发展战略，造成财政资源分配上以城市为中心，使城市获得了80%以上的投资，而国家财政对农村的投入份额长期不足。近年来，国家财政用于农业方面的支出，虽然其绝对量呈现出不断增长的趋势，但其占财政总支出的比重有不断下降的趋势。公共财政在农村教

[1] 孙飞翔．深化城乡体制机制改革 加快舟山群岛新区建设 [R]. 舟山：中国浙江省委党校，2011(9).

[2] 王亮．实现我国城乡基本公共服务均等化的路径选择 [D]. 济南：山东经济学院，2010(5):13-18.

育、医疗、社会保障等方面的投入相比城市则更少。国家财政支出向城市的严重倾斜，制约了农村经济的发展，直接造成了城乡居民在收入、消费水平等方面的差距和城乡关系的失调。

（2）分税制财政管理体制存在内在缺陷

我国自1994年开始实行分税制财政管理体制，由于主导思想及诸多客观因素的制约，造成分税制不规范，甚至在某些方面背离分税制的要求，阻碍我国城乡基本服务均等化的实现。2006年全面取消农业税后，虽然在一定程度上减轻了农民的负担，却导致县乡税基减少，县乡财政运行困难的局面更加严重，直接影响了县乡财政对农村基本公共服务的投入。

3. 农民利益表达渠道不畅

由于历史和制度的原因，农民利益的表达机制没有得到应有的重视，农民利益表达渠道不畅通，陷入集体失语状态。

农民利益的代表既包括村委会等社团组织，又包括人大代表、政协委员等个人。有两个原因阻碍村委会为农民表达利益：第一，村委会在农村公共服务供给的过程中利益分配功能受到限制。因为村委会对农民利益的争取仅限于村落范围，而公共服务的分配权限大多不是由村委会掌握。第二，村委会代表农民利益的初始意向日益削弱。村委会干部为了追求并赢得上层领导控制的资源，不免有异化为行政机构附属的倾向。还有两个原因阻碍人大代表和政协委员为农民表达利益：第一，农民利益代表人数“稀少化”。第二，农民利益代理“无效化”。农村的人大代表和政协委员大都属于“名誉”形式，大部分村民不知道谁是人大代表，谁是政协委员，而且人大代表和政协委员与村民联系较少，再加上缺乏影响公共服务政策的实际作用，致使农民利益代理无效化。

农民应该充分表达对公共服务的需求，但中国传统文化是以“人治”为主。在这种文化氛围下，个性主义受到排挤。处于社会最底层的农民，更是形成了逆来顺受的性格，个人的意志不愿也不敢表达。随着我国实行村民自治，虽然农民利益表达机制不断健全，但我国农村公共服务自下而上的表达机制迟迟没有建立起来，使农民丧失了参与公共服务决策的权利。再加上农民个体文化水平不高、信息来源渠道较少、法律意识和权利意识不足，缺乏利益表达的自觉性，都使他们处于利益表达的真空地带。

第四章　提升舟山群岛新区公共服务的对策

一、提高舟山群岛新区流动人口公共服务水平的对策

（一）树立服务理念

一方面，针对暂住证制度的弊端和暂住登记存在的问题，抓住国家致力于改善民生和社会管理创新的机遇，舟山市改革流动人口服务管理制度，适时推行居住证制度。一是给予居住证广泛的公共服务功能，以吸引流动人口主动登记办证，在保护流动人口合法权益的同时，提高流动人口信息采集率；二是以居住登记和居住证为载体，把管好流动人口登记办证、租住房屋和务工就业三个关键环节做为重点，以联网共享和动态管理的流动人口综合服务管理信息系统为依托，将流动人口居住管理、公共服务和社会保障纳入居住登记和居住证制度，实现以证管人、以屋管人和以业管人相结合的综合服务管理模式，以提高流动人口公共服务管理水平，保障流动人口的合法权益，让流动人口真正共享社会经济发展成果。

另一方面，还应针对当前流动人口信息采集工作重复、信息不关联不共享、服务管理效率低下的弊端，在建立流动人口综合管理信息系统和推行居住证制度的基础上，推进流动人口信息社会化采集，强化流动人口管理基础工作。要根据流动人口服务管理工作涉及的政府和社会诸多部门、人口信息具有社会分散性的特点，通过多种工作途径实施流动人口信息社会化采集、系统性整合。要把涉及流动人口服务管理的政府部门如公安、计生、社保、民政等相关部门的业务信息，与建立在社区、村委会的流动人口综合服务管理信息系统采集的流动人口信息及租赁房屋信息予以整合，把流动人口就业单位的信息采集与整合。通过行政手段推动、督促流动人口用工单位建立内部流动就业人员信息采集制度，并通过互联网与流动人口综合服务管理信息系统进行信息整合。涉及流动人口服务的公共服务部门如电信、供水、供电等在业务服务工作中采集的流动人口信息与流动人口综合服务管理信息系统进行整合、更新。通过流动

人口信息社会化采集和系统整合，提高流动人口信息采集的鲜活性和完整性，为提高流动人口服务管理水平奠定坚实的信息基础。

尤其要强调的是，城市对外来流动人口的接纳不是“被迫”和“恩赐”，而是互惠互利，从而真正弥合城市居民和外来流动人口在社会关系方面的不足。因此，对待外来流动人口，态度上要热情，感情上要贴近，真正将其作为城市的新居民，与常住人口同等对待，激发他们为第二故乡作贡献的热情；同时，要制定相关配套政策，改变过去重管理、轻服务的现象，建立流动人口法律援助中心、维权中心、调解组织等服务机构，探索为流动人口提供法律服务、法律援助和化解纠纷的有效途径和方法。同时，还要鼓励其参与社区管理和服务，增强其自我教育、自我管理、自我服务的能力，既坚决打击外来流动人口中的少数违法犯罪分子，又切实保护好大多数遵纪守法者的合法权益。

（二）改进服务方法

1. 建立信息共享机制

全面准确掌握信息，是有效提供流动人口公共服务的基础。流动人口输出量多的户籍地政府，应与主要输出地的政府建立信息共享机制，共同研究解决流动人口公共服务供给中出现的问题。如在提供婚检信息方面，计生部门应及时开具婚育证等有关证明，做到免费上门服务；在义务教育方面，教育部门应及时提供中小学生课业、学籍、教材等基本信息，为流动人口子女的教育管理和入学、转学提供便利；在社会救助方面，民政部门发现流动人口及其家属遭遇意外伤害、重大疾病或自然灾害等风险而使生活陷入困境时，两地双方应互相交流与沟通，共同协商给予临时性或一次性的应急救助。从长远看，最好能够联合公安、劳动、计生、房管、民政等部门现有的信息资源，以提高信息化水平，在此基础上建立起全国联网的流动人口电子信息管理系统。户籍地政府将本地外出流动人口的基本信息存入磁卡中，居住地政府对持卡的流动人口提供与当地市民同等的公共服务。

2. 建立健全流动人口信息管理系统

以人口居住登记制度为核心，建立居住登记与户籍准入相结合的人口管理制度。暂住证应转化为向流动人口提供服务的凭证，与社会生活权利联系起来，根据居住年限的不同提供各种层次的公共服务，将流动人口的各项权利与义务的统一起来。当办理暂住证成为流动人口一项市民待遇凭证时，对于公共卫生管理与服务来说，流动人口的信息的收集和掌握将会非常便捷高效。

3. 派遣干部参与流动人口管理

户籍地政府派遣干部到流动人口集中的地区，目的是为了促进流动人口与居住地居民更好地联系在一起，帮助流动人口构造新的社会关系网络。由于语言相通、习俗相近，户籍地干部与流动人口之间交流和情感沟通相对比较容易，无形中会使管理过程更加趋于人性化，效果也会非常明显。这种干部的外派，不应只局限于公安领域，计生、疾病控制、安监、劳保等领域均可推行。外派干部的使命就是通过参与交流活动，与居住地政府更好地沟通，帮助流动人口走进社会，使他们尽快融入城市。例如，代表流动人口群体向居住地政府反映公共服务的需求时，就需要劳动部门与雇用单位协调，维护流动人口的劳动权益；配合计生部门劝导计划外的怀孕妇女去做流产手术，配合疾病预防控制中心劝说患有传染病的流动人员去接受治疗。当然，居住地政府要接纳并且尊重户籍地派来的干部，提供必要的工作条件。他们的到来是为了更好地提供流动人口的公共服务。

（三）创新服务机制，实行“网格化”管理

建立和健全适应舟山大桥时代的流动人口服务管理组织体系，积极探索流动人口服务管理新体制，逐步建立以政府为主导的流动人口综合服务管理组织体系，开展流动人口登记办证、出租房租赁备案管理、就业培训、教育培训、计划生育、卫生防疫、法律咨询、维护权益等“一站式”综合服务，充分发挥政府对流动人口的综合服务管理职能。

要进一步健全流动人口公共服务新机制。要以舟山市委、市政府“网格化管理、组团式服务”重大决策要求和贯彻实施《浙江省流动人口居住登记条例》为契机，进一步转变服务理念，提升服务水平。一要加强外来民工就业保障，向流动人口免费提供求职登记、政策咨询、信息发布、职业指导、职业介绍、职业技能和劳动法律法规培训等服务项目。二要改善流动人口居住生活环境，因地制宜加快“民工公寓”建设步伐，加强出租房屋管理，确保出租房屋在安全、卫生等方面达到规定的标准。三要完善流动人口子女教育管理制度。各级政府要将流动人口子女接受义务教育纳入年度政府重点工作计划，具备条件的中小学校逐步向流动人口子女开放。目前，我国民间非政府组织发展迅速，作用日益明显，为普通民众参与社会事务提供了平台，而且为维护群众合法权益、缓解社会矛盾提供了新的渠道。在外来流动人口管理实践中，要积极引导各种非政府组织参与，并充分发挥其作用，尤其是引导外来流动人口参与社区管理和服务的事务，使其从自身的实际需求出发提供更具针对性的管理和服务，提高管理绩效。同时，促使流动人口真正关注社区发展和社区事务。在帮助其真正融入社区的同时，促进组织向规范化建

设和发展。在新型社区参与型管理体系的构建中，必须赋予街道和社区居委会相应的属地管理权和综合协调权，做到管理主体权责分明，并着重从人员和经费上保障街道、社区两级管理和服务工作的顺利开展。

（四）增加公共财政投入

随着市场经济的发展，社会上也出现了一系列突出的问题，如贫富差距严重，公民因高昂的医药费而看不起病等问题。存在这些问题的一个重要原因就是国家现行财政体系在功能上的错位与缺位。公共性的服务需要政府财政的大力扶植，比如社会保障、义务教育、就业等社会突出的问题，而我国在这方面做得很不足。建设小康社会，就要求政府在财政上更多地重视关系民生的基础的投入。新时期下，政府应该正确定位，转变政府职能，重点解决社会突出的问题，大力压缩非公共性的支出，使财政的重点转向公共服务上来，加快建立公共服务型财政体制。

舟山市作为一个市级城市，是一个以旅游为主的城市，旅游也是地方财政的主要来源。近些年来，舟山市政府致力于提高流动人口的公共服务，加大了对流动人口公共服务这方面的财政投入。针对提高流动人口公共服务，舟山市制定了一些政策，加大对流动人口公共服务的财政投入。具体步骤是：招录一些人员进行职业培训，设立专门的机构进行处理，真正做好流动人口的公共服务。

（五）强化服务责任

1. 不断加大流动人口治安管理工作力度

各级公安机关要充分发挥专业化优势和主力军作用，主动对接“大桥时代”流动人口管理上出现的新情况和新特点，进一步推动和加强流动人口治安管理工作。以实施居住证制度和贯彻《浙江省流动人口居住登记条例》为契机，将流动人口纳入实有人口管理。要根据流动人口住所、职业、居住时间等不同情况，实行分类分级，最大限度地提升管理效能。

2. 增强公务员的责任感，建立科学绩效评估体系

责任政府是公共服务型政府的内涵之一，这就要求增强公务员强烈的责任感，并且要有相应的监督和惩罚措施，即建立绩效评估体系，这样才能充分调动公务员的积极性。我国过去总是把 GDP 做为绩效评估体系的主要参数，单纯追求 GDP 的增长不利于经济的可持续发展，不能实现资源的有效配置，很有可能造成稀有或不可再生资源的浪费。随着我国提出科学发展观，绩效评估体系也应进一步科学化，要建立多元

化的评价指标。关键是要以人民的满意度为评价指标，建立一个真正为人民服务、诚信、负责任的政府。

流动人口问题是城市化和现代化进程中的必然现象。据了解，随着我市经济的快速发展，特别是临港工业的发展，流动人口的数量快速增长。近几年虽然增速势头有所放缓，但是随着国际经济的好转和舟山新区建设的进一步推进，流动人口的数量会越来越多。舟山应该以海纳百川的胸襟，拆除围墙，开门迎客，同时也要积极应对，提供周到、热情的服务，提高服务和管理水平，才能吸引更多的人来舟山谋求发展。

总之，随着舟山经济的发展，流动人口的数量会不断增加，这就需要各部门、各地区充分重视流动人口的管理工作，在加强和完善对其管理的基础上，最终形成流动人口有序、合理的管理体制。

二、提升舟山群岛新区公共服务创新能力对策措施

在如何发展舟山群岛新区的过程中充分发挥公共服务的功能，是非常重要的。要吸引外部的资金和人才，公共服务起到了至关重要的作用。只有切实地满足公众对于公共服务所提出的需求，才能让舟山在一个和谐的环境下稳步发展。当然，仅仅做到与其他城市一样程度的公共服务水平还是远远不够的，所以就必须在完善当前公共服务提供的前提下做到公共服务创新，才能在竞争中脱颖而出。而要真正做好公共服务创新，对舟山而言就需要从多个维度进行全面的提升。

（一）加快舟山公共服务型政府建设

政府作为实现公共服务创新的主要载体，要做到加强公共服务创新能力，满足社会日益增长的公共服务需求的要求。政府现有的管理方式要由直接从事经营管理活动的一方，向创造公平竞争的市场环境的一方转变，最后将自己放到提供公共产品和公共服务的位置上去。为此，必须要尽快进行行政观念的创新，在舟山政府内部建设公共服务型政府所应该有的文化氛围；要推进舟山政府机构的改革，创建符合现阶段步伐的公共行政管理新体制；要加快舟山政府的管理职能转变，根据舟山的现实情况，建设舟山所特有的公共服务型政府。

（二）推进舟山政府公共服务制度的创新

舟山政府公共服务创新的关键，是建立符合舟山现阶段实际情况的公共服务制度，实现舟山政府公共服务的制度化。如果公共服务创新没有制度作为保证，那么创新公共服务就只会是一句空话。只有通过制度的建设与完善，才能在最大程度上确保政府

公共服务创新的持续性,使它不会因为一些人为因素的改变而改变,防止它对公众“失常”和“失信”。因此，必须通过舟山政府对于制度的设计加速形成政府服务的运行机制。在这个过程中，可以将重点放在建设政府回应机制、信息公开制度、绩效评估和责任追究机制等方面。

（三）建立和健全公共财政投入机制

舟山政府公共财政体制的建立和健全，应着眼于如何满足社会公共需要，同时又要弥补“市场失效”的缺陷。公共服务的财力是由公共财政提供的，所以只有完善与健全的公共财政机制，才能给政府提供有效发挥公共服务职能的强有力的支撑。因此，必须要在舟山建立和健全公共财政体制，调整舟山政府的财政支出结构，加大舟山政府对公共服务的财政投入；深化舟山政府财政管理体制改革，依法规范财政收入、财力分配和资金使用制度，提高舟山体系当中财政对公共服务创新的支撑力。

（四）推进舟山公共服务市场化和社会化

要通过舟山政府公共服务的市场化和社会化进程，实现由政府自己跳独舞的“单中心治理”模式，向政府与社会其他组织合作伙伴“多中心治理”模式转型。由于舟山政府所具备的供给能力有限，导致全社会所要求的公共需求光靠政府这一家供给单位是很难得到满足的。在由舟山政府提供公共服务这一个途径之外，我们还应该充分发挥市场、社会自治组织的作用，形成由政府、市场、社会组织三者结合起来的有效率的公共服务供给机制。应在舟山地区内积极推进公共服务的市场化，把竞争机制引入舟山政府公共服务的一些业务领域当中来，实现服务的最佳供给和公共资源的最优配置；要促进公共服务社会化，将把原来由政府所承担的一些公共服务职能，批量地转移给非营利组织和私营部门。舟山政府与此同时，也可以通过对舟山本地社会力量的组织、利用和管理，在不增加政府规模和开支的情况下创新和改善公共服务，提高它的行政效率。

（五）创新公共服务的方式和手段

舟山政府在作为公共服务的供给者和协调者的同时，应该尽可能地借助现代技术手段与组织结构的多元化，再通过不断地创新公共服务，将公共服务的品质提升上去。如创建电子政府、网上办公、一站式服务、行政服务中心等各种各样的方法和手段，以此来推进公共服务项目的技术创新，提升政府公共服务的质量、水平和效率。

（六）重点解决公众关注的热点问题

要提高公共服务创新能力，就必须对于公众所关注的问题进行有效、快速地应对、处理。比如现下关于舟山海岛新区的建设，大部分公众关注的必然是在舟山的发展前景、待遇如何，那么就可以出台一系列的优惠政策，设立不同人才层次在舟山发展过程中贡献与奖励相挂钩的机制，可以奖励住房也可以给予其他物质奖励，还可以设立为舟山建设作出贡献的杰出企业、杰出个人奖。对于将要在舟山常驻的公众来讲，关注的必然是民生问题，教育、医疗、保险等，在这些方面舟山财政可以进行透明化，将这些方面的支出做出公示，并且可以设立一些建设计划，将计划也利用公示的方式透露给公众。当然在建设的过程肯定还存在着其他问题，但是首先一点就是必须透明、公开，其次就是快速、有效。这样才能提高公众的信任额度，也同时提高舟山政府的公共服务创新能力。

综上所述，舟山市政府必须有选择地致力于公共服务的完善，并在完善的过程中对公共服务进行创新。对于舟山市政府公共服务创新能力的提高，我们可以向国外和国内成功的案例进行借鉴，但在借鉴的过程中我们必须考虑舟山市本地的实际情况进行有效地筛选。在这个过程当中，我们也可以有目的地进行舟山特色性的创新，这有利于舟山群岛新区的建设和社会的和谐发展。笔者个人认为，舟山在不久的将来也必然跻身国内一线城市的行列。

三、重构舟山群岛新区社会保障公共服务体系的对策建议

社会保障体系，是指由社会保障各个有机组成部分所构成的整体，它强调的是社会保障的项目结构及运行机制等。换言之，社会保障体系是国家依法建立起来的保障国民生活、维护社会稳定、促进和谐发展的系统，是由社会保险、社会福利、社会救助、军人保障以及各种具有互助共济功能的社会化保障机制共同编织成的“社会安全网”。

（一）完善社会保障制度法律体系

在现阶段，中国社会保障发展的首要任务，就是将社会保障制度上升到国家立法规范的层次，进一步明晰政府在社会保障制度中的主导责任，并根据责任分担的原则进一步明确政府、企业、社会及个人的社会保障责任。在实践中坚持制度建设的多层次化与社会化原则，采取官民结合的手段来调动政府、社会、市场、企业乃至家庭及个人的参与积极性，最终建成一个健全的、覆盖全体国民的社会保障公共服务体系。要积极开展和规范企业的用工和清理在社会保险等方面的监察执法，提高社会保障工作的效率和质量，加大对违法行为的打击力度。

企业要切实地遵守与社会保障相关的法律与法规，按时足额地为职工缴纳各种社会保险费用，逐年增加养老金积累，建立健全福利集体协商机制。社会组织和各个服务机构要积极地行动起来，在社会救助等方面发挥作用。家庭和个人都要依法缴纳各种社会保险费用，积极发挥好赡养、互助、自助等功能，以推动和形成和谐融洽、团结互助的氛围。

（二）推动城乡公共服务均等化

一是尽快实现制度定型，包括完成国家立法，在政府主导下完善保障体系，健全监管机制和全面实现社会化等。二是促使新制度的有效性不断提高，在与时代保持适应的条件下实现自身的可持续发展，使之成为中国社会发展进程中不可或缺的久远制度安排。三是维系整个社会经济的长期稳定协调发展，包括化解市场经济条件下的失业风险，维护劳动力市场并促进劳动力再生产，缩小收入分配差距和贫富差别，创造公平稳定的社会环境，并发挥雄厚的基金的融资功能，促进社会经济长期稳定协调发展。四是保障城乡居民的基本生活并使其生活质量得到不断改善，如将基本养老保险、医疗保险逐渐发展成为普遍受惠的制度安排，社会福利成为不断提升城乡居民生活质量的可靠保证，其他社会保障制度安排按照各自的分工发挥出应有功能等。

（三）加强对社会保障财务的管理

社会保障财务管理包括两个层次：一是政府财政、审计部门对社会保障财务收支及运行状况进行管理与监督；二是社会保障主管部门对社会保障经办机构的财务收支及运行状况进行管理与监督。社会保障财务管理的环节包括：一是对社会保障基金筹集的管理，检查各责任主体(如国家、单位、个人)是否按法定标准供款，私人和社会团体的捐助是否符合法律的规定等；二是社会保障待遇给付的管理，即对享受者支付养老保险金、医疗补助、工伤保险金、失业补助、最低生活保障金等是否符合法律规范，有无违规现象，有无漏洞等，发现失范时应当及时纠正并处理；三是对社会保障基金运营的管理与监督，确保社会保障基金安全并尽可能地使其保值增值。由于社会保障基金是支撑社会保障制度的基础，在基金制条件下，社会保障基金与资本市场的结合日益紧密，对社会保障基金及其运营的管理与监督也就成为社会保障财务管理的重点。

一般而言，财政部门不仅为社会保障财务活动提供规范性的依据，而且对重要的社会保障财务运行进行监督；审计部门则通过抽查等方式来实行对社会保障机构的财务的监督。政府财政、审计部门需调整支出结构，建立规范的社会保障预算制度，进一步提高社会保障支出的比重。要通过各种方式，积极地引导参保人员缴纳社会保险费，鼓励社会积极捐赠，扩大社保基金的资金筹集渠道，不断做大做强全国性社保基金。同时，要进一步加大对社保基金的监管力度，提升基金的统筹层次，建立健全各项制度，促进基金管理的公开、透明，确保基金的安全运行。

（四）扩大社会保障体系的覆盖面

社会保障制度要做到以国家税收形式征缴的社会保障资金能够惠及全体公民，让全体公民现在或将来都能享受到国家提供的社会保障。为了适应人口老龄化、就业方式多样化、城镇化加快的特点，要有计划地把应该纳入而未纳入的人切实纳入进来，真正实现城乡统筹和应保尽保。要针对不同群体增加新的保障项目，在城镇，应当继续完善养老、医疗、失业、工伤、生育等保险制度，并且逐步地把各类职工与灵活就业人员都纳入进覆盖范围。同时，抓紧并积极地建立城镇居民医疗保险与农民工社会保险制度，加紧研究和制定在城镇因困难而没有参加养老保险的集体与企业和没有工作的老年人的基本生活保障办法。在农村，应当全面地建立农村最低生活保障制度，进一步推进新型的农村合作医疗制度，探索农村的社会养老保险制度，建立与家庭保障、土地保障等相结合的社会保障体系。在当前，政府要特别注意和解决被征地农民就业与社会保障的问题，要做到即征即保，以确保他们的生活水平不会因为征地而降低。

我国根据发达国家以及国际劳工组织等关于社会保障体系框架的设计，结合我国实施社会保障制度的实践，已逐步建立起具有中国特色的社会保障公共服务体系，但其尚存在覆盖面小、实施范围窄、统筹层次低等问题。《中共中央关于构建社会主义和谐社会若干重大问题的决定》中提出：到 2020 年“覆盖城乡居民的社会保障体系基本建立”，这是构建社会主义和谐社会的目标和主要任务之一。

四、完善舟山群岛新区社区公共服务体系的对策及措施

加速调整舟山社区公共服务的管理模式和经营方式，完善舟山的社区公共服务体系，是构建舟山和谐社会的要求，也是舟山社会稳定、经济发展的重大内容。因此，我们必须遵循实事求是的原则，从客观事实出发，以现有的条件为基础，改革管理模式，创新服务方式，不断完善舟山的社区服务体系，探寻新的社区公共服务发展之路。协同治理是当代社会公共管理职能社会化的结果，它强调除政府外，市场、社会组织也应当成为社会治理的主体。治理主体的多元化能够更好地适应现代社会的发展，顺应社会的潮流和民众的需要。因此，我们可以通过从政府、社会组织、社会民众和各方面利益冲突的处理，来完善社区公共服务体系。

（一）发挥政府的主导作用

1．建立社区公共服务平台，完善社区公共服务设施

社区公共服务平台是社区成员享受公共服务的直接载体，其构建在很大程度上就是整合、挖掘社区公共服务的资源，最大限度地满足社区居民的需求，提高生活质量，提供更多的公共服务。因此，平台的构建必须遵循“以人为本”的理念，在科学发展观的指导下，积极适应建设服务型政府所要求的有效制度安排，完善政府与社会组织以及居民的互动机制，完善社区管理协调机制等一系列制度的创新，提供相应的法律政策与健全的市场制度，完善公共设施建设，实现社区公共服务机制的以人为本的精神和效益最大化的追求。

社区公共设施的建设与规划是实现基本公共服务均等化的重要途径。社区公共服务的实体化，主要体现在公共设施的应用上。公共设施的完善，能进一步发展社区公共服务。

2．改革管理模式、创新服务方式

要建立“党委领导、政府负责、社会协调、公众参与”的管理格局，这就要求政府转变其职能，建设公共服务型政府；要求政府必须打破旧的管理体制，改变行政式的管理模式，采取以政府宏观调控为主，社区组织专业服务与社区居民自治服务相结合的服务方式，并制定一系列的激励措施，改变政府单一服务的主体格局。

3．加强社区服务人才队伍建设，提高社区工作人员素质

社区公共服务人才队伍的状况，是社区公共服务得以良性运转的重要条件，亦是衡量一个地方社区公共服务事业发展水平的重要标准。经过这些年的发展，舟山市虽然已建立了一支社区公共服务队伍，但从总体上看，这支队伍目前还处在粗放式的、追求数量和外延扩张的发展阶段。这就需要我们在以下几个方面加强社区公共服务人才队伍的建设。

首先，要在政府指导下，依靠社会和教育机构，有计划、有步骤地对在岗的社区公共服务人员及高层管理者进行系统有效的培训，努力提高他们的专业化能力和专业化水平。此外，可借鉴国内外的成功经验，加快引导舟山社区公共服务人才队伍的建设走出困境。

其次，应大力发展社会教育事业，解决社区公共服务专业人才的稀缺问题。应创造条件，把社会上的优秀人才吸引到社区公共服务人才队伍中来，努力打造一支掌握

社会工作理论知识和富有社会工作经验的新型社区公共服务工作者队伍。同时，亦可参照发达国家和地区的成功做法，积极筹划和实施适用于舟山社区公共服务需求的高等教育，为社区公共服务事业提供人才储备。

第三，要积极鼓励与引导妇联、工会、共青团等社会团体，运用专业化的社区公共服务知识和方法，介入社区日常工作事务当中，充分发挥这些团体的长期群众工作实践经验，对社区工作人员起到的启发作用。

（二）多方筹集资金

社区公共服务事业资金是社区提供公共服务的基础条件，政府有责任投入。但是开源节流、提高社区公共服务资金的使用效率，也必须给予足够的重视。在加强社会管理方面看，政府应加大社区公共服务事业资金的投入力度。而根据社区公共服务公益性和经营性的特点，政府在加大投入的同时，还应积极拓宽资金的筹措渠道。要在坚持“利益共享、风险共担”原则的基础上，积极推动社区公共服务机构资源的共享和共建，以解决社区基础设施建设资金不足的问题。

（三）优化社区服务的制度环境

任何体系、系统都处在一定的环境当中，并受其影响。为适应当前社区公共服务发展的现实需要，应当尽快废止已过时的社区管理政策、法规和规章，使之免受条条框框的束缚；要建立健全社区公共服务的各项规章制度，包括民主决策制度、科学评估制度等，切实提高社区公共服务的管理；要进一步完善现有的政策法规，强化其具体的可操作性，加大执行力度，使有利于社区公共服务发展的各项政策法规能落到实处。

现阶段，我国社会公共服务领域存在的主要矛盾，是公民日益增长的公共品需求同公共品供给短缺、低效之间的矛盾。历史经验表明，单中心模式存在着缺乏效率、寻租行为、不计成本等弊端。多中心模式的安排，尤其是引入契约、委托代理机制的多中心制度安排，能提高公共服务的绩效、降低成本，应成为提供和生产当今社区公共服务的首要选择。但是，在政企、政权、政事不分的体制下是不可能形成有效的多中心的公共服务体制的，因此多中心的公共服务制度构建的关键在于政府行政管理体制的改革。

构建社区公共服务多中心模式必须依赖公共财政，任何没有财力保证的公共服务都是不现实的。在社会转型期间，我国财政支出要以公共服务需求为目标导向，把更多的财政收入用到公众迫切需要解决的公共服务需求上去，尤其是公共安全、社区医疗、社会保障、环保、公民教育等方面。

（四）充分发挥市场机制的作用

在引入市场竞争机制的公共服务多中心模式过程中，有效竞争不足是目前面临的最大问题。就舟山市几个街道政事、政权分开的改革情况看，实际上街道外清洁队能够实现竞标的可能性很小，环保设施依然为本街道所有，只有本街道清洁队可无偿使用。这实际上仍是一种政府安排的单中心模式，要实现多中心模式需要社区公共服务在生产上的公平、自由竞争。

政府配置的社会公共服务供给一直都得到学者们的认可。西方学者大卫・N・海曼[1]认为公共产品应该由政府提供。马斯格锐夫根据公共产品的非排他性和非竞争性，得出私人供给必然会造成福利和效率损失的结论，从而认为需要政府供给公共服务。[2]然而事实证明，政府配置的公共服务降低了作为公共服务消费者的居民的参与力度，使之发挥不了社区应有的作用，因而公共服务改革被提上议事日程。在不断的探索中，很多学者提出了社会资本对公共服务的作用。科尔曼[3]认为社会资本可以使某些目标实现："在一个农村共同体中，农民相互大量出借或借用农具，这样，社会资本使每一个农民用更少的物质资本干完了自己的农活。"奥斯特罗姆[4]建构了"公共池塘"资源模型，认为一地居民把自己组织起来进行自主治理，能够在面对规避责任、免费搭车以及其他机会主义行为诱惑下，取得持久的共同利益。

要增加社会资本，就必然要引入市场机制。"引入"不是"运行"，是指社区服务机构在某些方面可采用市场引入机制，按照"建设社区、整合社区、服务社区、经营社区"的思路，发展社区服务的"三头并进"模式。要根据分类操作原则，将市场导向的"社会服务"和政府部门主办的示范性"福利服务"，与社会团体在政府支持下兴办的非营利性公共服务并举。[5]

引入市场机制，就要求政府在公共服务的社会化和市场化过程中执行协调、监督、引导和保障的职能，以避免出现"市场化过度"和"泛市场化"现象。要增强社区的自身能力建设，注重发挥社区民间服务组织的作用。政府应施行有效的供给制度，确保社区组织的功能。要把"社会效益优先"的思想认真贯彻到社区工作中去，如可采

---

[1]［美］大卫・N・海曼 . 公共财政：现代理论在政策中的应用 [M] . 章彤，译 . 6 版 . 北京：中国财政经济出版社，2002.

[2] Samuelson P A.The pure theory of public expenditure [J].*The Review of Economics and Statistics*, 1954 , 36(4):387–389.

[3] Coleman J S. Foundations of social theory [M]. Cambridge: Belknap Press , 1990.

[4]［美］埃莉诺・奥斯特罗姆 . 公共事物的治理之道 [M]. 余逊达，陈旭东，译 . 上海：上海三联书店，2000.

[5] 高建国 . 城市公共社区服务的性质与目标 [J]. 泰山学院学报，2003, 25(3).

取“以私补公”的服务方式，即把部分资源开发权优先给服务意识强、社会信誉好的企业。

（五）引导社会组织参与社区公共服务

社会组织参与社区公共服务，与政府在功能上是互补的。社会组织植根于基层，更加接近社区，可以及时灵活地把握民众和社区对公共服务的需要，有利于发掘社区问题。就会组织所具有的专门知识，有利于决策的实行与资源的分配。社会组织也要不断增强对社区群众公共需求的敏感性，提升服务质量，探索新的公共服务机制，以协同政府提供社会公共服务。城市社会组织作为一个新的社会化服务网络，目前已开始承载公众的生活内容，满足公众的社会需求，提高社区居民的生活质量，成为城市治理中的一个功能载体。

为此，社会组织要建立信息披露机制，提升自身公信力。正如政府建立信息公开制度一样，社会组织也应坚持公开透明的方式履行其职责。要提高社会组织工作人员的素质，加强专业人才队伍建设，加强自身能力建设，提升管理水平。

简言之，社会组织在社区公共服务的完善与发展中有着独特的优势：一是社会组织具有独立行为能力，社区适应性较强，可以根据社区需要调整自己的战略方案，以应对各种挑战。二是社会组织植根于民众基层，更加接近社区，可以及时灵活地把握社区的需求，从而有利于发掘社区问题。三是社区组织所具有的专业知识能更加有力地提高社区成员的参与力，有利于资源的整合。

社会组织的内在动力是组织的使命，是以志愿精神为背景的互助精神和利他主义。建构在组织化上的志愿精神使社会组织具有较强的资源动员、整合和利用能力。一方面，社会组织可以利用其独特的资源配置机制，调动分散的社区资源投入社区公共服务，使社区内的资源能获得最大化的开发和利用。另一方面，社会组织通过自身的社会网络，整合社区外丰富的社会资源，如政府的税收和政策支持、企业的技术支持、社区外的基金会等，为社会组织公共服务的履行提供坚实的保障。

维护社区的公共利益和追求社区工作利益的最大化，是社会组织的价值追求，这就强调了组织运作的参与性。社区组织应该成为政府提供社会公共服务与社区联系的纽带，成为其沟通的平台。将公共服务交给社会组织经营，能向社会提供众多服务，满足社区成员对服务的多元化需求，增强工作效率，还可以通过竞争间接地提高其他社区公共服务主体的服务水平。

（六）鼓励社区民众积极参与

作为社区公共服务的对象，社区民众在享受社会提供的各种服务与权力的同时，也应当提高自身的道德素养与自身修养，为建设社区公共服务尽自己的一份力。要倡导社会主义核心价值观，引导新区民众树立正确的社区公共服务体系价值追求。

在文化日趋多元化的大背景下，各种文化思潮相互撞击。必须倡导社会主义核心价值观，树立正确的价值追求。社会主义核心价值观是指人们对社会主义价值的性质、标准、构成和评价的根本看法和态度，是人们从主体的需要和客体能否满足主体的需要，以及如何满足主体需要的角度，去评价和考察各种物质的精神的现象及主体的行为对个人、社会的意义。倡导社会主义核心价值观，能提高社区民众的整体素质，有利于社会公共服务的构建。

要强化社区公民的参与精神，宣传法律知识、道德知识。社区公民是社区社会组织构成的基本成员。社区成员对社区组织的信赖和广泛参与，一直以来都是社会组织发展的基础和动力。社区街道和居委会要通过各种教育和宣传手段，加强社区公民的参与意识和精神，努力提高新区公民的修养素质、分辨是非的能力，更好地使用公共设施，不做违法之事，促进社区公共服务的建设。

自20世纪60年代以来，西方国家市场失灵和政府失灵的现象日益严重，并引发了一系列社会问题，因而，一些西方学者逐渐把研究的视角转向了非营利组织，希望其作为第三种资源配置的主体能够有效地弥补政府和市场在公共管理中的不足。然而，在我国计划经济模式下，非营利组织的发展一直受到地方政府的严格管制，在公共管理上政府处于垄断地位，难以满足居民日益增长的需要。因此，明确政府机构和非营利性组织的关系，实现政府与非营利性组织的良性合作是十分必要的。非营利性组织是指不以营利为目的的组织，大致可以分为社团型、行政型和事业型这三种类型，是社区公共服务的主要管理者。而政府作为公共服务的主要提供者，应当充分利用其核心地位和权力，在进行规划、融资的同时，转变职能，实现政事分开，改变事必躬亲的局面，把社区公共服务的供给职能和管理职能，下放给非营利性组织，从而最大力度地发挥非营利性组织的管理和服务职能。

要鼓励经营性机构和企业组织参与到社区公共服务中来。经营性机构和企业的参与，能改变政府主导的社区公共服务单一供给模式，形成多方供给模式，促进社区公共服务发展。政府应当鼓励和积极引导经营性机构参与社区公共服务，可以将部分社区公共服务设施的建设交由企业承担，或在事业性组织中引入法人机制，使其成为自主性经营的独立法人组织。应通过促进经营性机构与非营利性组织的平等竞争，提高公共服务的质量和效率。同时，经营性机构和企业的参与，能带来大量的社会资本。有了资金，政府便可以加大对公共服务领域的投资力度，为社区公共服务的发展提供强有力的保障。

要明确社区居民才是社区公共服务的最大受益者的目标。社区成员是构成社区公共服务的重要组成部分，社区公共服务是以社区居民为工作对象的。因而，要认真贯彻落实以人为本的理念，一切从人民群众的根本利益出发。为了避免和减少社区公共服务的低效甚至无效供给，就必须在公共服务的提供者和消费者之间建立信息渠道，以便及时有效地了解和掌握社区居民对公共服务的需求趋向，从而尽可能地达到公共产品的供给与需求之间的均衡，实现整体供给的最优化。政府应根据社区公民集体选择的结果，做出有利于消费者群体的社区公共服务供给决策；应合理调控、分配和科学利用社区资源，使全体社区成员平等地享有社区公共服务。

舟山群岛新区的提出与发展，海洋经济的迅速发展，人们在物质上的消费结构越来越多元化，社区公共服务建设已被提上日程。要更好地发展与完善社区公共服务，必须转变政府职能，重视发挥社区工作者的作用。政府和社会组织相结合起来管理，已成为满足社区民众对社会服务需求，拓展和完善社区公共服务内容的必然选择。

五、提高公共服务能力主要途径

（一）树立服务理念

在努力建设服务型政府的要求中，所谓提供公共服务就是指提供公共产品和服务，包括加强城乡基础设施建设，发展社会就业，社会保障服务和教育、科技、文化、卫生、体育等公共事业，发布公共信息等，为社会公众生活和参与社会经济、政治、文化等提供保障和创造条件。

服务型政府是针对传统管理型政府存在的弊病提出的新概念。服务型政府要坚持以人为本的原则，政府只是公共权力的代行者，必须按照人民的旨意行事。政府行事和提供公共服务，必须接受社会公众的监督和审查。公民在公共服务中居于主导地位，民众是公共服务决策的主体，广大民众的满意度是评价政府绩效的最终标准。服务型政府要满足社会公共需求，提供充足优质公共产品与服务。现代公共型政府的服务性和有限性，决定了政府职能的核心是公共产品与公共服务。公共服务理念，就是政府公共行政在以公民为中心的管理系统中所扮演角色的理念。比如，对作为政府公共行政机构的工商行政管理机关，就要坚持以公民为本，以行政当事人为本，积极回应公民和经营者、消费者的新期待、新诉求，提供及时高效的公共服务。

（二）明确服务职能

转变政府职能是深化行政体制改革和建设服务型政府的核心问题。党的十七届二中全会通过的《关于深化行政管理体制改革的意见》明确要求：通过改革实现政府职能向创造良好发展环境、提供优质公共服务、维护社会公平正义的根本转变。这是适应我国经济社会发展的新形势和服务型政府建设的新要求，而对政府职能的重新定位，是政府职能转变的根本方向和战略重点。其精神实质，就是实现政府职能向公共服务的根本转变。创造良好发展环境和维护社会公平正义，是现代政府所必须提供的公共产品和公共服务。加快政府职能的根本转变，对于建设服务型政府，促进科学发展，实现经济发展方式的转变，均具有十分重要的现实意义。要深刻认识政府公共服务职能薄弱的严重负效应，必须采取切实有力的措施，加快实现政府职能向公共服务的根本转变。要坚持以人为本，依法明确公共服务在政府职能中的主导地位和核心地位，生产公共物品，提供公共服务，不断满足人民群众日益增长的公共服务需求。要调整政府职能结构，依法确立公共服务在政府职能中的主导地位以适应我国经济社会发展的新形势，满足各族人民日益增长的基本公共服务需求。

（三）健全服务机制

建设服务型政府是一项复杂的系统工程，涉及服务理念、职能体系、服务体制、服务方式的全方位深刻变革。当前，公共服务供给不足已成为影响我国经济社会发展全局的重大问题。政府必须发挥制度创新优势，加强制度设计与安排，通过体制机制创新来促进公共服务的有效供给。

世界银行 2004 年发表报告《让服务惠及穷人》从厘清公共服务四个参与方之间的责任关系入手，提出了一个广为流传的公共服务供给分析框架（图 4.1）。

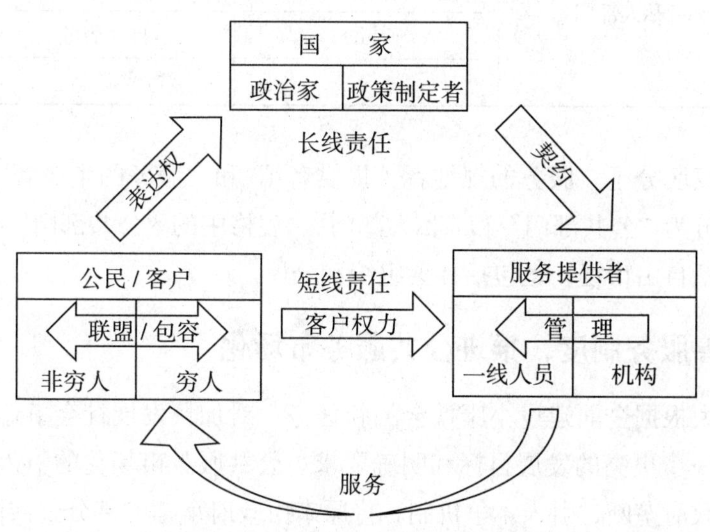

图 4.1 公共服务供给分析框架

这一分析模型具有很强的解释力，可以广泛用于分析不同领域的公共服务供给机制。但是，这一模型存在的问题是诊断性强而建构性弱。也就是说，该模型对分析和诊断服务失灵的原因、改进已有服务供给中的责任关系具有积极指导作用，但对如何设计公共服务制度并没有提供灵丹妙药。

公共物品和公共服务的复杂性，单靠政府难以提供足够的公共服务的事实，导致将服务的规划者与生产者分离的世界性潮流。20 世纪 70 年代，埃利诺·奥斯特罗姆以美国 80 个城市的警察服务为例，认为公共服务的复杂秩序需要分权的多中心治理体制和多元化的公共服务供给主体。对此，她提出了 6 种不同的公共服务制度安排：①政府自己生产；②政府外包给一个私营企业；③政府外包给另一个政府；④政府自己生产一部分，从其他组织得到一部分；⑤政府授权给不同的生产者，并规定服务标准，由消费者自己选择服务提供者；⑥票券制。而美国民营化理论大师萨瓦斯历时 30 年考察了 30 个国家的公共服务，更是提出了公共服务提供的 10 种制度安排（表 4–1）。

表 4–1　公共服务提供的制度安排

生产者	提供者(规划者)	
	公共部门	私人部门
公共部门	政府服务	政府出售
	政府间协议	
私人部门	合同承包	自由市场
	特许经营	志愿服务
	补助	自我服务
		票券制

表 4–1 不仅区分了“服务的规划者（提供者）”和“服务的生产者”，还将这两个主体进一步细分为“公共部门”和“私人部门”。表格中的“公共部门”指政府,而“私人部门”既包括自由市场，也包括社会组织和公民。

（四）完善服务制度，推进公共服务市场化

党的十七大根据全面建设小康社会的新任务，对加快发展社会事业、全面改善人民生活提出了一个更高的发展目标和明确要求。公共服务市场化的引入，旨在打破公共服务领域的政府垄断，引入竞争机制，将原来由政府承担的部分公共职能推向市场，通过充分发挥市场优化资源配置的作用来达到改善与提升公共服务的目的。公共服务市场化是政府职能转变和行政改革的必然趋势，它代表着一种全新的治理理念和形式。

西方国家的公共服务市场化改革实质上是一场深刻的行政管理体制变革——通过市场机制供给公共服务这种模式，加大了利益集团通过政治过程向行政部门施加压力的难度，保证了公共行政过程的正常进行，从总体上改善了公共服务的供给质量，减轻了政府的财政负担。据美国有关方面的统计，仅合同签约外包这一项，每年就为美国地方政府节省 15%~30% 的资金。

目前，我国公共服务正处于由管理型向服务型转变的过程中，公共服务市场化面临两大难题：一是付费机制不健全，二是激励机制不健全。所以，推动我国、我市公共服务市场化还需付出很大努力。

一是要扭转公共服务供给不均衡的现状，提供平等的发展机会。由于政府财政在公共服务方面的弱化，使一些地区在公共投入顺序上出现颠倒，造成居民基本生存条件差距拉大，享受不到公共产品的群体便失去了发展机会。更可怕的是，这种贫困会向下一代传递。对此，公共财政资金应体现公共性，向弱势群体倾斜，投放到受益面最大的领域；基础教育、公共卫生、社会保障、农业、科技、基础设施等公共产品，应由政府财政承担，使不同地区之间、城市与农村之间、不同阶层之间的社会成员享受到均衡的公共服务和公共产品。

二是要优化财政支出结构，合理配置财力资源。现有财政体制造成政府财力资源没有得到很好的配置，其中使用效率低是首要问题。表现为：第一，财政支出缺位，“养人”重于“做事”，应由政府承担的社会公共事务没有完全承担起来。第二，财政支出错位，对竞争性领域的投资占据了相当一部分的有限财力，挤占了公共服务领域的份额。第三，公共产品、公共服务领域存在严重的浪费现象，管理混乱、产权不清、家底不明、使用效率低下等问题长期存在。第四，“财权上收、事权下放”，加大了公共财政难度，县乡政府自身的财力与担负的责任极不匹配，人为地扩大了社会成员间的分配差距，引发社会不公平。

三是要规范转移支付制度，为公共服务均衡化提供资金支持。当前，我国的转移支付总量并不少，但结构不合理。国家转移支付中一般性转移支付额度不高，各项专项补助资金数额较大。而专项补助资金实行多头管理，覆盖面广，使用效益很差。对此，首先要在中央可支配财力增加的基础上，改变各部门分小钱的状况，将原来税收返还、专项补助集中起来，加大一般性转移支付力度，帮助经济欠发达、财力缺口大的地区更有效地提高公共服务能力。其次，要改进和完善一般性转移支付办法，在计算财政标准收入和支出时，充分考虑各地经济发展水平和经济发展质量对税收收入的影响，以及地区间财政支出成本差异，充分反映各地公共服务能力的差距。第三，要加强转移支付的法制化建设，将中央转移支付的份额固定下来，纳入地方政府的年度预算，确保地方预算编制的严肃性和准确性。

（五）重视民生问题

解决民生问题是落实科学发展观、构建和谐社会的具体体现。我国已跨入全面改善民生的新时代，民生呼唤是最突出的时代特征。改善民生是当代中国最大的政治，是历史新时期我国各级政府重要的政策指南。在改革发展的新阶段，我们必须在思想、政策、体制各个层面进行更加深刻的理性思考，通过体制改革和创新为改善民生提供强有力的制度保障。

改善民生是一项重要的政治任务，必须从政治的角度高度重视和解决民生问题。政治问题的本质是人心问题。民生决定民心，民生问题的解决，直接关系到社会的稳定、公正与和谐，深刻影响社会发展的活力和动力。我国先贤们在总结历代王朝兴衰成败时得出了“得民心者得天下”、“得道者多助，失道者寡助”等发人深省的真理。我们党从小到大，从弱到强，从领导全国人民谋求解放的革命党，到领导全国人民为中华民族现代化建设事业而奋斗的执政党，这个地位不是自封的，而是人民的选择。人民之所以选择党的领导，是因为我们党无论是成立之初，还是社会主义现代化建设时期，都能够以人民的利益为最大利益，以全心全意为人民服务为唯一宗旨。随着我国改革开放和现代化事业的不断发展，在利益需求多样化，利益矛盾复杂化的背景下，要能够始终坚持“发展为了人民，发展依靠人民，发展的成果与人民共享”的发展目标，以“群众利益无小事”的执政理念，以更加亲民务实的工作作风赢得广大群众的信任和支持。党的十七大报告正是从政治的高度，将以改善民生为重点的社会建设作为中国特色社会主义“四位一体”总体战略布局的重要组成部分，强调要以改善民生为重点加快推进社会建设，全面阐释了中国共产党人从战略全局对民生问题的全新认识和高度重视。

从政治的高度重视民生，就必须在思想、政策、体制各个层面进行更加深刻的理性思考，确立科学发展的检验标准与判定尺度。在选择科学的发展路径的同时，正确选择科学发展的价值取向，正确认识和处理发展与民生的关系。民生状况是检验执政成效的实践标准。要在经济又好又快发展的基础上不断改善民生状况，使经济发展成果更多体现到改善民生上，把改善民生看成我们当前最大的政治。要在加快全面建设小康社会进程中，着力研究解决人民群众最关心、最直接、最现实的问题，使人民群众得到越来越多的实实在在的利益。

如何权衡民众生存与生活成本，已成为现阶段政府部门需要急切关心的问题。人既是社会人，也是经济人。如果独立把单个经济的人看做一次一次投入与产出的过程，那么，生存成本所占比重直接反映了当前公共服务的整体水平。据资料显示，西方发达国家人的生存成本占比约为20%~30%，日本约为40%。而中国中西部城市为

60%~70%，浙江省部分地区约为 50%。生存成本占比反映的不是个人获取物质资料所花费的收入，生存成本要大于实际获取生存资料所需的收入。改革开放以来，我国出现了农民工进城的高峰，随着城市化进城的加快，农民工逐渐成为导致城市脏、乱、差的主力；他们的劳动成果不被尊重，权利不被保障；子女成为留守儿童或者只能进入农民工子弟学校；他们的生存成本实际高达 80%~90%。生存成本是经济与权利成本的总和。生存成本过高，表现为经济发展的不稳定，进而引发其他一系列的社会问题。生存成本过低则会影响经济的发展速度。以舟山市来说，要在实现经济稳定增长同时，相对降低民众的生存成本，重点是要降低其权利成本（以牺牲自身权益和利益为代价获得劳动收入）。

加快体制改革和创新是解决民生问题的关键，解决民生问题必须构建完善有效的社会管理体制机制。民生问题首先与一个国家的政府在一定时期的制度安排、政策设计相关。造成目前民生问题的凸显，还与我们在解决民生问题方面的制度短缺有关。回顾我国过去 30 年的发展，经济发展、社会发展和政治发展这三者之间是一个失衡的状态：经济发展最快，社会发展相对缓慢，政治发展明显滞后。这种发展结构本身的不合理或失衡，最终都以民生问题的形式凸显出来。我们要解决民生问题，就要关注民生问题的制度建设并注意制度安排的合理性。要通过体制改革与创新，推进政府职能转变，强化民生问题的制度安排。

完善公共服务体系是一个长期的任务，也是一个很艰巨的任务。舟山市政府必须通过自身的改革，努力建设服务型政府，切实转变职能，同时更好地发挥社会组织、企业以及基层群众的作用，大家共同来把这个公共服务的体系来构建好，这样才能切实地解决我们的民生问题。舟山市相对于内地部分省市来说，在完善公共服务体系方面已经有了很好的起步，但是相比上海、北京等大中型城市，我市还有很长的路要走。因此，必须坚持以民为本，想人民所想，急人民所急，必须把“民生至上”作为全党的思想共识和社会建设的核心理念，真正把民生纳入社会建设和社会管理的制度框架和管理轨道。制度和机制本质上是价值观和政治理念的固化和载体化。在可操作层面上，必须坚持以保障和改善民生作为制定路线、方针、政策，积极推动公共服务社会化，设计规则、制度，创新体制和机制的基本出发点、基本价值取向和目标导向；以民生的保障和改善作为主导的社会评价标准，努力实现公共服务均等化。

六、舟山群岛新区公共服务民营化对策建议

公共服务民营化无疑是舟山市公共服务改革的趋势和方向。未来发展的根本问题就在于舟山政府角色的转换。在舟山公共服务民营化的过程中，政府不是充当甩手掌

柜的角色，把政府管理和公共服务完全甩给市场。

萨瓦斯认为，民营化不仅是一个管理工具，更是一个社会治理的基本战略；它根植于这样一些最基本的哲学或社会信念，即政府自身和政府在自由健康社会中相对于其他社会组织的适当角色。换言之，舟山公共服务民营化是一个集中社会各方力量发挥它们各自的优势克服其缺陷借力发展的过程，是实现舟山政府“善治”的一个有效途径。无论是承包还是特许经营，民营化后，政府都不应该把公共服务当成包袱甩掉，它仍然需要政府承担相应责任。即使是国外民营化比较彻底的地方，政府也没有因为服务外包而推卸责任。公共服务可以民营化，但公共责任不可以民营化。民营化不是减轻舟山政府的责任，而是政府必须承担起强化保护集体福利，确保公开竞争，充分运用市场力量和减少对舟山私营企业的不必要管制的责任。此外，还要着重监督对具有自然垄断特性或对舟山经济发展具有重要影响的民营化企业。政府还必须采取切实有效的措施，降低制度变革给舟山市民带来的暂时的冲击。我们建议，舟山市政府可在以下几方面发挥其公共政策功能，确保公共服务民营化的顺利进行。

（一）消除不合理的管制，为公共服务民营化创造良好的法律制度环境

公共服务民营化涉及政府、公众和私营部门三个主体。在民营化过程中，私营部门在利益驱使下会弄虚作假、抬高公共服务价格、降低服务质量或出现公私勾结、不平等竞争等情形，即私营部门的利润动机很容易导致公共性的丧失。而消费者作为经济人，很容易陷入集体行动的困境，并且力量分散，从而大大削弱了他们与公共服务生产者讨价还价的能力。在此情况下，只有具强制力的政府才能成为公众权益受损后的最后救济机构，它可以对私营部门依法进行管制和裁决，同时它也有责任为消费者提供信息及其他支持，增强他们在博弈中的筹码，保护他们的利益。

舟山市公共服务民营化改革实际上是舟山市政府管理体制的改革，舟山政府应为公共服务民营化创造公平、有效、竞争的发展环境，履行以下一些责任。

一是要按公共服务特点对其范围进行细分，确定哪些公共服务为民营化营运范围。一般来说，公共性较强的公共物品和服务应由舟山政府加强管理来提高服务效率和服务质量，而对于能进行收费的服务和物品则可列入民营化的范围。

对于适合民营化的公共服务，舟山市政府应以发展为主线，充分利用资本市场的融资功能来鼓励私营部门积极筹集公共服务事业发展所需的资金，在税收、价格、资金、土地等方面给予私营企业公平机会。

二是要规范民营化的程序，在公平、公正、公开的原则下实现民营化，如信息公开、招投标过程透明化，保证公共服务民营化各方都能参与竞争，减少民营化中的寻租机会，消除腐败，维护舟山市民利益。

三是要健全法制，制定和实施有关舟山公共服务民营化的法规、政策。为了避免民营化过程中的无序性和随意性，必须对私营企业的经营权、投资权和收益权进行保护和界定。

（二）加强政府的监管责任

舟山市公共服务民营化牵涉到多方利益的调整。实际操作中，在倡导政府引入市场机制的同时，也要考虑到民营化失败的可能性，信息不对称性以及私人资本的寻利性特点的普遍存在可能会导致出现诸如价格上涨、服务质量下降等现象，从而侵害舟山市民的利益。所以，应建立完善的舟山市政府监管机制，对公共服务民营化进行必要的监管。

要建立公共服务定价机制，根据舟山各区县的不同情况和市民的承受力，通过专家论证、邀请市民参加价格听证会等形式，确保利益相关方都能参与对公共服务的合理定价。近年来，我国在公交、地铁、通信等行业都开展了价格听证会，但从实践效果来看，听证会所形成的意见并没有得到充分采纳，其程序还有待进一步完善。所以，舟山在公共服务民营化过程中不要把价格听证会当作一个摆设，要真正发挥其在公共服务价格管制中的实质性作用。

要建立和完善公共服务民营化的绩效评估机制。舟山政府可通过设立公共服务质量投诉机构和利用社会中介组织，定期对民营化所表现的绩效进行科学评估，并将结果公开透明化。对民营化中出现的服务不到位、漫天要价、数量不足等损害舟山市民利益的行为，可采用严惩的形式进行整改。

（三）确定公共服务基本原则

为舟山市民提供公共服务是舟山市政府的职责，政府应给予公众某种支持，避免其陷入“集体行动”的困境。

一是要开放透明。对从事公共服务的私人企业与非营利社会组织，应实行开放透明的原则。在提供服务的过程中，应该对公共服务的服务对象、信息开放与透明，如投资项目、招投标操作过程、中标运营商的详细情况、服务标准和质量等，以此让舟山市民了解舟山公共服务的详尽运营状况，从而更好地推动公共服务民营化在舟山的发展。

二是要公平竞争。在私营企业、非营利社会组织与公立机构之间，应保证在不同规模之间、城乡之间以及不同隶属关系之间在竞争上的公平性，通过各种渠道了解市民对舟山市公共服务的需求，并采取公平有效的措施实现市民的利益和需求。

三是要建立公共服务信用体系，褒奖那些诚实守信、保质保量提供公共服务的私营企业和民间机构，惩戒那些唯利是图、欺诈经营和损害市民利益的行为。

四是要以身作则。舟山政府应为社会各种组织创造良好的公共服务气氛，为舟山提供良好的公共物品和公共服务，并大力倡导公共伦理和公共精神。

七、提升舟山群岛新区环境公共服务的对策措施

环境公共服务是一项服务，它的投入不仅巨大而且需时长久，政府需要和公众合作也需要借助其他有效的途径和力量，以一个既是领导者又是合作者的姿态提升舟山的公共环境，并且积极响应国家政策方针，精心规划并实施。

（一）进一步树立公共服务理念

首先，必须丢掉“全能政府”的包袱，明白政府并不是万能的，政府也有力所不能及的时候，同样需要公众和企业社会的协助。其次，要抛弃传统的先发展后保护的落后思想，明白发展与保护、治理并重，这样才能为公众的生存生活环境保驾护航和为经济的可持续发展添砖加瓦。最后，要充分认识环境公共服务对社会和对公民本身的重要性，要使每个公民平等地享有环境公共服务。环境公共服务供给结果的均等化应通过强调机会均等和资源共享来实现，环境政策应当能够关照和惠及全体公众，每一个社会成员都能公平可及地获得大致均等的环境服务。

（二）建立公众参与机制

环境公共服务是公共服务的重要组成部分，是一种典型的公共产品。政府需要根据需求与可能依据责任与能力匹配的原则，合理确定环境公共服务的范围。目前，舟山政府部门只能提供最基础的公共服务，政府财力还不能行之有效地全面为民众服务，政府越来越需要和公众合作相助，建立公众参与机制势在必行。

环境领域的公众参与机制所反映的理念，并不是倡导“无政府主义”，不是否认政府组织存在的意义，而是强调政府及其活动的有限性，强调在解决资源配置、环境公益维护和环境私益保障过程中的政府、市场和公众的良性互动。公众参与机制的最终着眼点应当在于环境保护责任（政府治理中）过程中的有效。公众环境权利的维护和利益的表达，最终应当依靠政府。

目前舟山政府在环境公共服务领域的主要问题不是介入太多，而是供给太少。因此，所要解决的主要问题是政府供给方式和合作问题。应当着重考虑如何组织集体行动解决制度供给、有效承诺和监督难题，将公众组织起来，从而能够在所有人都面对搭便车、规避责任或其他机会主义行为诱惑的情况下，取得持久收益。

应当区分政府在公共领域和私人领域的介入性质的不同。在私人领域，政府确实

应当减少供给。公共参与机制就是要突破非此即彼的解决思路。中国的发展与改革常常局限于政府与市场的非此即彼的选择之间，而忽略二者之间公共领域的广阔选择空间，从而因国家公共服务严重缺位导致生存环境恶化：一方面公益物品严重匮乏，另一方面公共资源被严重破坏。制度分析已证明了积极参与的公民社群在公共事务中的特殊作用，证明适度小规模集体在某些类型的公共资源的自主参与和治理中，能够根据本土环境设计出公正有效的制度来解决公共资源难题。因此，更应当着眼于政府和公众之间的互动合作关系的优化，而不是对抗。

对于那些投资规模大、投资回报率低、投资回收期长的大中型公共环境产品，政府应当承担起主要供给者的责任，例如绿化等营利性差的纯公益性公共环境服务。

公共环境服务具有的公共物品和私人物品的混合性，决定了私人参与和市场化的可能性，政府应当针对公共环境服务的不同特征，确定财政投入资金，同时采取多种形式的私人参与机制。

环保组织对污染的检测和防治以及对环境的保护，都是一种公共环境服务。致力于环境建设的社会团体能够为政府承担部分公共环境服务的供给职责。

（三）努力促进环境公共服务均等化

基本的环境质量是一种公共产品，是政府必须确保的公共服务。我国目前环境基本公共服务不均衡、不协调现象突出，区域不均、城乡不等现象严重。提高环境基本公共服务均等化水平，是保障区域城乡均衡发展的重要一环，推行均等化势在必行。

我国已经初步具备了推行环境基本公共服务均等化的条件和基础，舟山可以在一定程度上按照国家规划，结合自身特点实行环境公共服务均等化。在这过程中应辩证把握四个关系：

一是推行环境基本公共服务均等化，需要合理把握基本与非基本、政府与市场、环境基本公共服务均等化与环境质量均等化、公共服务均等化与财力均等之间的关系。基本的公共服务是舟山政府义不容辞的责任，政府必须优先保障；非基本的公共服务政府可以交给市场来提供，以此提高资源利用效率。在提供基本公共服务时要注意制定适当的基本公共服务的范围和标准，从小范围、低标准，逐步扩展到大范围、高标准，循序渐进。在承担义不容辞的责任的同时，政府应当发挥市场作用，对于环境基本公共服务采用多元化的提供方式和途径，既可以直接生产和供给，也可以通过委托授权、特许经营、公私合作及购买服务等市场化方式和途径。但是在市场化提供时，一定要做好监管和协调，不能推脱责任。环境质量均等化是环境基本公共服务均等化的终极目标，环境基本公共服务均等化是手段和途径。要实现环境质量均等化必须首先建立均等化的环境基本公共服务体系，特别要矫正环境质量现状良好的区域不需要推行环境基本服务的错误观念。

从国外公共服务均等化的实践来看，国外推行的主要是通过财力均等化来达到服务均等化。但是需要指出的是，财力均等化并不等同于服务均等化。不同区域公共服务的供给成本是存在很大差异的，公共服务水平提供受制度政策及管理水平等的影响。

推行环境基本公共服务均等化需要做到保基本，强基层，增投入，建机制。保基本，就要实现环境基本公共服务体系全覆盖，就要确定全国环境基本公共服务的范围、种类和标准。强基层，就要弥补环境基本公共服务体系短板。增投入，就要提高环境基本公共服务的整体水平。建机制，就要强化环境基本公共服务体系的顶层设计。

（四）重构环境公共服务供给模式

首先，政府与私人签订的环境行政合同的内容可以包括环境服务、环境管理、环境监测或者环境防治各方面。政府通过付费的方式委托私人部门负责管理和运营现有环境设施，建设部分环境项目等，可以有效地利用私人部门的先进技术和人才优势，既提高了环境服务的质量和效率，又能够使企业获得必要的优惠政策，吸引更多的民间资本投入环境服务项目。对于具有规模经济效益的城市基础设施，更适于通过签订环境行政合同进行建设和运营，从而实现政府间接提供公共环境服务的目的。

其次，要允许公共环境服务的特许经营。公共环境服务的特许经营是指特许人政府将其所拥有的对某项公共环境服务的经营权以合同的形式授予受许人使用。受许人须按合同规定，在一定区域内，在特许人统一的业务模式下从事经营活动。

在公共环境服务中引入特许经营方式，能够通过在合同约定下的利益交换，使公共环境服务规模在地域上获得延伸，而双方都能从规模效应的扩大中分别获得社会效益和经济利益。特许经营针对的是那些可强制收费的环境服务，在性质上仍然是公共部门与私人部门之间在提供环境服务方面的合作，也可以看作是转让收益权的环境行政行为。政府在将环境设施建设或者环境服务职责交给私人的同时，也将收费和营利的权力一并赋予，允许经营者在提供公共环境服务过程中赚取必要的利润。

第三，在公共环境服务的市场化过程中，总是存在一些缺乏经济动力、私人不愿承担的服务项目，如绿地建设几乎不具有任何经济效益。对于这种作为公共环境服务的重要构成但不具备收费能力的环境项目，可以将其与那些能够提供高额利润的私人物品强制捆绑，利用在提供私人物品中获得的经济收益补贴此类环境服务。这方面典型的例子是强制开发商在建设住宅这种私人物品的同时，必须配套建设相应面积的公共绿地，从而将房屋开发与周边公共环境服务捆绑在一起由开发商提供。

（五）实现供给程序的民主化

要实现公共环境服务供给程序的民主化，首先要建立一个完善的公众环境利益表达和协商机制，使公民有效参与环境政策的制定。要落实环境决策公示制度和公民环境知情权，按照环境决策专业的要求公开决策文本、决策背景、决策依据和决策目标等信息。其次是建立公共环境服务听证制度，使公众有机会参与交涉、表达意见和提供信息，使公共环境服务建立在对参与各方的利益、动机和事实情况的理解基础上，将政府对公共环境服务的独断转变为一种含有理解的集体判断。最后，政府应当主动向环境政策的利益相关人征询意见和解释公共环境服务，及时掌握公民具体的环境要求和环境偏好，并对公民参与环境政府决策的要求及时有效地予以回应。制度内公民对环境政治的有序参与，能够引导环境利益相关人以理性、合法的形式表达愿望和要求，实现社会成员之间环境物品分配的相对平衡，提高公共环境服务的针对性和质量。

（六）落实具体化的供给指标

公众应当获得免费的基本公共环境服务。对于超出基本要求的环境服务，个人可以通过向公共部门或私人部门购买的方式获得。但是，由于对于什么是基本的公共环境服务，空气指标、绿地面积、垃圾点设置达到什么样的比例被认为是基本的问题，公众目前并不清楚。因此，应当通过建立数字化与制度化基本公共环境服务。建立环境服务质量标准和质量评估体系是基础性和长期性的工作，是保障公共环境服务优质高效的前提。这一指标体系的建设应当包括每项基本公共环境服务的具体质量标准，对基本公共环境服务进行定量化分析，为提供和评价公共环境服务提供科学可靠的制度依据。

提供环境公共服务，是近年来政府部门的热门话题。舟山在环境公共服务中，必然涉及舟山特殊地理环境以及政府与企业公民相互之间协调合作的问题。要通过提高思想觉悟，完善相应的制度法规，建立完善的参与机制调动民众的积极性，跟随国家政策，建立舟山市符合特殊要求的行之有效的环境公共服务体系，使之符合民众需求，从而给民众一个更好的生活环境。

八、实现舟山群岛新区城乡基本公共服务均等化的措施

（一）深化行政体制改革，破除城乡二元体制

城乡分割的二元体制是造成我国城乡基本公共服务非均等化的重要原因。破除城乡分割的二元体制，从根本上理顺城乡社会关系，已成为实现城乡基本公共服务均等化的关键。

1. 改革户籍制度

二元户籍制度造成了城乡二元社会结构，导致贫富悬殊。改革开放以来，我国户籍管理体制经过了一系列改革，取得了明显的成效。户籍制度原本是计划经济体制的一项必要的制度配套，它在本质上是与市场经济不相匹配的。

舟山市必须改革渔农村户籍制度，取消农业户口、非农业户口性质划分，实行城乡统一和按照居住地登记户口的原则，建立新型户籍管理制度，实行以具有合法固定住所、稳定职业或生活来源为基本条件的户口迁移准入制。凡在城镇有合法稳定住所的本市人员，本人及其共同居住生活的配偶、未婚子女、父母，可以在当地申请登记常住户口；在城镇有合法稳定职业、无合法稳定住所，满足一定稳定就业范围、年限或人才认定标准等条件的人员，其本人可以在当地申请登记常住户口；有家庭户口的，其共同居住生活的配偶、未婚子女、父母可以随迁；相关认定标准由各市人民政府结合当地实际确定。合法稳定住所是指通过购买、赠与、继承、自建、租赁等合法途径，获得具有房屋所有权的住房和具有房屋使用权的公共租赁房等城市保障性住房。在一般建制镇有合法稳定职业的人员，其合法稳定住所的范围可扩展至租赁私房。

2. 深化土地制度改革

现阶段中国农地制度最基本的特征就是土地归集体或国家所有，农民依法拥有土地承包经营权和使用权。这种制度已经在制约农村经济的进一步发展。因此，实行农村土地制度创新，为农民收入稳定增长提供最基础的制度保障，是深化农村改革的关键。第一，明晰土地产权关系，明确土地产权主体，保证集体享有土地的所有权，保障和实现集体土地所有制，赋予农民永久的土地使用权。第二，保护农村耕地，保证农业的持续、稳定、健康发展。农村农业用地原则上应以农业生产、开发为主。第三，促使土地产权的价格化，建立现有农业土地产权的价格市场，引入土地价格的评估机制，通过市场竞争科学地确定农村土地的市场价格。

（二）推进县乡财政管理体制改革，完善农村公共财政制度

城乡公共服务均等化是公共财政“公共性”的重要体现。在推进城乡公共服务均等化进程中，要构建以基本公共服务均衡化为导向的财政投入及保障机制，进一步完善公共财政制度。

在重新界定中央与地方之间的事权和财权范围、明确基层政府合理职能分工的基础上，按照城乡基本公共服务均等化的要求，进一步完善省以下财政管理体制，积极推进省直管县的财政管理体制改革，探索“乡财县管乡用”财政管理方式，切实增强乡镇政府履行职责和提供公共服务的能力。应加大对乡镇财政的转移支付力度，使财力分配适度向乡镇财政倾斜，从根本上解决农村公共开支不足的问题，以达到杜绝农村税外收费泛滥、减轻农民负担的目的。此外，应积极推行县乡财政体制改革，创造县乡财政解困的体制环境，本着“多予少取、放水养鱼”的原则，多把财力留给基层，给县乡休养生息的机会。要按照精简高效的原则对乡镇政府进行必要的撤并，试行“乡财县管”，大规模压缩财政供养人员，防止因庞大的行政经费支出而加重农民的负担。

（三）健全农村公共服务供给机制，建立农村公共服务保障体系

城乡二元结构造成了城乡相对独立的公共服务供给体系，使农村公共服务质量远远低于城市，建立城乡一体化的基本公共服务保障体系势为必然。政府在向农村提供基本公共服务的同时，应在农村公共服务供给中灵活采用市场化手段，积极发展农村市场经济；通过一系列鼓励政策积极引入社会资本，引导有能力的经济主体投资农村公共服务，以补充政府供给的不足，实现公共产品供给主体的多元化。同时，为防止因监管不到位而导致的基本公共服务不均等，政府应制定各行业相应的服务标准，强化监督和管理。

舟山市要加大公共财政向渔农村公共服务投入力度，解决公共服务城乡供给不均衡问题，实现公共服务城乡一体化，使改革发展成果惠及更广泛的渔农村群众。要持续推进民生改善，全面推进城乡统筹就业，建立健全城乡劳动者统一的就业管理制度、就业服务体系、职业技能培训体系。要建立城乡一体的社会保险制度，做到各类用人单位招用渔农村劳动者，均按规定参加职工基本养老保险和城镇职工基本医疗保险，全部纳入工伤保险覆盖范围。公共交通、公共卫生、供水、环卫等各方面要在现有基础上，加快推进城乡一体化步伐。要加快破解依附于城乡户籍制度之上的福利差别问题，逐步消除城镇居民医疗保险和新型农村合作医疗之间在报销程序、报销标准上的差别，逐步实现渔农民养老保障、被征地农民基本养老保障等制度，与城乡一体的社会养老保障制度并轨，建立城乡居民统一的最低生活保障制度和保障性住房制度。

（四）畅通农民利益表达渠道

要建立以城乡居民实际需求为核心的服务模式和回应机制，进一步畅通居民需求表达机制，从而尽可能避免城乡基本公共服务的供给与居民实际需求的错位。就现实性来说,建立有效的利益表达机制需要正确处理“表达”和“代表”的关系问题。第一，要积极完善人民代表大会制度和人民政协制度，首先是加强人大的政治信用和政治权威，人大代表的工作更加公开透明，深入民情。其次是人民政协应该采用比例代表制度，让政协委员的阶层分布更加合理化，特别是要邀请更多的社会弱势群体代表人士参加人民政协，通过他们让更多社会阶层的利益诉求得到制度化的表达。第二，要畅通人民群众参与国家政策制订的渠道，要建立国情民意反映制度，让广大人民群众有反映问题的渠道。凡属重大问题都要事先和广大民众通气，充分听取人民意见；凡属国计民生的事项，都要建立公开听证制度并提前向社会公告；凡涉及社会发展和群众利益的重大问题，都应创造条件让人民群众直接参与和管理。第三，要关心弱势群体。要帮助他们建立正常的、规范的利益表达机制，让社会能听到他们的声音。要采取实际的举措，帮助社会弱势群体组织起来，让他们有机会通过组织化的声音表达他们的社会利益诉求。

城乡基本公共服务均等化，是扩大公共财政覆盖面，让全体社会成员共享改革发展成果的制度安排。它还是公共财政的一部分。它符合和谐社会的目标、特征和核心价值取向，在很大程度上能够推进和谐社会的构建。公共服务均等化的重大意义就在于，通过制度的重新安排，实现公民财富或者国民权利与责任的社会正义分配。我们应该深信，通过努力实施以上措施，必将使全体人民“学有所教、劳有所得、病有所医、老有所养、住有所居”，不断实现社会公平正义，促进社会和谐，维护社会团结，使农村公共服务水平进一步向城市靠近，从而加快舟山海洋经济建设和群岛新区建设的步伐。

参考文献

[1] 周文武 . 大桥时代我市流动人口发展趋势与对策建议 [J]. 舟山法学 , 2010.

[2] 刘金如 . 论和谐社会理念下的流动人口权益保障问题 [J]. 湖南科技大学学报（社会科学版）, 2007.

[3] 伍先江 . 论流动人口服务管理创新 [J]. 中国人民公安大学学报 , 2011.

[4] 罗登华 . 成都市外来人口的特点及管理模式的转变 [J]. 成都大学学报 , 2002.

[5] 沈立人 . 中国农民工 [M]. 北京 : 民主与建设出版社 , 2005.

[6] 章也微 . 户籍地政府介入流动人口公共服务供给研究 [J]. 云南民族大学学报 , 2011.

[7] 课题组 . 外来人口社会管理与公共服务供给机制的创新 [J]. 东南学术 ,2007.

[8] 耿相魁 . 外来流动人口特点及服务管理策略探析 [J]. 浙江海洋学院学报 , 2011.

[9] 张邰 . 基于公共网络平台的合作治理 [J]. 中国行政管理 ,2012.

[10] 张邰 . E-Government and Government's Public Services[C], 2011 International Conference on Industrial Engineering and Management.2011.08.21.

[11] 张邰 . 试论中国当代经济体制转变中的政治思维方式 [J], 社会科学战线 , 2005.

[12] 张杰 . 国外公共服务创新理论与实践对中国的启示 [J]. 大连海事大学学报 , 2011.

[13] 王雪珍 . 政府公共服务创新能力探析 [J]. 湖南行政学院学报 , 2011.

[14] 张慧萍 , 石少辉 . 政治生态环境视角下乡镇政府公共服务创新 [J]. 中共郑州市委党校学报 , 2011.

[15] 周霞 , 祁宝忠 , 何健文 . 地方政府服务创新能力影响因素研究 [J]. 科技管理研究 , 2011.

[16] 陈福今 . 全面落实科学发展观 大力推进公共服务创新 [J]. 中国行政管理 ,2004.

[17] 珍妮特・V・登哈特 , 罗伯特・B・登哈特 . 新公共服务 : 服务 , 而不是掌舵 [J]. 中国行政管理 , 2004.

[18] 曼弗莱德 . 里希特 . 一位德国市长的改革实践 [J]. 中国改革 , 2005.

[19] 莱纳·皮恰斯，郑春荣．德国、欧盟和英美国家行政改革的介绍和比较 [J]. 上海行政学院学报，2004.

[20] 曾正滋．社会管理创新：基于公共治理的分析 [J]. 上海行政学院学报，2012.

[21] 刘亮，高福安．关于创新公共文化服务体系建设与管理研究 [J]. 中国广播电视学刊，2012.

[22] 欧文·E. 休斯．新公共管理的现状 [J]. 中国大学学报，2002.

[23] 张杰．公共服务创新基本问题探析 [J]. 石家庄学院学报，2010.

[24] 李军鹏．公共服务型政府建设指南 [M]. 北京：中共党史出版社，2006.

[25] 王宏毛，等．社会保障公共服务体系建设研究 [J]. 改革与开放，2012.

[26] 杨燕绥，曹峰．社会保障公共服务体系建设解析 [J]. 行政管理改革，2010.

[27] 饶风．对城乡社会保障公共服务均等化的认识 [J]. 中国劳动，2010.

[28] 张爽．当前世界普遍的社会保障制度和建立中国特色的社会保障制度 [J]. 人力资源管理，2012.

[29] 王宇红，梅瑞．全国各地区社会保障水平实证研究 [J]. 河北北方学院学报（自然科学版），2012.

[30] Madison A. Growth and slowdown in advanced capitalist economies[J]. Journal of Economic Literature.1987.

[31] Meijdam L, Verbon H. Aging and public pensions in an overlapping-generations model[J].Oxford Economic Papers.1997.

[32] 欧阳仁根．试论国家在建立农村社会保障制度中的职责 [J]. 财贸研究，2002.

[33] 赵新龙．论农村社会保障制度法律属性之演进 [J]. 安徽大学法律评论，2009.

[34] 刘志洋，王宪明，高宇．论我国农村社会保障体系的建立与完善 [J]. 北方经济，2009.

[35] 杨贵华．社区公共服务发展与专业社会工作的介入 [J]. 东南学术，2011.

[36] 杨团．社区公共服务论析 [M]. 北京：华夏出版社，2002.

[37] 杨海．完善社区公共服务职能，促进和谐社区建设 [J]. 内江科技．2010.

[38] 张洪武．社区公共服务中的多中心秩序 [J]. 学理论，2008.

[39] 张高凌．社会组织参与社会管理和公共服务应尽快破题 [J]. 社团管理研究，2010.

[40] 刘春湘，邱松伟，陈业勤．社会组织参与社区公共服务的现实困境与策略选择 [J]. 中州学刊，2011.

[41] 张明亮．社区建设政策与规章 [C]. 北京：中国社会出版社，2004.

[42] 陶春丽．公共服务民营化的目标原则与政策供给 [J]．特区经济，2006.

[43] 费璐璐 . 公共服务的民营化探析 [J] . 社会观察 , 2005.

[44] 王英华 , 王庆宇 . 论我国公共服务民营化对象和途径 [J]. 鲁行经院学报 , 2003.

[45] [美] E.S. 萨瓦斯 . 民营化与公私部门的伙伴关系 [M]. 北京 : 中国人民大学出版社 , 2002.

[46] 黄维瀚 . 论公共服务民营化的法治前提 [J]. 安徽警官职业学院学报 , 2005.

[47] 布坎南 . 自由、市场与国家 [M] . 平新乔 , 莫扶民 , 译 . 上海 : 上海三联书店 , 1989.

[48] 王乐夫 , 陈干全 . 公共服务民营化过程中存在问题分析 [J] . 学术研究 , 2004.

[49] 王金华 . 中国政府在公共服务民营化中的角色 [J]. 宁夏党校学报 , 2005.

[50] 李娅 . 公共服务的社会监督机制研究 [D]. 武汉 ：武汉科技大学 . 2012.

[51] 袁岳 . 公共管理新视野 [M]. 北京 ：北京大学出版社 , 2005.

[52] 陈华 . 张凤 . 完善公共政策构建和谐社会 [J]. 中国南京市委党校南京市行政学院学报 , 2005.

[53] 吴郁霞 . 公共服务供给机制创新 [M]. 学术月刊 , 2009.

[54] 劭峰 . 公共服务市场化的国际比较及其启示 [J] 深圳大学学报（人文社会科学版）, 2005.

[55] 唐勇文 . 改善民生是创新社会管理的着力点 [J]. 经济与社会发展 , 2011.

[56] [美] 约翰 · 罗尔斯 . 作为公平的正义 : 正义新论 [M]. 姚大志 , 译 . 上海 : 上海三联书店 , 2002.

[57] 阳东辰 . 公共性控制 : 政府环境责任的省察与实现路径 [J]. 现代法学 2011.

[58] 邢福俊 . 试论城市财政对城市公共物品的适度供给 [J]. 财经论丛 , 2000.

[59] 翁列恩 , 胡税根 . 发达国家公共服务均等化政策及其对我国的启示 [J]. 甘肃行政学院学报 , 2009.

[60] 张成福 . 公共管理学 [M]. 北京 : 中国人民大学出版社 , 2004.

[61] [澳] 欧文 · E . 休斯 . 公共管理学 [M] . 北京 : 中国人民大学出版社 , 2001.

[62] 张晓鸥 , 张 蔚 . 舟山市渔区社会保障的特点及其模式初探 [J]. 中共舟山市委党校党校学报 , 2009.

[63] 陈海威 , 田侃 . 我国基本公共服务均等化问题探讨 [J]. 中州学刊 , 2007.

[64] 迟福林 . 城乡基本公共服务均等化与城乡一体化 [J]. 工作通讯 , 2008.

[65] 刘德吉 . 均等化的理念、制度因素及实现路径 : 文献综述 [J] . 上海经济研究 , 2008.

[66] 金人庆 . 完善促进基本公共服务的公共财政制度 [J] . 党建研究 , 2006.

[67] 刘尚希 . 基本公共服务均等化 ：现实要求和政策路径 [J]. 浙江经济 , 2007.

[68] 王伟同 . 城市化进程与城乡基本公共服务均等化 [J]. 财贸经济 , 2009.

[69] 安体富 , 任强 . 公共服务均等化 : 理论、问题与对策 [J] . 财贸经济 , 2007.

[70] 吕雁归 . 农村社区公共服务的体制缺陷与机制改善 [J]. 中共福建省委党校学报 , 2009.

[71] 黄富林 , 梁述勇 . 农村基层政府公共服务职能的问题与对策 [J]. 法制与社会 , 2007.

[72] 刘学之 . 基本公共服务均等化问题研究 [M]. 北京 : 华夏出版社 , 2008.

[73] 李一花 . 城乡基本公共服务均等化研究 [J]. 税务与经济 , 2008.

[74] 彭健 . 基本公共服务均等化视角下的财政体制优化 [J]. 财经问题研究 , 2010.

[75] 崔吉磊 , 李少惠 . 公共文化服务均等化视角下政府主体角色的重塑 [J]. 商业时代 , 2011.

[76] 李荣华 . 赣州农村基本公共服务均等化的现状及推进思路 [J]. 内蒙古农业大学学报 (社会科学版), 2011.

[77] 狄展辉 . 关于对新型农村合作医疗制度存在问题及完善措施的探析 [J]. 公共管理 , 2013.

[78] 梁悦 . 对我国新型农村合作医疗存在问题的分析及对策 [J]. 实践与探索 , 2012.

[79] 王欢 , 苏锦英 , 等 . 底线公平视角下城镇居民基本医疗保险制度与新型农村制度的比较 [J]. 医学与社会 , 2009.

[80] 徐珊珊 , 高倩倩等 . 博弈论视角下新型农村合作医疗对农村居民医疗消费行为偏好影响分析 [J]. 中国卫生经济 , 2013.

[81] 丁艳香 . 湖南省新型农村合作医疗资金筹集问题研究 [J]. 劳动保障世界 , 2010.

[82] 李萍 . 农民工城镇医疗保险与新型农村合作医疗关系研究 [J]. 经济研究导刊 , 2010（24）.

[83] 庾波 , 段晓赟 . 新型农村合作医疗制度作为农村一种医疗保险的探讨 [J]. 当代医学 , 2010.

[84] 张彩华 , 张大勇 . 制度过程视角下新型农村合作医疗的可持续性路径 [J]. 农村经济 , 2013.

[85] 林万龙 . 经济发展水平制约下的城乡公共品统筹供给 : 理论分析及其实现含义 [J]. 中国农村观察 , 2005.

[86] 王小林 . 结构转型中的农村公共服务与公共财政 [M]. 北京 : 中国发展出版社 , 2007.

[87] 顾严 . “十二五” 亟需理顺公共服务需求表达机制 [J]. 中国经贸导刊 , 2010.

[88] 安体富 . 地方政府提供公共服务影响因素分析及均等化方案设计 [J]. 中央财经

大学学报 , 2010.

[89] 中共成都市委组织部 . 成都市构建新型农村治理机制的探索与实践 [J]. 四川改革 , 2010.

[90] 巫文强 . 人生存和发展条件的保障及商品经济学批判 [J]. 改革与战略 , 2011.

[91] 巫文强 . 保障和改善民生需要在社会生产和分配的实践中落实 [J]. 前进论坛 , 2011.

后 记

《舟山群岛新区公共服务战略研究》一书是我们对舟山市公共服务创新问题进行探索研究的初步成果。一方面，本书试图运用实证分析和理论分析的方法，从公共服务的二重性即利益实现要求的自我性和实现途径的社会性进行分析，引出了对公共服务社会关系的分析；从对公共服务需求的分析进入到对政府公共服务职能与责任的分析；由对公共服务存在的瓶颈与问题的分析进入到问题产生原因的分析；由问题及原因的分析进入到对对策措施的分析。因此，本书的基本分析框架是：公共服务需求→公共服务瓶颈→提升对策措施，并按着这样的逻辑发展和公共服务需求主体和供给主体之间的逻辑关系阐明相关问题。另一方面，本书借鉴和吸收了当前公共服务研究的成果，以充实和丰富研究内容。

在本书的酝酿和写作过程中，浙江海洋学院党委副书记、浙江舟山群岛新区研究中心主任黄建钢教授，浙江大学出版社王镨教授，浙江海洋学院东海科技学院院长任淑华教授等给予了大力的支持和指导，谨在此一并表示诚挚的感谢。

著 者

2014 年 3 月于舟山长峙岛